POLARIS

W0173258

THOMMY TEN & AMÉLIE VAN TASS

Die Magie der Verbindung

WIE MAN MENSCHEN VERZAUBERT
UND FÜR SICH BEGEISTERT

ROWOHLT POLARIS

Originalausgabe
Veröffentlicht im Rowohlt Taschenbuch Verlag,
Hamburg, Oktober 2019
Copyright © 2019 by Rowohlt Verlag GmbH,
Hamburg
Übersetzung aus dem Englischen Sigrid Schmid
Umschlaggestaltung Hauptmann & Kompanie
Werbeagentur, Zürich
Umschlagabbildungen Sebastian KonoPIX
Satz aus der Fairfield
bei Dörlemann Satz, Lemförde
Druck und Bindung
GGP Media GmbH, Pößneck, Germany
ISBN 978-3-499-63462-8

Wir danken:
Pete, David, Sebastian, Sara, Russell, Koni, Ute,
Maria, Gerlinde, Gonzales, Julia, René
und Johannes.

INHALT

VORWORT

Vielleicht kennen Sie uns bereits von unseren Auftritten als Thommy Ten und Amélie van Tass oder unter unserem Namen «The Clairvoyants». *Clairvoyant* bedeutet übersetzt «Hellseher», aber es kann auch ausdrücken, dass diese Person etwas aus einem anderen Blickwinkel betrachtet, etwas von einer anderen Seite sieht. Genau darum geht es in unseren Shows und in diesem Buch: Wir wollen Ihnen einen neuen Blick auf den Alltag schenken, Sie zum Staunen bringen, aber auch zeigen, wozu wir Menschen fähig sind, wenn wir uns auf die Magie der Verbindung einlassen. Dank der außergewöhnlich starken mentalen Verbindung, die zwischen uns beiden besteht, können wir auf der Bühne Gedanken lesen, «hellsehen» und verschiedene andere «Wunder» vollbringen.

Unsere Arbeit hat uns um die ganze Welt geführt, und wir haben dabei viele wunderbare, ganz unterschiedliche Menschen kennengelernt. In diesem Buch erklären wir, wie man starke Verbindungen zu anderen Menschen herstellen kann: zum Partner, zur Partnerin, zu Freunden, Familie und Kollegen, aber auch zu Fremden, denen man zufällig begegnet. Jeder Mensch erlebt die Welt auf seine ganz persönliche Weise, aber trotz aller Unterschiede gibt es doch erstaunlich viele Gemeinsamkeiten. Natürlich stellt man nicht zu jedem Menschen, den man trifft, eine dauerhafte Verbindung her – aber schon eine kurze kann in vielerlei Hinsicht hilfreich sein.

Uns beiden hat diese Fähigkeit im Leben sehr geholfen, und wir sind überzeugt, dass sie auch Ihnen nützlich sein kann, und zwar nicht nur im Privatleben, sondern auch im Beruf, beim Sport – in einfach jedem Lebensbereich.

Wir werden Ihnen Spiele und Tests vorstellen, die Ihnen helfen werden, Verbindungen zu anderen zu knüpfen, sie zu stärken oder zu festigen. Probieren Sie sie aus, und erleben Sie so die Magie der Verbindung!

Ihre
Amélie van Tass & Thommy Ten

KAPITEL 1

Die Magie der Verbindung

In diesem Buch erzählen wir von der besonderen Verbindung zwischen uns beiden, an der wir viele Jahre gearbeitet haben und noch immer jeden Tag arbeiten. Wir haben uns eingehend mit der Frage beschäftigt, was es eigentlich bedeutet, eine Verbindung zu einem anderen Menschen aufzubauen.

Als wir unseren Zuschauern erzählten, dass wir ein Buch darüber schreiben wollten, waren die Reaktionen sehr positiv, bemerkten allerdings bald, dass die Leute ganz eigene Erwartungen an dieses Buch hatten. In unseren Shows zeigen wir Kunststücke, die übermenschlich erscheinen und den Anschein erwecken, als könnten wir Gedanken lesen oder in die Zukunft blicken, als hätten wir hellseherische oder andere übernatürliche Fähigkeiten oder würden uns außersinnlicher Wahrnehmungen (*extrasensory perceptions*, kurz ESP) bedienen. Dennoch soll es in diesem Buch nicht darum gehen, die magischen Techniken offenzulegen, die wir bei unseren Auftritten anwenden, oder zu zeigen, wie man die «übernatürlichen» Kräfte, die wir auf der Bühne präsentieren, im wirklichen Leben einsetzt.

Die «Geheimnisse», die wir mit Ihnen teilen werden, sind nicht tricktechnischer Natur. Keine der geheimen Trickmethoden, die wir in unseren Shows anwenden, hätten im echten Leben irgendeinen Nutzen. Sie würden niemandem helfen, seine persönlichen, geschäftlichen oder freundschaftlichen Beziehungen zu verbessern. Die Techniken, die wir hier beschreiben, sind im Gegenteil alles andere als geheim. Das dürften sie auch gar nicht sein, wenn sie erfolgreich sein sollen. Denn die Chance, dass eine neue Verbindung geknüpft wird, ist wesentlich höher, wenn beide Seiten daran arbeiten. Das ist entscheidend für den gesamten Prozess.

Wir werden Ihnen daher keine Zaubertricks beibringen. Einige der verborgenen Aspekte unserer Methoden können wir dennoch offenlegen, um Ihnen zu zeigen, wie magisch Verbindungen sein können. Und viel besser als jeder Zaubertrick.

AUSSERSINNLICHE WAHRNEHMUNG

Unsere Sinne helfen uns durchs Leben. Unsere Fähigkeiten zu sehen, zu hören, zu fühlen, zu schmecken und zu riechen haben einen enormen Einfluss auf uns und unseren Alltag. Tatsächlich sind unsere Sinne die einzige Möglichkeit für uns, etwas über die Welt, wie sie ist, zu erfahren.

Seine Sinne gut nutzen zu können verleiht Macht. Wir merken das, wenn wir andere Lebewesen sehen, deren Sinnesorgane den unseren weit überlegen sind. Hunde haben einen wesentlich besseren Geruchssinn als wir Menschen. Sie können nicht nur vermisste Personen, Päckchen mit Drogen oder Bomben erschnüffeln, sondern auch Falschgeld oder versteckte Datenträger – und sogar Krebszellen oder bevorstehende epileptische Anfälle ihrer Halter.

Falken sehen so gut, dass sie eine winzige Maus aus großer Entfernung erspähen können. Fledermäuse orientieren sich bei ihren nächtlichen Flügen allein am Echo ihrer eigenen Schreie. Wer hat nicht schon von solchen Supersinnen geträumt? Welchen Supersinn wollten Sie als Kind besitzen?

Thommy

Mein größter Wunsch als Kind war es, wie Superman durch die Luft fliegen zu können. Diese Vorstellung war so inspirierend, dass ich auch später daran festhielt, als ich kein kleiner Junge mehr war. Vor einigen Jahren ging dieser Traum dann auf der Bühne in Erfüllung. In einer unserer Nummern schwebe ich gemeinsam mit Amélie über der Bühne – ein unbeschreibliches Gefühl.

Thommy lässt Amélie schweben, kurz bevor er selbst zu fliegen beginnt.

Gleichzeitig machen die meisten Menschen mindestens einmal im Leben Bekanntschaft mit etwas, das über unsere fünf Grundsinne hinausgeht. Manche Menschen spüren, was ein anderer fühlt. Oder sie haben eine «Antenne» dafür, wenn jemand versucht, sie hinters Licht zu führen. Und wie oft haben Sie selbst schon z. B. an jemanden gedacht, und genau in diesem Moment klingelte das Telefon, und diese Person rief an? Manchmal erkennt man, wenn jemand lügt, kann aber nicht sagen, woran. Man empfindet es einfach. Das ist Intuition, Bauchgefühl.

Thommy
Amélie spürt, wenn etwas bei ihrer Schwester passiert. Das verblüfft mich immer wieder. Ich glaube an Wissenschaft und Fakten, aber Amélie hat schon so oft plötzlich innegehalten bei dem, was sie gerade tat, und sich geschüttelt. Wenn ich sie dann fragte, was los sei, sagte sie nur: «Meine Schwester.» Wenig später erfuhr sie dann zum Beispiel, dass bei ihrer Schwester genau in diesem Moment die Wehen eingesetzt hatten, dass sie einen wichtigen Job bekommen oder ihr Freund ihr einen Heiratsantrag gemacht hatte. Es ist unfassbar! Das Interessante: Es funktioniert auch andersherum, und Amélies Schwester spürt, wenn etwas Besonderes mit Amélie geschieht. Es ist keine Zauberei – sondern die Magie der Verbindung zwischen zwei Schwestern!

Natürlich fängt man bei solchen Erlebnissen an, sich zu fragen, ob es nicht doch mehr als nur fünf Sinne gibt. Und tatsächlich: Seit Menschengedenken behaupten immer wieder Leute, sie verfügten über eine erweiterte Wahrnehmung, die über unsere angeborenen fünf Sinne hinausgeht. Aber auch die «Normalsterblichen» wünschen sich manchmal den sprichwörtlichen sechsten Sinn herbei. Oder sie dichten ihn Kunstfiguren an –

denken Sie nur an die übernatürlichen Fähigkeiten der Cartoonfigur Spiderman. Sein «Spinnensinn» warnt ihn zuverlässig vor Gefahren. Man muss kein Superheld sein, um zu erkennen, wie wertvoll ein solcher Sinn wäre. Aber auch ganz schön unheimlich für alle anderen, wenn es ihn wirklich gäbe – oder?

DER SPUK MIT DEM SPIRITISMUS

Apropos unheimlich: Die Grenzen zwischen Intuition, Spiritualität und Spuk sind fließend und oft genug schwer zu erkennen. Werfen wir deshalb erst einmal einen Blick auf die Geschichte des modernen Spiritismus. In der zweiten Hälfte des 19. Jahrhunderts fand die spiritistische Bewegung auch in Europa Anhänger. Ihren Ursprung hatte sie im Jahr 1848 in den USA, in einer Kleinstadt im US-Staat New York, wo die Familie Fox behauptete, dass es in ihrem Haus spukte. Gerüchte darüber hatte es schon gegeben, bevor die Familie das Gebäude erworben hatte, aber das hatte sie als dummen Aberglauben abgetan.

Bis zu jenem Abend, als die Bewohner in ihren vier Wänden Geister poltern hörten. Eine der beiden Töchter des Hauses, die junge Kate Fox, ließ sich jedoch nicht verunsichern und forderte die Geister heraus. Sie schnippte mit den Fingern, und die Geister antworteten ihr: Sie klopften im selben Rhythmus, in dem Kate schnippte. Die Geister wussten sogar, wie alt die beiden Töchter der Familie waren – Kate war damals zwölf Jahre und Margaret fünfzehn.

Die Eltern luden zunächst Nachbarn als Zeugen ein und wiederholten die Séance in ihrer Gegenwart, woraufhin sich die Kunde von den Ereignissen rasch verbreitete. Aus Angst, die Klopfgeister könnten den beiden Mädchen gefährlich werden, schickten die Eltern ihre Kinder zu Freunden und Verwandten, aber die Geister folgten den Mädchen. Sie suchten jetzt nicht mehr nur das Haus heim, sondern auch die Mädchen, die offenbar eine Verbindung zur Geisterwelt hergestellt hatten. Unerschrocken, wie die beiden waren, begannen sie, Kapital aus ihrer vermeintlichen Fähigkeit, mit der Geisterwelt zu kommunizieren, zu schlagen und sie vor zahlendem Publikum zu demonstrieren: So kam es zu den ersten spiritistischen Vorführungen. Es sollten nicht die letzten bleiben.

Tatsächlich stieß der Spiritismus von da an über mehrere Jahrzehnte hinweg auf ein breites Interesse der Öffentlichkeit. Zahlreiche Menschen, die sich «Medien» nannten, behaupteten, sie könnten Kontakt mit den Seelen Verstorbener aufnehmen. Sie traten vor Publikum auf, natürlich gegen Bezahlung. Der Spiritismus fand so viel Zuspruch, dass viele Magier, denen er ein Dorn im Auge war – darunter Berühmtheiten wie Harry Houdini –, spiritistische Elemente in ihr Programm aufnahmen, und zwar mit dem erklärten Ziel, falsche Medien zu entlarven. Da derlei Scharlatane bei ihren Vorführungen größtenteils Taschenspielertricks anwendeten, war es nur logisch, dass sie auch von Taschenspielern enttarnt wurden.

Amélie
Wir haben uns von diesem Thema inspirieren lassen und nach jahrelanger Recherche eine Version eines solchen «Geisterkabinetts» in unsere Show aufgenommen, um live auf der Bühne zu demonstrieren, was Millionen von Menschen vor 200 Jahren begeistert hat.

Dass solche Möchtegernmedien Betrüger waren, bewies natürlich noch nicht, dass die Fox-Schwestern es auch waren. Aber ein Beweis erübrigte sich von selbst: Im Jahr 1888 gab Margaret Fox, von Schuldgefühlen geplagt, öffentlich zu, dass sie und ihre Schwester alles nur vorgetäuscht hatten. Aufgrund einer anatomischen Abnormität konnte sie mit den Zehen «schnippen», wie es die meisten Menschen nur mit den Fingern vermögen. Das war das ganze Geheimnis. Margaret konnte jederzeit und unbemerkt das Geräusch eines «klopfenden Geistes» erzeugen, in jedem beliebigen Rhythmus. Vierzig Jahre lang war sie damit aufgetreten, ohne entlarvt zu werden.

Geben Sie es zu: Sie haben gerade selbst probiert, mit den Zehen zu schnippen, so wie wir, als wir die erstaunliche Geschichte der Fox-Schwestern zum ersten Mal hörten. Wir haben es beide nicht geschafft. Schade – es hätte sehr nützlich sein können. Denn groteskerweise weigerten sich viele Menschen, Margarets Geständnis zu glauben. Diese Leute waren weiterhin überzeugt davon, die Fox-Schwestern besäßen eine echte mediale Begabung, selbst nachdem sie gezeigt hatten, wie der Trick funktionierte. Der Glaube an das Übernatürliche ist eben sehr hartnäckig.

WISSENSCHAFTLICHE ERKLÄRUNGSVERSUCHE

Die Fox-Schwestern waren also Betrügerinnen, aber das beweist noch nicht, dass außersinnliche Wahrnehmungen unmöglich sind. Daher wird das Phänomen immer wieder wissenschaftlich untersucht.

Auch in Deutschland beschäftigt man sich nach wie vor mit dem Thema der Parapsychologie. Walter von Lucadou ist Psychologe und Physiker und Deutschlands bekanntester Spuk-Detektiv. Er betreibt seit über 30 Jahren die einzige Parapsychologische Beratungsstelle in unseren Breitengraden. Jährlich erhält er etwa 3000 Anrufe von Menschen, die meinen, parapsychologische Erfahrungen gemacht zu haben. Viele der Anrufer berichten von Erlebnissen mit Geistern. Lucadou ist der Auffassung, dass diese Menschen Geister als Konstrukt verwenden, um Erlebnisse, die er selbst nicht versteht, beschreiben zu können.

Eine Frau zum Beispiel berichtete von ihrem toten Ehemann, der plötzlich in ihrem Wohnzimmer erschienen sei. Sie hatte Angst, verrückt geworden zu sein, doch Lucadou konnte sie beruhigen: 80 Prozent der Paare, bei denen ein Partner verstirbt, können von einem solchen Erlebnis berichten. Die Erklärung ist laut Lucadou ganz einfach: Unser Gehirn neigt dazu, Fehlendes zu kompensieren, um wieder Vertrautheit herzustellen. So wird nachvollziehbarer, warum wir eine Person, mit der wir mitunter Jahrzehnte zusammengelebt haben, für den Bruchteil einer Sekunde plötzlich im Raum stehen sehen.

Die ersten wissenschaftlichen Studien zu außersinnlichen Wahrnehmungen führte der Amerikaner Joseph Banks Rhine ab dem Jahr 1930 durch. Er war Professor an der Duke University in Durham, North Carolina. Rhine konzipierte eine streng wissenschaftliche Versuchsanordnung und sammelte akribisch Daten, die er statistisch analysierte, damit alles, was wie ESP aussah, gemessen werden konnte und die Experimente wiederholbar waren – so, wie es die Grundsätze der Wissenschaftlichkeit verlangen.

Um die Plausibilität des Gedankenlesens zu beweisen oder zu widerlegen, verwendete Rhine zunächst sogenannte Zenerkarten, die Rhines Kollege und Landsmann Karl Zener entwor-

Zenerkarten sind noch heute in der Psychologie und Parapsychologie im Gebrauch.

fen hatte. Jede dieser Karten zeigt jeweils eines von folgenden fünf Symbolen: Kreis, Pluszeichen, drei Wellenlinien, Quadrat oder Stern. Dank dieser Symbolkarten konnten die beiden Forscher auch fremdsprachige Studenten testen. Denn es brachte ja nichts, die Gedanken von jemandem lesen zu können, wenn man dessen Sprache nicht verstand.

Die Probanden, überwiegend Studenten der Duke University, saßen dem Tester gegenüber. Nur der Tester bekam eine der fünf Karten gezeigt, der Proband sollte in den Gedanken des Testers lesen, um welche Karte es sich handelte. Der Versuch wurde mit jedem Probanden viele Male wiederholt, zum Teil sogar tausendfach.

Wer mag, kann das selbst mit einem Satz klassischer Spielkarten ausprobieren. Man braucht dazu nur die Karten von Ass bis Fünf einer beliebigen Farbe – und einen Freund. Der Freund mischt die Karten und wählt dann eine davon aus. Sie versuchen nun zu erraten, welche es ist. Ihre Vermutung und der tatsächliche Kartenwert werden bei jedem Versuch schriftlich festgehalten. Wenn man insgesamt zehn Versuche durchführt, ergibt die Anzahl der korrekten Vermutungen multipliziert mit zehn die Trefferquote in Prozent.

Zu Rhines Zeit glaubten viele Menschen, dass jemand, der wirklich Gedanken lesen konnte, bei diesem Test jedes Mal richtigliegen musste – und dass man daher nur wenige Versuche brauchen würde, um das festzustellen. Aber Rhine sah das anders, weil er zwei Dinge wusste. Zum einen war ihm bekannt, dass man auch einfach richtig *raten* kann. Und genau das nutzten Scharlatane aus. Sie trafen eine große Anzahl von Vorhersagen und hofften, dass sich mit etwas Glück eine oder zwei davon als richtig erweisen würden. Dann drehten sie die Wahrheit einfach um und behaupteten, sie hätten es bei den Glückstreffern tatsächlich gewusst, und die falschen Versuche seien nur unglückliche Zufälle gewesen.

Das ist übrigens heute noch die unter selbsternannten Medien am weitesten verbreitete Methode. Dazu muss man wissen, dass unser Gedächtnis selektiv arbeitet, das heißt, wir erinnern uns an besonders interessante Ereignisse (eine korrekte Vorhersage) besser als an weniger interessante (eine falsche Vorhersage). Scharlatane müssen sich also gar nicht besonders anstrengen, damit wir die falschen Vorhersagen vergessen. Wir selbst erledigen das für sie.

Die zweite Tatsache, die Rhine bekannt war, lautete: Echte ESP – so sie denn existiert – wirkt sich höchstwahrscheinlich nicht so deutlich aus, wie man es erwarten würde. Bei jedem von zehn Versuchen mit den Zenerkarten steht die Chance bei eins zu fünf, dass man richtigliegt. Mit Glück allein darf man also rein rechnerisch auf zwei Treffer hoffen. Jede Trefferquote *über* 20 Prozent wäre hingegen ein Hinweis – nur: worauf?

Fragen wir andersherum: Wie gut haben Sie selbst abgeschnitten? Sagen wir mal, Sie hätten dreimal richtiggelegen, dann hätten Sie eine Quote von 30 Prozent. Beweist das irgendetwas? Noch nicht, weil man bei nur zehn Versuchen ohne weiteres rein zufällig dreimal richtigliegen kann. Aber für 30 Treffer bei 100 Versuchen bräuchte man schon sehr viel Glück – sehr viel mehr als bei drei von zehn jedenfalls. Das wäre ein aussagekräftiger Hinweis, dass außer Glück noch etwas anderes im Spiel ist. Es beweist zwar immer noch nicht, dass das ESP sein muss, doch wenn man bei 30 von 100 Versuchen oder gar bei 300 von 1000 Versuchen richtigliegt, dann kann man getrost davon ausgehen, dass man nicht nur Glück hatte. Irgendetwas ist geschehen. Aber was?

In all den Jahren, in denen Rhine seine Versuche durchführte, verblüfften zwei Probanden. Der erste, Adam Linzmeyer, war Student an der Duke University. In einer sechsmonatigen Testreihe riet er insgesamt 1563 Mal. Durch Glück allein hätte er rein rechnerisch nur 313 Treffer landen können, Linzmeyer lag aber 558 Mal richtig. Die Wahrscheinlichkeit, dass diese Treffer alle rein zufällig waren, liegt bei eins zu einer Billion.

Noch erstaunlicher waren die Ergebnisse von Hubert Pearce, ebenfalls Student der Duke University. Er nahm an 1850 Versuchen teil und traf 658 Mal ins Schwarze, also 288 Mal öfter, als sich durch reinen Zufall erklären ließ. Die Wahrscheinlichkeit lag hier bei eins zu einer Billiarde, war also unfassbar gering. Was auch immer da am Wirken war, es war nicht nur Glück. Aber was dann?

Rhine war kein Experte für Täuschungsmanöver, das erschwert die Einschätzung seiner Ergebnisse. Er war Wissenschaftler und arbeitete sehr präzise. Er eliminierte die statistischen Fehler, die frühere ESP-Studien wertlos gemacht hatten. Er war bewandert in Mathematik und beherrschte die Verfahren zur Datenerhebung, und diese wandte er korrekt an. Er stellte sicher, dass seine Ergebnisse nicht durch Zufälle beeinträchtigt wurden. Und so glaubte Rhine, wie viele andere auch, dass Linzmeyer und Pearce zu wie auch immer gearteten außersinnlichen Wahrnehmungen fähig sein mussten, um diese Ergebnisse zu erzielen.

Doch viele Menschen sehen das völlig anders. Für sie haben Pearce und Linzmeyer gezielt betrogen. Niemand unterstellt Rhine, er habe seine Ergebnisse gefälscht. Doch Linzmeyer und Pearce waren Studenten, die Spaß daran gehabt haben könnten, einen Wissenschaftler hinters Licht zu führen. Wahrscheinlich kannte Rhine keine der verschiedenen Möglichkeiten, bei einem solchen Test zu schummeln, und merkte nichts. Als der Aufbau des Experiments überprüft wurde, stellte man allerdings fest, dass ein Betrug ganz einfach gewesen wäre.

Stichhaltige Beweise, dass Linzmeyer oder Pearce tatsächlich geschummelt haben, gibt es nicht, und wenn, dann kann man das Rhine nicht vorwerfen. Als er mit seiner Arbeit begann, waren wissenschaftliche Studien darauf ausgelegt, den Zufall zu eliminieren. Bis dahin war es kaum vorgekommen, dass Proban-den bei einer Studie tricksten. Vermutlich kam Rhine nicht ein-mal darauf, dass es diese Möglichkeit überhaupt gab.

Fast fünfzig Jahre nach Rhine, im Jahr 1979, stellten For-scher an der Universität von Washington eine Versuchsreihe an, mit der gleichfalls die Existenz parapsychologischer Phänomene wissenschaftlich untersucht werden sollte: Projekt Alpha. Wie bei Rhines Studie zeigten wieder zwei Studenten ungewöhn-liche Fähigkeiten mit hohen Trefferquoten: Steve Shaw und Michael Edwards.

Doch bei der Pressekonferenz im Jahr 1983, bei der der Öf-fentlichkeit der erste wissenschaftliche Nachweis für außersinn-liche Kräfte präsentiert werden sollte, überrumpelten die beiden Probanden Edwards und Shaw die Forscher mit dem schockie-renden Bekenntnis: «Wir haben betrogen.» Die beiden waren Magier und hatten die Wissenschaftler mit ihren Zaubermetho-den getäuscht. Dahinter steckte der berühmte Zauberkünstler und Gegner von Pseudowissenschaften James Randi, der damit zeigen wollte, wie gefährlich falsche Vorstellungen und Erwar-tungen sein können. Kurz nach diesem Skandal wurde das For-schungslabor geschlossen.

DER KLUGE HANS

Derlei Geschichten sind leider typisch für die Erforschung der außersinnlichen Wahrnehmung. Manche Menschen tun etwas, das schwer, aber nicht unmöglich zu erklären ist. Und meist stellt sich im Nachhinein heraus, dass sie getrickst haben.

Uns ist bewusst, dass das, was wir als Clairvoyants auf der Bühne tun, übernatürlich wirkt. Wir arbeiten hart daran, das Unmögliche möglich zu machen. Trotzdem können auch wir Ihnen in diesem Buch nicht beibringen, wie man ein Einhorn fängt. Aber wenn wir Ihnen keine Techniken für außersinnliche Wahrnehmung vermitteln wollen, was dann? Am einfachsten lässt sich das wohl mit der Geschichte von einem Gedanken lesenden Pferd erklären.

Um das Jahr 1900 bis zum Ersten Weltkrieg ließ der deutsche Mathematiklehrer Wilhelm von Osten sein Pferd Hans bei öffentlichen Auftritten alle möglichen mathematischen Fragen beantworten. Wenn jemand «vier plus neun» rief, dann trat Hans 13-mal mit dem Huf auf den Boden. Wenn jemand «2 × 5» auf eine Tafel schrieb, dann stampfte Hans zehnmal auf. Er konnte addieren, subtrahieren, multiplizieren und dividieren. Außerdem konnte er die Uhr lesen, gehörte Töne und Akkorde richtig benennen sowie lesen und buchstabieren. Die Antworten stampfte er mit dem Huf.

Der Hengst wurde von einer Kommission untersucht, zu der ein Tierarzt, mehrere Lehrer sowie ein Zoo- und ein Zirkusdirektor gehörten. Sie alle kamen zu dem Schluss, dass hier nicht getrickst wurde. Und sie hatten recht: Was da geschah, war nicht Lug und Trug. Es war real. Nur war Hans eben kein rechnendes Pferd, sondern hier wirkte die Magie der Verbindung zwischen Pferd und Besitzer.

Unter einer solchen «magischen Verbindung» verstehen wir etwas Erklärbares, das ein Ergebnis hervorbringt, das unmöglich und nicht erklärbar erscheint. In diesem Fall funktionierte es, weil Pferd und Besitzer ein starkes Band einte. Deshalb sah es so aus, als könnte Hans rechnen: Jemand aus dem Publikum schrieb eine einfache Rechenaufgabe auf eine Tafel, sagen wir «2 + 3». Dann fing Hans den erwartungsvollen Blick seines Besitzers von Osten auf. Der Hengst wusste nicht, was diese Zahlen bedeuteten; er wusste noch nicht einmal, dass es Zahlen waren und keine Buchstaben oder etwas ganz anderes. Was Hans dagegen wusste, war, dass er mit dem Huf stampfen musste, wenn von Osten ihn so ansah. Dabei ließ der Hengst seinen Besitzer nicht aus den Augen. Von Osten beobachtete seinerseits das Pferd. Beim fünften Hufschlag hoffte von Osten dann, dass das Pferd aufhören würde, und das las das Tier von seinem Gesicht ab. Dem Publikum fiel das nicht auf, denn dessen Aufmerksamkeit war ja auf Hans gerichtet.

Aber Hans bemerkte es und hörte prompt auf, mit dem Huf zu stampfen. Er hatte gelernt, zwei verschiedene Gesichtsausdrücke seines Besitzers zu interpretieren: einen, der «Mach weiter» bedeutete, und einen anderen, der «Hör auf» hieß. Er war ein wirklich kluges Pferd!

Doch der Kluge Hans konnte auch dann rechnen, wenn von Osten gar nicht im selben Raum war. Wie war das möglich? Ganz einfach: Hans las stattdessen am Gesichtsausdruck der Zuschauer ab, wann er aufhören musste zu zählen. Das funktionierte nicht ganz so gut wie bei von Osten, aber gut genug, um eine überzeugende Illusion zu erzeugen. Doch ein cleverer Forscher bemerkte, dass Hans' Rechenkünste versagten, wenn auch im Publikum niemand die Lösung der Aufgabe kannte. Der Hengst begann dann, mit dem Huf aufzustampfen – aber ohne jeden Hinweis darauf, wann er aufhören musste, stampfte er einfach weiter, weit über die richtige Antwort hinaus.

Die Verbindung, die der Kluge Hans zu seinem Besitzer hatte, erlaubte es dem Pferd, Dinge zu tun, die magisch wirkten. Tatsächlich waren sie das auch: magisch. Nur vielleicht auf eine andere Weise, als man erwarten würde. Denn dass Hans unglaublich feine Unterschiede in den Gesichtsausdrücken der Menschen um ihn herum erkennen und auf sie reagieren konnte, ist wirklich unfassbar. Der Kluge Hans war so berühmt, dass seine Geschichte 1904 sogar in der *New York Times* veröffentlicht wurde: *BERLIN'S WONDERFUL HORSE; He Can Do Almost Everything but Talk-How He Was Taught.*

Was würden Sie tun, wenn Sie eine derartige Verbindung zu einem anderen Menschen aufbauen könnten?

Amélie

Wir haben einen kleinen Hund namens Mr. Koni Hundini. Er begleitet uns zu all unseren Shows und verbringt abseits der Bühne jeden Moment mit uns. Auch er weiß oft genau, was als Nächstes passiert oder was wir ihm, oft auch nonverbal, vermitteln wollen. Dadurch, dass er uns beobachtet, seitdem er ein Welpe war, weiß er, wann wir auch nur darüber nachdenken, mit ihm Gassi zu gehen, ihn füttern oder mit ihm spielen wollen. Jedem Tierhalter ist bekannt, was für ein besonderes Feingefühl unsere Schützlinge haben, wie gut sie in uns hineinsehen und wie präzise sie uns lesen können. Das ist die Magie der Verbindung zwischen einem Tier und seinem Besitzer!

Thommy und Amélie zusammen mit Mr. Koni Hundini.

UNSER GEHEIMNIS, DAS KEINES IST

Für das, was wir tun, sind zwei Menschen erforderlich, die in Echtzeit gemeinsam beim Publikum eine Illusion erschaffen. Einer allein bewirkt nichts, niemand kann es allein machen. Jeder von uns beiden muss wissen, was der oder die andere denkt, sonst funktioniert gar nichts. Das ist unser eigentliches Geheimnis – unsere Methoden basieren auf einer starken mentalen Verbindung. Und es kostet uns große Mühe, es auf der Bühne so einfach aussehen zu lassen.

Diese Art von Verbindung kann jeder entwickeln, ohne dazu «Wunder» auf einer Bühne vollführen zu müssen. Man kann diese Verbindung nutzen, um die Familie glücklicher zu machen und persönliche Beziehungen zu stärken, erfolgreicher im Beruf zu werden und Freundschaften zu festigen. Bereits bestehende Verbindungen lassen sich mit ganz einfachen Mitteln und ohne große Mühe vertiefen. Und je besser Sie diese Fähigkeiten be-

Thommy, der sich im Zuschauerraum befindet, ist mit Amélie, die mit verbundenen Augen auf der Bühne steht, auf magische Weise verknüpft.

herrschen, umso mehr werden Sie von ihnen profitieren – jeden Tag etwas mehr.

Uns geht es hier also weniger um außersinnliche als vielmehr um außergewöhnliche Wahrnehmung. Und das Beste daran: Sie lässt sich erlernen. Denn wir können unsere angeborene Wahrnehmungsfähigkeit weiterentwickeln – so weit, bis sie zur größten mentalen Kraft wird, die wir bewusst gebrauchen und einsetzen können. Wenn Sie das tun, werden Sie in gewisser Hinsicht ein Mensch werden, der sein Umfeld intensiver wahrnimmt, sich mit anderen schneller vernetzt und sich auf Verbindungen noch mehr einlässt. Wir versprechen Ihnen eine wundervolle Erfahrung. Denn auch wenn *außersinnliche* Wahrnehmung mehr Aufsehen erregen mag: Die *außergewöhnliche* Wahrnehmung ist real – und für Sie persönlich von viel größerem Nutzen.

WAS SIE VON DIESEM BUCH ERWARTEN KÖNNEN

In diesem Buch weihen wir Sie in die Magie der Verbindungen ein. Wir werden Ihnen helfen, dauerhafte Verbindungen zu den Menschen in Ihrem Leben aufzubauen, zu Ihren Freunden, Ihrer Familie, den Menschen, die Sie lieben. Diese Verbindungen werden Ihre Freundschaften stärken, Ihr Familienleben erfüllender und Ihre Liebesbeziehungen befriedigender und stabiler machen.

Sie werden außerdem lernen, wie Sie eine kurzfristige Verbindung zu Menschen eingehen können, die Sie eher flüchtig kennen. Diese Verbindungen werden weniger stark sein, aber auch sehr viel zahlreicher. Denn die meisten Menschen, mit denen man täglich zu tun hat, sind keine Freunde, Verwandte oder Angehörige. Verbindungen zu diesen Menschen haben weniger offensichtliche oder tiefgreifende Auswirkungen, aber auch hier können sich viele kleine Verbesserungen im Lauf der Zeit zu einem großen Nutzen summieren.

Wir werden Ihnen zeigen, wie Sie in nahezu jedem Bereich Ihres Lebens Verbesserungen herbeiführen können: in Ihrem Privatleben, Ihrer Karriere und auch in Hinblick auf Gesundheit, Liebesleben, Hobbys, Hoffnungen und Träume. Und wir werden Ihnen beibringen, wie Sie all das mit den Sinnen bewerkstelligen können, über die Sie von Geburt an bereits verfügen. Sie werden sie «nur» weiterentwickeln. Das Wissen, das wir hier mit Ihnen teilen, verstößt gegen kein physikalisches Gesetz. Ganz im Gegenteil: In diesem Buch werden wir uns nicht nur auf unsere Erfahrungen, sondern auch auf aktuelle wissenschaftliche Forschungen beziehen.

Wir hatten das große Glück, unsere eigenen Fähigkeiten entdecken und entwickeln zu können. Das ist ein stetiger Lernprozess. Wie es überhaupt so weit kam, erzählen wir Ihnen im folgenden Kapitel. Aber seitdem wir uns ernsthaft mit der Verbindung, die wir zueinander haben, zu beschäftigen begannen, wollten wir auch so viel wie möglich darüber erfahren, wie Menschen ganz allgemein miteinander in Verbindung treten. Dazu gibt es glücklicherweise jede Menge Informationen, auf die wir eingehen werden.

Unsere Fähigkeit, Verbindungen herzustellen, hat uns beide persönlich und beruflich geprägt. Alles, was wir haben, auch uns gegenseitig, verdanken wir dieser Fähigkeit. Dieselbe Wirkung kann sie auch auf Ihr Leben haben.

Wir werden Ihnen sagen, wie es funktioniert, zeigen, wie man es macht, und Ihnen helfen, es selbst zu erlernen.

KAPITEL 2

Wie alles begann

Wenn wir die Bühne betreten, vollbringen wir scheinbar Unmögliches – zumindest wirkt es auf Außenstehende so, als wären wir keine normalen Menschen. Aber das, was wir Ihnen vermitteln möchten, können auch Sie umsetzen, denn in Wahrheit unterscheidet uns nichts von anderen Menschen. Viele Leserinnen und Leser werden sich in unseren Geschichten wiedererkennen. Diese Gemeinsamkeiten sind wichtig, wenn man eine Verbindung aufbauen will – in diesem Fall eine Verbindung zwischen uns, den Autoren, zu Ihnen, unserer Leserschaft.

Auf den folgenden Seiten werden wir unsere eigenen Lebensgeschichten erzählen. Denn wie sollen Sie einschätzen, was unsere Ratschläge wert sind, wenn Sie nicht wissen, auf welchen Erfahrungen sie beruhen?

THOMMY ÜBER AMÉLIE

Amélie wurde im österreichischen St. Pölten als Christina geboren, nahm aber gleich zu Beginn ihrer Karriere einen Künstlernamen an. Sie war schon immer ein Fan des Films *Die fabelhafte Welt der Amélie* von Jean-Pierre Jeunet aus dem Jahr 2001.

In der Titelrolle spielt Audrey Tautou die junge Frau Amélie Poulain, die ein besonderes Feingefühl besitzt und die Sinnlichkeit der sie umgebenden Dinge liebt. Christina konnte sehr viele Ähnlichkeiten zu ihrer Person auf der Bühne entdecken, in unserer jetzigen Show geht es sogar darum, dass sie auf der Bühne Gegenstände erfühlt, die ich in meinen Händen halte. Van Tass leitet sich von dem Wort phantastisch ab, und somit war der Name Amélie van Tass geboren. Doch im Gegensatz zu anderen Künstlern, die sich mit dem Künstlernamen als Kunstfigur völlig neu erfinden, ist Amélie auf der Bühne derselbe Mensch wie privat. Ich glaube, sie hat sich diesen Namen nur deshalb zugelegt, um ihre Schüchternheit zu überwinden. Amélie ist eine kontaktfreudigere Christina. Tatsächlich hilft Amélie Christina dabei, in Gegenwart von Fremden sie selbst zu sein.

Christina wurde in eine warmherzige Familie hineingeboren und hat einen älteren Bruder und eine jüngere Schwester. Manche «Sandwichkinder», wie Amélie eines ist, mögen sich oft übergangen oder ausgeschlossen fühlen, doch auf sie trifft das nicht zu. Ihr älterer Bruder kümmerte sich um sie und beschützte sie. Für ihn war sie immer die kleine Schwester – während sie für die jüngere Schwester, mit der sie vieles gemeinsam hat, die große Schwester war.

Beide Seiten merkt man ihrer Persönlichkeit an. Manchmal lässt sie sich gern beschützen und führen. Ein anderes Mal hat sie das Sagen und nimmt den anderen an die Hand. Ich mag beide Seiten, aber die Anführerin gefällt mir am besten. Die Welt braucht mehr Frauen wie sie, die führen können und wollen. Ich jedenfalls bin ihrer Familie dankbar, dass sie sie nie in die traditionelle Frauenrolle gezwungen hat.

Amélie entdeckte schon früh ihre Liebe zum Tanz und zur Bühne, mit sieben Jahren absolvierte sie ihre ersten Auftritte in Österreich. Ich würde viel dafür geben, ein Video von einem dieser Auftritte zu sehen! Oft erkennt man die «Handschrift» des späteren berühmten Schauspielers, Musikers oder Comedians schon in Filmaufzeichnungen aus jungen Jahren. Sie blieb mehrere Jahre lang in derselben Tanzschule und arbeitete sich dort in der Rangordnung nach oben.

Mir gefallen am Bühnentanz die Schönheit und Anmut, und wenn ich zwei Tänzer auftreten sehe, erkenne ich, wer von beiden «besser» ist. Allerdings kann ich meist nicht sagen, warum, weil ich mich mit den technischen Details nicht auskenne. Bühnentanz erfordert jedenfalls enorme Disziplin, körperlich wie mental und emotional – vor allem, wenn man erst sieben Jahre alt ist. Amélies Lehrer waren streng und hatten hohe Ansprüche, vor allem an die Technik, doch sie trainierte trotzdem gern. Noch lieber war es ihr allerdings, sich frei und kreativ bewegen zu können. Ich denke, das ist wie bei einem Musiker, der Fingerübungen auf seinem Instrument machen muss. Wenn jemand Gitarre spielt, um sich damit auszudrücken, dann sind Fingerübungen ziemlich langweilig.

Dai Vernon, einer der großen Magier des vergangenen Jahrhunderts, sagte einmal zu jemandem, der gern ebenfalls Zauberer geworden wäre, die vielen Übungsstunden aber lästig fand: «Wenn Ihnen das Üben nicht gefällt, dann sammeln Sie Briefmarken.» In der Tanzschule lernte meine Partnerin genau das: dass kein Meister vom Himmel fällt. Dass man als Künstler, wenn man Erfolg haben will, zwar Spaß an dem haben soll, was man tut, aber dass man zuvor auch hart an sich arbeiten muss. Und so übte sie stundenlang die kleinen Details, bevor sie sie überhaupt zu schätzen wusste. Sie lernte, ihre Fortschritte zu erkennen, wie klein sie auch sein mochten. Und sie zog Befriedigung und Selbstbestätigung aus der Arbeit an sich selbst.

Nach ein paar Jahren stellte Amélie fest, dass sie sich trotz aller Fortschritte im Tanz nicht so ausdrücken konnte, wie sie es sich wünschte. Sie wollte auf die Bühne, das war klar, aber sosehr sie das Tanzen auch liebte, war sie doch trotzdem davon überzeugt, dass dadraußen noch etwas anderes auf sie wartete. Ein wichtiger Mensch in ihrem Leben war zu dieser Zeit ihr Mathelehrer aus der weiterführenden Schule. Er war ein guter Lehrer, aber was viel wichtiger war: Er trat nebenbei als Magier auf und brauchte Hilfe bei der Choreographie seiner Show. Man kann sich seine Freude vorstellen, als er merkte, dass eine Schülerin in seiner Klasse eine Tanzausbildung hatte und leidenschaftlich gern auf der Bühne stand.

Amélie hatte damals noch kaum Interesse an Magie, aber sie nahm die Herausforderung an. Immerhin war es eine gute Gelegenheit, um ihren Horizont zu erweitern und neue Fähigkeiten zu erlernen. Und die Bühnenmagie zog sie sofort in ihren Bann, zumal dabei bewegungsbasierte Fertigkeiten gefragt waren, die sie schon vom Bühnentanz kannte. Bei der Magie hatte sie allerdings noch mehr Ausdrucksfreiheit.

Ein Kuriosum am Rande: Bevor Amélie einwilligte, ihrem Mathelehrer zu assistieren, sah sie sich eine Zaubershow an. Erst viel später entdeckten Amélie und ich, dass sich unsere Wege schon vor unserem Kennenlernen immer wieder gekreuzt hatten – zum Beispiel auch bei dieser Show. Sie saß staunend im Publikum und dachte darüber nach, was wohl alles gerade hinter der Bühne passierte. Ich hingegen befand mich im Backstagebereich, da ich Regie bei dieser Show führte, und überlegte, wie sich wohl die Zuschauer im Saal gerade fühlten.

Neben der Bühnenkarriere erlernte Amélie aber auch einen Brotberuf. Sie war schon immer sehr gut im Umgang mit Menschen gewesen und studierte deshalb Sozialpädagogik. Mehrere Jahre lang arbeitete sie mit Menschen mit Behinderung, darunter auch vielen, die nicht sprechen konnten. Es war eine prägende Zeit für Amélie, und Jahre später konnte sie die nonverbalen Kommunikationsfähigkeiten, die sie dabei erworben hatte, bei unseren Shows einsetzen und perfektionieren.

Während dieser Zeit stand sie immer wieder auf der Bühne:

Ihre natürliche Anmut und ihre Tanzausbildung verschafften ihr häufiger Auftritte als Bühnenassistentin – sie war also diejenige, die sich von dem jeweiligen Magier auf der Bühne zersägen lassen musste. Bei diesen Shows lernte sie viel und bekam wertvolle Bühnenerfahrung. Und sie entwickelte allmählich ihre heutige Bühnenfigur Amélie van Tass.

Im Jahr 2008 gelangte Amélie schließlich nach Wien und absolvierte dort eine weitere Tanzausbildung als zeitgenössische Bühnentänzerin, die sie 2011 abschloss. Damals erhielt ihr ehemaliger Mathelehrer den Anruf eines Freundes, eines jungen Künstlers, der Magie und Mentalmagie miteinander verband. Dieser Mann sollte bei der österreichischen TV-Show *Die große Chance* auftreten und suchte dafür eine Assistentin. Der Mathelehrer empfahl ihm einige Assistentinnen, mit denen er schon zusammengearbeitet hatte, darunter auch Amélie, die inzwischen viel Erfahrung in diesem Bereich gesammelt hatte. Sie war indes bereit für eine größere Aufgabe, bei der sie sich noch besser ausdrücken konnte. Sie wusste, dass sie etwas wagen musste, um ihr großes Ziel zu erreichen. Diese Überlegung hatte sie schon seit Monaten umgetrieben, und so hatte sie beschlossen, sich künftig nicht mehr als Assistentin zur Verfügung zu stellen. Irgendetwas sagte ihr jedoch, dass sie diesen einen Auftrag noch annehmen sollte.

Der junge Künstler kontaktierte die vorgeschlagenen Assistentinnen und bat sie, ihm ein Bild zu schicken. Da wurde Amélie klar, dass der Zeitpunkt gekommen war, ihre eigenen Ausdrucksmöglichkeiten zu nutzen und selbst kreativ zu werden. Sie konnte es tun, jetzt, sofort. Sie wollte keine Bühnenassistentin mehr sein. Das bedeutete, dass sie aufhören musste, sich wie eine Bühnenassistentin zu benehmen – auch abseits der Bühne. Daher schickte sie dem Künstler nicht das übliche Porträtfoto, sondern machte stattdessen nur eine Aufnahme von ihren bestrumpften Füßen. Sie bekam den Job, ohne dass sie recht wusste, warum. Es war eine aufregende Erfahrung, schon bevor sie die Bühne überhaupt betreten hatte. Auf der Fahrt zum Fernsehstudio fragte sie sich, was für ein Mensch dieser Mentalist wohl sein musste, dass er gerade sie ausgewählt hatte.

Thommy

Ich erinnere mich, dass es ein furchtbarer Tag war, kalt und grau und regnerisch. Ich wartete frierend auf die Assistentin, die mir mein Freund, der Mathelehrer, empfohlen hatte. Ich würde mit ihr arbeiten, obwohl ich sie noch nie gesehen hatte, und ich fragte mich, wie jemand auf die Idee kam, ein Foto seiner Füße zu verschicken. Doch das hatte sie nun einmal von allen anderen Bewerberinnen unterschieden, und ich wusste: Es musste mehr dahinterstecken. Hier würde ich auf eine sehr interessante Persönlichkeit treffen. Deshalb war meine Wahl auf sie gefallen. Ich sah einen Schirm die Straße entlangschweben. Er drehte sich langsam, der Regen schien respektvoll einen

Für den Einspieler von *America's Got Talent* nachgestellt: die erste Begegnung von Thommy und Amélie.

Bogen um ihn herum zu machen. Dann wurde der Schirm anmutig nach hinten gekippt, und Amélie kam zum Vorschein.

Das war unsere erste Begegnung, die alles verändert hat.

AMÉLIE ÜBER THOMMY

Thommy wurde als Thomas in Niederösterreich geboren, doch von klein auf nannte man ihn Thommy. Obwohl die Familie eigentlich in einer anderen Stadt wohnte, entschieden sich die Eltern für die Geburt im Landesklinikum St. Pölten – eine Entscheidung, die nicht nur Thommys Eltern trafen, sondern auch meine. Auch ich wurde in diesem Krankenhaus geboren, obwohl meine Eltern in einer anderen Stadt wohnten. Als Thommy und ich unsere Geburtsurkunden vor einigen Jahren verglichen, konnten wir es kaum fassen, dass wir beide auf derselben Geburtsstation im selben Krankenhaus das Licht der Welt erblickt hatten – und das auch noch im Abstand von nur sechs Monaten.

Thommys Vater war ein erfolgreicher Landschaftsarchitekt, der mit seiner Frau arbeitsbedingt mal in Deutschland, mal in der Schweiz und in Frankreich lebte. Nach Thommys Geburt wurde die Familie in Österreich sesshaft, reiste aber weiterhin viel. Auf diesen Reisen lernte Thommy, sich an die unterschiedlichsten Situationen anzupassen – Erfahrungen, die ihn auf das Leben als darstellender Künstler und auf die vielen Reisen vorbereiteten, die wir heute für unsere Shows unternehmen. Manchmal fühlt es sich an, als wären wir überall zu Hause, und manchmal, als wären wir nirgends daheim.

Thommy beschäftigte sich schon als Kind mit Zauberei und Schauspielerei und trat bereits mit zehn Jahren als Magier in kleinen Theatergruppen auf. Oft war er der Jüngste auf der

Bühne. Dabei haben die meisten Kinder panische Angst davor, sich vor ihre Altersgenossen hinzustellen und womöglich zu blamieren – schließlich kann gerade bei der Magie jede Menge schieflaufen. Wenn ein Sänger einen Ton nicht trifft, geht das Lied trotzdem weiter. Wenn man als Magier einen Fehler macht, dann funktioniert der ganze Trick einfach nicht. Punkt, aus. Das macht die Magie gerade für Anfänger besonders schwierig.

Bei seinem ersten Auftritt in der Schule hatte Thommy allerdings ein anderes, größeres Problem: Seine Tricks stammten aus einem Zauberkasten, der damals sehr beliebt war. Viele Mitschüler hatten den gleichen Kasten, kannten die Tricks und ließen sich folglich nicht täuschen. Die Show war ein Reinfall. Viele hätten nach so einer Pleite die Magie aufgegeben. All die harte Arbeit, das viele Üben waren umsonst gewesen. Doch Thommy war aus härterem Holz geschnitzt: Er erfand kurzerhand eigene Tricks, und beim nächsten Auftritt verblüffte er alle.

Nach diesem Erfolg hatte ihn die Magie endgültig gepackt, er ließ sich durch skeptische Stimmen nicht mehr davon abbringen. *Er* fand es toll, und das reichte ihm. Hier schlug wohl das Vorbild seiner Eltern durch, ihre Arbeitsmentalität, Bescheidenheit und Charakterstärke.

In seiner Heimatstadt Krems an der Donau gab es schon seit vielen Jahren einen Zauberklub: *Die Magische Zehn*. Hier trafen sich Hobbymagier und Halbprofis, tauschten sich über ihre Zaubertricks aus und organisierten Auftritte bei verschiedenen Veranstaltungen. Eine dieser Veranstaltungen besuchte Thommy mit seinem Vater. Sie saßen im Publikumsraum, doch Thommy kam nicht zur Ruhe, weil er unbedingt selbst auf die Bühne wollte. Er überredete seinen Vater dazu, mit ihm zum Bühneneingang zu gehen. Ein älterer Herr öffnete, und Thommy fragte, ob sie noch einen Zauberer bräuchten. Der Herr lächelte: Thommy war eindeutig zu jung, doch ihn berührte seine Begeisterung, und so lud er ihn zum nächsten Klubabend ein.

Thommy war da, und obwohl mit Abstand der Jüngste, machte er sich in diesem Kreis mit seinem Geschick schnell einen Namen. Ein Jahr später schaffte er mit Bravour die Aufnahmeprüfung bei *Die Magische Zehn* und wurde, weil man seinen Ehrgeiz und seine Kreativität schätzte, dank Sondergenehmigung auch Mitglied im *Magischen Zirkel* von Deutschland, der normalerweise nur Magier mit einem Mindestalter von 16 Jahren aufnimmt. Da Thommy im Alter von zehn Jahren mit der Magie begann, Mitglied im Zauberverein *Die Magische Zehn* war und seine Glückszahl von Anfang an die Zehn gewesen war, war nun auch sein Künstlername geboren: Thommy Ten.

Mit 13 Jahren wurde er der jüngste österreichische Staatsmeister der Magie aller Zeiten – der erste von vielen Titeln, die er bereits in jungen Jahren gewann –, und bald war er in ganz Österreich bekannt.

Thommy erwähnt seine Titel nur, um für unsere Show zu werben – das gehört nun mal zum Showbusiness. Aber weder er noch ich wurden Künstler, um Siegestrophäen einzuheimsen. An Wettbewerben nahmen wir vor allem deswegen teil, weil es eine phantastische Chance war, unsere Karriere voranzubringen.

Obwohl Thommy ein helles Köpfchen ist, war die Schulzeit für ihn im Gegensatz zu mir anfangs kein Zuckerschlecken. Anstatt sich vorgegebene Lerninhalte anzueignen, wollte er lieber selbst Entdeckungen und Erfahrungen machen. Nach einigen Jahren in der weiterführenden Schule wechselte er in eine Schule für Berufstätige, wo er sich besser entfalten und auch während der Schulzeit Auftritte wahrnehmen konnte.

Thommy hatte sich schon immer dafür interessiert, wie Menschen miteinander kommunizieren. Doch erst nach seinem Schulabschluss begann er, sich ernsthaft mit Kommunikationswissenschaft zu beschäftigen. Mit der Zeit entwickelte er die Fähigkeit, Verbindungen auch zu Menschen aufzubauen, die er kaum kannte und mit denen ihn nur wenige gemeinsame

Erfahrungen verbanden. Er lernte, anderen zu vermitteln, wer und wie er war. Nachdem ihm das traditionelle Schulsystem nicht mehr im Weg war, fiel ihm das Lernen leichter, sodass er in Wien sogar eine Ausbildung zum Kommunikationsprofi absolvieren konnte.

Je mehr von Thommys Persönlichkeit in seiner Magie zum Ausdruck kam, umso erfolgreicher wurde er, und bald war er auch jenseits der magischen Zirkel einem größeren Publikum bekannt. Doch er war immer noch auf der Suche nach einer Partnerin, mit der er etwas völlig Neues auf der Bühne erschaffen konnte. Er träumte von einem Programm, in dem es in erster Linie um Kommunikation ging, und das war nun einmal nur mit einem Partner möglich.

Damals hatte ein Magier meist eine Assistentin, die ihm die Requisiten reichte und sich entzweisägen ließ. Inzwischen hätte Thommy sich eine Assistentin leisten können. Aber er trat lieber weiterhin allein auf, während er Ausschau nach einer Partnerin hielt, mit der er auf Augenhöhe seinen Traum verwirklichen konnte. Im Jahr 2011 war er schließlich so bekannt, dass er in die österreichische TV-Show *Die große Chance* eingeladen wurde. Er entschied sich in letzter Minute dafür, eine Assistentin zu engagieren, um diesem wichtigen Auftritt den letzten Schliff zu geben: mich.

Jedes Paar, das ich bisher kennengelernt habe, kann einen Punkt benennen, an dem beide Partner eine Entscheidung getroffen haben, ohne die sie sich wahrscheinlich niemals kennengelernt hätten. Bei uns war es Thommys Entschluss, eine Assistentin zu engagieren, und mein Entschluss, noch diesen einen Job zu machen. Thommy verschickte an die Assistentinnen, die ihm sein Freund empfohlen hatte, eine Standardanfrage mit der Bitte um ein Foto und staunte nicht schlecht, als ich ihm ein Bild von meinen Füßen in Strümpfen sandte. Obwohl er nicht genau wusste, was das zu bedeuten hatte, interessierte er sich nur noch für das Bild mit den Strümpfen und schickte postwendend eine Zusage an mich.

Und so brach Thommy an einem kalten Regentag auf, um ins Fernsehstudio nach Wien zu fahren und mich ein erstes Mal zu treffen.

Die Biographiemethode

Nehmen Sie sich einen Moment Zeit. Legen Sie das Handy beiseite, und klappen Sie den Laptop zu. Überlegen Sie jetzt, ob Sie aus Ihrem Leben ähnliche Momente kennen, wie es sie auch bei uns gab: Momente der Entscheidungen, Momente des Zufalls, Momente, die Sie geprägt haben, Momente, in denen Ihnen etwas über sich und Ihr Leben klargeworden ist, in denen Sie eine Leidenschaft entdeckt und Zwänge abgeschüttelt haben; Begegnungen, die Sie nicht vergessen können und die Sie beeinflusst haben. Denken Sie an eigene Erfahrungen, die sich mit unseren Erfahrungen vergleichen lassen, aber auch an Erfahrungen in ähnlichen Situationen, die sich von unseren unterschieden haben. Lassen Sie sich Zeit, durchforsten Sie ganz in Ruhe Ihr Gedächtnis.

Sie sind fündig geworden? Gratulation, Sie haben soeben den ersten Schritt gemacht zur Magie der Verbindung! Je besser Sie über den Hintergrund einer Person Bescheid wissen, desto leichter können Sie sich nämlich mit dieser Person verbinden. Hierbei hilft es, nicht nur Gemeinsamkeiten, sondern vor allem auch Unterschiede zu finden. Denn sie machen Ihr Gegenüber interessant! Fragen Sie sich: Wieso trifft dieser andere eine Entscheidung, die ich selbst niemals treffen würde?

Indem Sie sich darüber freuen, dass jeder Mensch auf seine Weise individuell und anders ist als Sie, erweitern Sie Ihre Fähigkeit, sich mit vielen unterschiedlichen Menschen verbinden zu können.

KAPITEL 3

The Clairvoyants

An jenem regnerischen Tag in Wien nahm unsere besondere Verbindung ihren Anfang. Was genau wir uns bei unserer ersten Begegnung sagten, wissen wir beide nicht mehr. Aber wir wissen, dass wir beide ein sehr gutes Gefühl hatten. Es war ein wunderbar vertrauter und schöner Moment. Wir standen vor dem Studio und besprachen den bevorstehenden Auftritt. Thommy musste immer wieder an das Bild mit den Strümpfen denken, das Amélie ihm geschickt hatte. Das zeigt, dass wirklich alles als Ausgangspunkt für eine Verbindung dienen kann. Man könnte sogar sagen, dass Amélies Fußfoto der Anfang von The Clairvoyants war.

DIE ANFÄNGE

Es war alles andere als eine schicksalhafte Begegnung, wie man sie aus Liebesfilmen kennt: Kein Blitz schlug ein, es war auch nicht Liebe auf den ersten Blick. Dafür war gar keine Zeit. In wenigen Stunden sollten wir in einer landesweit ausgestrahlten Fernsehsendung mit knapp einer Million Zuschauern auftreten. Es gab viel zu viele praktische Details zu besprechen, um andere Gedanken aufkommen zu lassen. Wir waren einfach Kollegen.

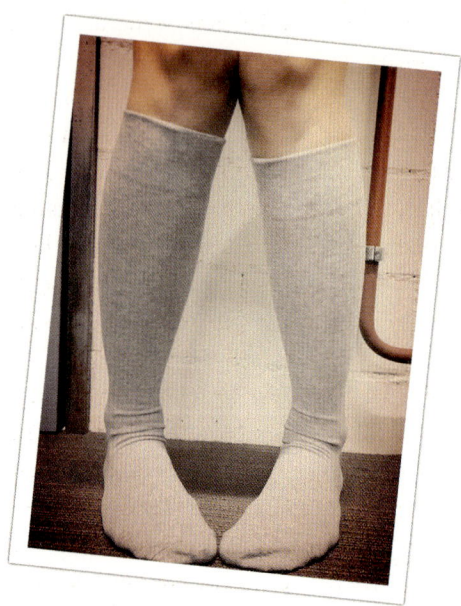

Das «Bewerbungsfoto», das Amélie an
Thommy schickte.

Doch am Ende des Abends bestand bereits eine Verbindung
zwischen uns. Es fühlte sich an, als sei sie gewachsen im Lauf
der vergangenen Stunden, aber rückblickend entstand sie wahrscheinlich sofort, und wir brauchten nur mehrere Stunden, um
es zu merken.

Wir gingen Thommys Auftritt durch, Punkt für Punkt, und
besprachen, was Amélie jeweils tun sollte. Da wir beide erfah-
rene Künstler waren, dauerte das nicht lange. Außerdem erzählte Thommy, welche neue Richtung er einschlagen wollte,
und Amélie gestand ihm ihre eigenen künstlerischen Ziele. Beides zusammen ergab schnell den groben Umriss einer völlig
neuen Show, und uns wurde klar, ohne dass wir es aussprechen
mussten, dass bei dieser neuen Show Amélie nicht mehr nur

Thommys Assistentin sein, sondern dass das neue Programm auf einer echten Partnerschaft aufbauen würde.

Der Fernsehauftritt lief gut, und nach der Aufnahme bedankte sich Thommy wie üblich bei allen, die den Auftritt ermöglicht hatten – dem Moderator, der Bühnencrew und dem Produktionsteam. Er wollte sich abschließend natürlich auch noch kurz bei Amélie bedanken. Aus diesem kurzen Dankeschön wurde ein stundenlanges Gespräch bis spät in die Nacht. Noch in derselben Nacht beschlossen wir, als Künstler zusammenzuarbeiten und eine neue Show zu entwickeln.

Die meisten unserer Angehörigen und Freunde fanden die Idee gut, aber einige hatten Bedenken – sie hielten eine so weitreichende Entscheidung für überstürzt, weil wir uns ja noch nicht lange kannten. Aber für uns war es der Abschluss einer jahrelangen Entwicklung. Wir waren schon lange auf der Suche gewesen, bevor wir uns trafen, auch wenn keiner von uns wusste, wonach wir eigentlich suchten. Wie sich herausstellte, suchten wir beide dasselbe, fanden es im jeweils anderen und bemerkten das sofort.

Auch wenn wir damals *Die große Chance* nicht gewannen, bot uns dieser Abend unsere ganz persönliche große Chance, gemeinsam etwas viel Wertvolleres zu erlangen – eine tiefe gegenseitige Verbindung.

Thommy
Wir werden immer wieder gefragt, wie wir uns kennengelernt haben. Ich erzähle dann von jenem ersten Treffen, als ich im kalten Regen auf der Straße stand und sie langsam aus dem Nebel auftauchte wie aus einer anderen Welt. Ich ahnte: Dies war ein besonderer Moment, der alles verändern würde. Aber ehrlich gesagt wusste ich es schon vorher – seit dem Foto von ihren Füßen.

Amélie
Ich finde es immer schön, wenn Thommy diese Geschichte erzählt. Ich habe den Nebel um mich herum nicht gesehen – aber man selbst sieht ihn ja nie. Man sieht immer nur den Nebel, der andere Menschen umgibt.

Wir setzten unseren gemeinsamen Traum von einer neuen Show tatsächlich um, aber das ging nicht von heute auf morgen, sondern in kleinen Teilschritten. Ein völlig neues Programm am Stück vor Publikum zu spielen ist ein verbreiteter Fehler unter Magiern, der fast immer in einem Fiasko endet. Es ist sehr viel vernünftiger und auch professioneller, wenn man pro Show maximal einen kleinen Programmteil neu einfügt, denn beim ersten Mal funktioniert nichts reibungslos.

Einzelne Acts führten wir Tausende Male auf, und das ist wirklich keine Übertreibung. Gerade in den ersten Jahren nutzten wir jede noch so kleine Chance aufzutreten, egal, ob vor zwei oder 200 Menschen. So kamen wir teilweise auf bis zu 400 Auftritte im Jahr. Diese vielen Wiederholungen geben einer Nummer den letzten Schliff, weil man so das perfekte Timing lernt und merkt, was funktioniert und was nicht.

Ähnlich ist es, wenn man lernen will, Verbindungen herzustellen und zu nutzen. Beim ersten Mal wird es nicht reibungslos funktionieren und vermutlich auch beim zweiten Mal nicht. Je öfter man aber versucht, eine Verbindung einzugehen, desto einfacher wird es werden und desto besser wird es funktionieren. Das braucht Zeit. Aber das ist kein Grund, sich entmutigen zu lassen, denn durch langsame Fortschritte werden Fähigkeiten besonders gut und dauerhaft gefestigt. Außerdem: Tausendmal die Verbindungsaufnahme zu üben dauert nicht annähernd so lange wie tausend Durchgänge durch unser Programm. Denn Verbindungen lassen sich den ganzen Tag knüpfen, immer und überall. So sind wesentlich schnellere Fortschritte möglich.

EIN NEUER NAME

Von da an arbeiteten wir als gleichwertige Partner. Anfangs wollten wir mit unserer neuen Show vor allem eine bessere Verbindung zu unserem Publikum aufbauen und konzentrierten uns auf diesen Aspekt. Doch irgendwann merkten wir, dass wir die Sache falsch angingen. Man kann durchaus eine starke Verbindung zum Publikum herstellen, aber sie ist lange nicht so intensiv wie eine jahrelange Verbindung, weil man die Leute ja nur einen Abend lang sieht.

Wir richteten daher ab sofort unser Augenmerk auf die Verbindung, die zwischen uns besteht. Diese Verbindung zeigen wir unserem Publikum – wir wollen unseren Zuschauern vermitteln, wie magisch so etwas sein kann, und so knüpften wir durch unsere Verbindung die zum Publikum. Wir gingen noch einmal zurück auf Anfang und überarbeiteten alle Nummern im Hinblick auf diese Zielsetzung neu, und plötzlich passte alles zusammen. Es war eine Menge Arbeit, weil wir für diese Show, die wir uns vorstellten, Dinge lernen mussten, die wir zunächst selbst für unmöglich hielten. Wir mussten lernen, wie wir innerhalb weniger Momente eine Verbindung zum Publikum knüpften, die bis in die letzte Reihe spürbar war. Ebenso mussten wir verstehen, wie unser Publikum tickt. Wenn wir einen Zuschauer auf die Bühne holen, haben wir lediglich ein bis zwei Sekunden Zeit, ihn zu überzeugen, mit uns die Bühne zu betreten und sich uns anzuvertrauen. Jemanden in so kurzer Zeit vor Tausenden Augen ins Rampenlicht zu rücken bedeutet für diese Person oftmals eine große Herausforderung – gleichzeitig soll sie natürlich Spaß daran haben und den Moment genießen können. Wir mussten einschätzen lernen, wie sich Personen in gewissen Situationen verhalten, warum sie welche Entscheidungen treffen – und nicht zuletzt, wie man sie lenken kann. Denn nur so würde uns die Show gelingen, die wir uns schon immer vorgestellt haben. Wir haben tage- und wochenlang Menschen beobachtet, um zu sehen, auf welches Verhalten, welche Form der Kommunikation, welche Art der Gestik und Mimik jemand positiv oder negativ reagiert und wie dadurch Verbindungen und Vertrauen entstehen oder möglicherweise wieder getrennt werden.

In dieser Zeit stiegen auch automatisch unsere Empathie und unsere Sensibilität fremden Menschen gegenüber. Die Spiele und Übungen, die Sie in diesem Buch finden, haben uns damals dabei geholfen, und sie sollen nun auch Ihren Alltag bereichern.

Wir waren von Anfang an hochmotiviert, weil wir ein klares Ziel vor Augen hatten. So fiel uns die Auseinandersetzung mit uns selbst und unseren Mitmenschen relativ leicht, und wir merkten bald, wie schnell wir uns verbesserten. Das A und O dabei war, unsere Mitmenschen bewusst und aufmerksam wahrzunehmen, uns wirklich auf sie einzulassen. Wir waren auf dem richtigen Weg.

Von nun an wollten wir auch nicht mehr unter unseren einzelnen Bühnennamen auftreten, sondern einen gemeinsamen Namen besitzen, genau so, wie eine Band unter ihrem Bandnamen bekannt ist. Das französische Wort *clairvoyance* gefiel uns schon immer gut. Es bedeutet «Klarsicht», «Weitblick», meint also nicht nur Hellsehen, sondern auch einen Perspektivenwechsel, mit dem man die Dinge aus einem anderen Blickwinkel betrachtet. Diese Bedeutung gefällt uns besonders gut, da wir den Menschen, die in unsere Show kommen, ermöglichen wollen, einen neuen Blickwinkel einzunehmen. Außerdem ist der Begriff heutzutage ungewöhnlich, man hinterfragt ihn, er regt zum Nachdenken an und bleibt genau dadurch in Erinnerung. Und so beschlossen wir, von nun an gemeinsam als The Clairvoyants aufzutreten – ein wichtiger Schritt, der für unsere internationale Karriere entscheidend war.

DER ERFOLG STELLT SICH EIN

Mit der neuen Show und dem neuen Namen errangen wir nicht nur Auszeichnungen wie «Weltmeister der Mentalmagie» oder «Stage Magicians of the Year» – den «Oscar der Zauberkunst» –, sondern wir feierten weltweit auch große kommerzielle Erfolge. Die Auszeichnungen wissen wir sehr zu schätzen, sie sind für uns aber eher Zugabe und eine Anerkennung der Zauberszene. Für uns war es immer wichtiger, dem Publikum eine wunderbare Zeit zu bescheren. Wenn unsere Zuschauer einen unvergesslichen Abend erleben und alle Alltagssorgen hinter sich lassen können, dann ist das für uns viel wichtiger als ein Pokal im Schrank.

Erfolg kann für Künstler ganz unterschiedliche Dinge bedeuten. Manche sehen es als Erfolg, wenn sie umherreisen und jede Woche an einem berühmten Veranstaltungsort auftreten können. Für andere bedeutet Erfolg, jeden Tag im Jahr auf derselben Bühne zu stehen. Wir stehen gern vor 10 000 Menschen in der Wiener Stadthalle oder im Auditorio Nacional in Mexico

Weltmeister der Mentalmagie – Rimini, Italien 2015.

City auf der Bühne, aber ebenso lieben wir es, in einem intimen Rahmen aufzutreten, etwa im Magic Castle, einem privaten Zauberklub in Hollywood, in dem wir 20 bis 300 Zuschauern magische Momente bereiten.

Auftritt im Auditorio Nacional in Mexico City vor 10 000 Zuschauern.

Thommy und Amélie vor dem Magic Castle in Hollywood.

Für uns spielt es keine Rolle, ob wir unsere Show vor einem kleinen oder vor einem riesigen Publikum spielen. Wir geben immer unser Bestes, ganz egal, ob uns 100 oder 10 000 Menschen zusehen. Alles andere wäre respektlos unserem Publikum gegenüber. Für die Menschen, zu denen man im Alltag eine Verbindung herstellt, gilt dasselbe, ganz unabhängig davon, ob die jeweilige Person in Ihrem Leben eine wichtige oder weniger wichtige Rolle spielt, ob es ein großer oder ein kleiner Moment ist. Ihr Gegenüber verdient immer, dass Sie ihm den höchsten Respekt entgegenbringen und ihm Ihre volle Aufmerksamkeit schenken. Nur so können Sie erfolgreich Verbindungen knüpfen.

MEHR ALS FREUNDSCHAFT

Nach zwei Jahren Zusammenarbeit vertiefte sich unsere Beziehung auch abseits der Bühne. Vielleicht verliebten wir uns ja gerade deshalb ineinander, weil wir uns schon so gut und lange kannten?

Der Verbindung, die wir auf und abseits der Bühne haben, verdanken wir jedenfalls unsere Karriere. Dank ihr können wir um die Welt reisen und vor ganz unterschiedlichen Menschen auftreten. Vor allem aber können wir durch sie unseren gemeinsamen Traum von Romantik in unserem Leben verwirklichen. Wir sind zutiefst überzeugt: Unsere Liebesverbindung wird unser ganzes Leben lang halten, egal, ob auf oder abseits der Bühne.

Ob es besser ist, lange Zeit befreundet zu sein, bevor man eine Liebesbeziehung beginnt, lässt sich allerdings nicht allgemeingültig beantworten. Das muss jeder selbst entscheiden. Empfehlen können wir hingegen Folgendes: Pflegen Sie Ihre Freundschaften, auch die, die nicht zu einer Liebesbeziehung führen. Werfen Sie sie nicht leichtfertig weg, und bemühen Sie

Thommy und Amélie am Strand in Malibu, Kalifornien.

sich umeinander, auch wenn das bedeutet, manchmal Kompromisse eingehen und an der Beziehung arbeiten zu müssen. Und: Haben Sie keine Angst davor zu warten. Wenn Sie der Verbindung Aufmerksamkeit schenken, werden Sie wissen, ob und wann die Zeit reif für eine Liebesbeziehung ist.

WARUM VERSTEHEN SICH
MANCHE MENSCHEN AUF ANHIEB?

Bei uns beiden war es keine Liebe auf den ersten Blick, auch wenn viele Leute das glauben. Wir hatten vom ersten Moment an eine Verbindung, ja, aber Liebe entwickelte sich daraus erst Jahre später.

Verbindungen, wie wir sie meinen, können romantischer Natur sein, müssen es aber nicht. Sie können zwischen Freunden, Kollegen oder Zufallsbekanntschaften bestehen. Aber verstehen

Sie uns nicht falsch: Auch kurzlebige Verbindungen können das Leben bereichern und Interaktionen vereinfachen.

Wie entstehen diese Verbindungen? Wie funktionieren sie? Wie kann man ihre Entstehung begünstigen? Wie merkt man, dass eine Verbindung entsteht? Wie kann man solche Verbindungen nutzen, und können sie missbraucht werden? Worauf sollte man in jedem Fall achten, um das zu vermeiden? Diese Fragen werden wir im weiteren Verlauf des Buchs beantworten. Wir stützen unsere Erklärungen auf die neuesten Erkenntnisse zur menschlichen Wahrnehmung und Psychologie. Sie müssen es dann nur noch ausprobieren!

Der Buchtest

Diese Übung ergab sich eher beiläufig bei den Recherchen für einen neuen Trick. Der neue Showteil war ziemlich komplex, und wir mussten zwei Bücher durcharbeiten, bevor er funktionierte. Jeder übernahm ein Buch und fasste es für den anderen zusammen. Überraschenderweise stärkte diese Arbeitsteilung unsere Verbindung weiter. Deshalb haben wir diesen Buchtest daraus entwickelt und wenden ihn immer wieder an.

In der Show wählt ein Zuschauer ein beliebiges Wort aus einem von Amélies Lieblingsromanen, und einer von uns liest das Wort in den Gedanken des Zuschauers. Wenn Sie den Buchtest selbst ausprobieren wollen, wählen Sie und Ihr Partner bzw. Ihre Partnerin einfach zwei Bücher aus, von denen Sie beide jeweils eines lesen und dann miteinander darüber sprechen. Die Bücher können ein ähnliches Thema haben, aber mit unterschiedlichen Themen funktioniert es noch besser.

Wenn Sie Ihrem Partner von Ihrem Buch erzählen, denken Sie bitte daran, dass er es nicht kennt und manchmal nicht gleich versteht, wovon Sie sprechen. Solche Missverständnisse zeigen die Grenzen Ihrer aktuellen Verbindung auf und bieten die Gelegenheit, diese Verbindung auszubauen und zu stärken. Versuchen Sie zu verstehen, warum Ihr Gegenüber das, was Sie gesagt haben, aus seiner Sicht nicht verstehen konnte. Danach hören Sie zu, wenn Ihr Partner von seinem Buch erzählt. Achten Sie dabei nicht nur darauf, was erzählt wird, sondern auch darauf, wie die Gedanken organisiert sind. Versuchen Sie, den Gedankengängen Schritt für Schritt zu folgen. Wenn Sie dann das andere Buch lesen, werden Sie leichter verstehen, wie Ihr Partner Informationen bündelt und was er als wichtig und erwähnenswert erachtet.

Für eine gute Verbindung ist entscheidend, dass man die Sicht des anderen einnehmen kann, dass man versteht, wie er oder sie denkt und fühlt. Man braucht also Empathie. Das Wort Empathie ist heutzutage in aller Munde, und dennoch gibt es unterschiedliche Definitionen. Empathie bedeutet Einfühlungsvermögen, wird aber auch mit Mitgefühl, Feinfühligkeit, Sensibilität und Mitleid assoziiert. Grundsätzlich bedeutet Empathie, dass man sich in sein Gegenüber hineinversetzen kann. Dabei unterscheidet man verschiedene Ebenen der Empathie: die emotionale, kognitive und soziale.

Emotionale Empathie ist das Vermögen, die Gefühle unserer Mitmenschen nachempfinden, sprich: uns in sie hineinversetzen zu können. Wer eine ausgeprägte emotionale Empathie hat, adaptiert die Gefühle anderer nahezu automatisch und kann sie körperlich spüren; er lässt sich schnell «anstecken» – von guter und schlechter Laune zum Beispiel.

Die kognitive Empathie beschreibt die Fähigkeit, die Gedanken, Intentionen und Motive anderer Menschen nachvollziehen und verstehen zu können. Mit Hilfe kognitiver Empathie gelingt es uns, das Verhalten anderer Menschen vorherzusagen.

Die dritte Teilkompetenz der Empathie ist die soziale Empathie. Wenn man über diese Art der Empathie verfügt, kann man die Funktionsweise komplexer zwischenmenschlicher Systeme verstehen und sie auch beeinflussen. Das heißt, man ist in der Lage, sich in schwierigen oder neuen sozialen (Gruppen-)Situationen intuitiv angemessen und zielführend zu verhalten. Sozial empathische Menschen sind zum Beispiel in der Lage, eine negative Stimmung im Raum und bei einzelnen Personen wahrzunehmen und sie dann gezielt zu verbessern. Sie besitzen außerdem die Fähigkeit, sich schnell auf Menschen unterschiedlicher Kulturen, mit verschiedenen sozialen Hintergründen, Charakteren und Altersgruppen einzustellen.

Empathie ist also ein Gefühl, das in unserer Gesellschaft unerlässlich ist. Es ermöglicht ein respektvolles, verständnisvolles und vor allem friedliches Miteinander – und es ermöglicht uns, uns mit anderen Menschen zu verbinden.

Doch kann man auch zu viel Empathie empfinden, kann diese Eigenschaft sogar schädlich sein? Eine Studie von Prof. Dr. Myriam Bechtold von der Frankfurter School of Finance & Management aus dem Jahr 2002 legt das nahe: Besonders einfühlsame Menschen scheinen eher an Depressionen und an Gefühlen wie Hoffnungslosigkeit zu leiden. Allerdings gibt es Hoffnung, so die Professorin: «Mit Emotionen anders und weniger stressinduzierend umzugehen lässt sich trainieren. Und emotional intelligent ist derjenige, der beides kann: Emotionen erkennen und konstruktiv mit ihnen umgehen.»

Man muss also im Umgang mit Menschen nicht jedes Gefühl, nicht jeden Gedankengang, jede emotionale Verfassung am eigenen Leib spüren. Oft reicht es schon, sich Fragen zu stellen wie: «Was würde mich in dieser Situation beschäftigen?», oder: «Wie würde ich mich dabei fühlen?»

Mit dem Buchtest lässt sich Empathie deshalb gut trainieren, weil das Thema vorgegeben und begrenzt ist. Verwenden Sie doch gleich dieses Buch dazu!

In den folgenden Kapiteln betrachten wir, wie Verbindungen hergestellt, geteilt und gestärkt werden können, und zwar aus vier verschiedenen Blickwinkeln: Wahrnehmung, Denken, Psychologie und Emotionen. Sie könnten den Buchtest auch im Kleinen mit diesen Kapiteln durchführen, wenn jeder von Ihnen eines liest und dem anderen davon erzählt. In jedem Kapitel wird es Übungen geben – Sie können Ihren Partner durch die Übungen in Ihrem Kapitel leiten, bevor er den Text selbst liest.

Bei dem Test nimmt jeder der beiden Beteiligten einmal die Rolle des Erzählenden und einmal die des Zuhörers ein. In längeren Partnerschaften haben sich oft feste Rollen etabliert, die durch dieses Vorgehen ausgehebelt werden. Es tut jeder Partnerschaft gut, wenn man einmal die Rollen tauscht – sei es in der Kommunikation oder in alltäglichen Handlungen. Wir haben dafür ein persönliches Beispiel: Amélie bringt normalerweise bei uns zu Hause den Müll hinaus zur Tonne. Thommy vergisst dann leicht, wie lästig diese Aufgabe ist. Wenn er das ab und zu übernimmt, fühlt sich Amélie wertgeschätzt. Vor allem aber wird Thommy dann das nächste Mal, wenn er Amélie den Müll hinaustragen sieht, daran erinnert, was Amélie für ihn tut.

In einem nächsten Schritt könnte man eine Woche lang Aufgaben tauschen. Als wir das zum ersten Mal versucht haben, fanden wir heraus, dass jeder von uns ganz bestimmte Hausarbeiten überhaupt nicht leiden kann. Thommy mag es tatsächlich nicht, den Müll rauszubringen – er war sogar bereit, viele weitere Aufgaben zu übernehmen, wenn Amélie nur bitte den Müll weiterhin hinausbringt.

Die Vorlieben des anderen kennenzulernen kann sehr erhellend sein. Am Ende könnte ein Haushaltsplan entstehen, der für beide besser funktioniert.

ÜBER MÄNNER UND FRAUEN

Frauen sind immer erstaunt, was Männer alles vergessen.
Männer sind erstaunt, woran Frauen sich erinnern.

Peter Bamm

In vielen Kulturen werden seit Jahrhunderten Geschlechterrollen gepflegt, die sich diametral voneinander unterscheiden. Die meisten von uns sind in einer Welt aufgewachsen, in der diese Unterschiede sehr deutlich sind, und wurden schon als Kind mit diesen Rollenbildern konfrontiert. Doch inzwischen dürfte sich herumgesprochen haben, dass derlei verkrustete Rollen Männer wie Frauen in ihrer individuellen Entwicklung stark einschränken und ihnen Chancen und Möglichkeiten verbauen.

Oft sind Rollenbilder historisch gewachsen, haben eine Zeitlang ihren Zweck erfüllt und waren für alle Beteiligten akzeptabel. So kam dem Mann dank seiner Körperstatur und Muskelkraft jahrtausendelang die Rolle des Beschützers im Clan oder in der Familie zu. Und noch heute wird wahrscheinlich eher der Mann nachsehen gehen, wenn im Keller nachts ein unheimliches Geräusch zu hören ist. Analog dazu gibt es eine Reihe weiterer Klischees über die Geschlechter, zum Beispiel diese:

- Frauen agieren emotional, Männer rational.
- Frauen sind fürsorglicher.
- Frauen sind schlechter in Mathematik.
- Männer sind handwerklich begabter und können besser mit Werkzeug umgehen.
- Männer und Frauen haben unterschiedliche Erwartungen an eine Beziehung.
- Männer werden schneller wütend, aber sie vergeben und vergessen auch schneller, während Frauen nachtragend sind.
- Männer sind die geborenen Anführer, Frauen von Natur aus folgsam.

57

Diese und weitere Vorurteile sind weit verbreitet und schränken Frauen stark ein bei der Berufswahl, bei gesellschaftlichen Aufgaben, bei Hobbys und in so gut wie allen anderen Lebensbereichen.

Thommy
Das Klischee, dass Männer die besseren Anführer sind, bereitet mir besondere Probleme. Bei unseren Shows übernehme ich manchmal die Führungsrolle, und manchmal übernimmt sie Amélie. Das haben wir ganz bewusst so eingerichtet, es ist fester Bestandteil unserer Show. Trotzdem wurde ich in der Anfangszeit von The Clairvoyants nach Auftritten immer wieder von Zuschauern angesprochen, als wäre ich der Hauptkünstler und Amélie meine Assistentin. Ich korrigierte das immer sofort, aber es kam immer noch vor. Es hat Jahre gedauert, bis Amélie nicht mehr als meine Assistentin bezeichnet wurde. Da wussten wir, dass die Botschaft unserer Show tatsächlich angekommen war.

Auch für Männer bedeuten derlei Vorurteile Einschränkungen: Sie sollen zum Beispiel ihre Gefühle nicht zeigen oder nicht weinen dürfen. Als ob Männer aus Stein wären! Das sind versteckte Kosten altmodischer Ansichten, die keiner Beziehung guttun.

Unserer Erfahrung nach werden auch heute noch die meisten Menschen weltweit von diesen Klischees beeinflusst. In vielen Ländern, die wir bereist haben, wurden Frauen eher auf zwischenmenschliche Sensibilität «getrimmt», Männer wiederum auf emotionslose Härte. Die Frauen entwickeln in solchen Kulturen sehr feine Antennen und bauen manchmal ohne Worte eine Verbindung auf; Männern fällt das hingegen eher schwer, weil sie emotionale Äußerungen generell vermeiden und meiden. In manchen Kulturen gibt es auch heute noch Übergangsrituale, bei denen sich ein Junge durch Kraft und Ausdauer als Mann beweisen muss. Dabei Gefühle oder Schmerz zu zeigen ist verpönt.

Umso wichtiger ist auch hier, die Empathie und das Hineinschlüpfen-Können in die Rolle des anderen zu trainieren, um so ein besseres Verständnis für seine Denkweisen, Probleme und Sorgen zu bekommen.

Amélie
Ich bin sehr dankbar dafür, dass ich von klein auf immer schon die Möglichkeit hatte, mich kreativ zu entfalten und den Dingen und Beschäftigungen nachzugehen, die mich interessierten. So war ich oft als Kind mit meinem Vater und Großvater in der Werkstatt und half bei Holzarbeiten mit, andererseits ging ich auch meiner Mutter immer gern beim Kochen zur Hand.

Traditionell waren Männer für Aufgaben verantwortlich, bei denen körperliche und geistige Stärke gefragt waren, also für die Jagd, den Hausbau, die Verteidigung. Sie waren auch meist die Ernährer der Familie. Frauen fiel es zu, für die emotionalen Bedürfnisse der Familie zu sorgen, ein gemütliches Heim zu schaffen und die Kinder großzuziehen.

Diese Rollen verändern sich langsam, denn inzwischen wird viel über ihre negativen Auswirkungen in unserer Gesellschaft diskutiert. Heute dürfen Männer wie Frauen neugierig sein und Gefühle und Wünsche ausleben, die früher dem anderen Geschlecht vorbehalten waren. Dennoch werden sich eingefahrene Geschlechterrollen noch lange auswirken, und das sollte man bedenken, wenn man Verbindungen knüpfen will.

Amélie

Für Frauen sind Körpersprache und Gesichtsausdruck besonders wichtig. Manchmal muss ich jemandem nur in die Augen sehen, um zu wissen, ob ich eine Verbindung zu ihm herstellen will oder nicht. Auf dieses Bauchgefühl sollte man immer hören – es ist wie ein Kompass und weist einem schon beim ersten Treffen die richtige Richtung.

KAPITEL 4

Die Macht der Wahrnehmung

Am Anfang allen Wissens und aller Erfahrung steht die Wahrnehmung. Ohne unsere fünf Sinne wüssten wir gar nichts, könnten wir keine Aussage über die Welt treffen. In diesem Buch arbeiten wir mit Ihnen jedoch an einem sechsten Sinn, der es Ihnen ermöglichen wird, Dinge um Sie herum wahrzunehmen, die Sie bis dato bestenfalls erahnt haben. Man könnte das mit einem Akkordwechsel in der Musik vergleichen: Sie können sich ein Leben lang an Musik erfreuen, ohne je darüber nachzudenken, wie die Akkorde aufeinander aufgebaut sind. Aber wenn Sie einmal darauf zu achten beginnen, klingen altvertraute Musikstücke plötzlich völlig neu und bekommen eine neue Dimension.

Aus diesem Grund werden wir uns in diesem Kapitel mit den Sinnen beschäftigen, damit, wie sie funktionieren und warum sie manchmal versagen. Und wir werden Ihnen ein paar einfache Spiele vorschlagen, mit denen Sie Ihre Wahrnehmung schärfen können. So werden Sie die Menschen, mit denen Sie interagieren, neu erfahren und die Interaktionen mit ihnen besser gestalten und nutzen können. Das kann zu Freundschaften, einer Beziehung fürs Leben oder einer produktiveren Zusammenarbeit führen – oder auch einfach nur mehr Freude an einer zufälligen Begegnung schenken.

SEHEN

Man sieht nur, was man weiß.

JOHANN WOLFGANG VON GOETHE

Das menschliche Gehirn vergleicht alle Erlebnisse automatisch mit früheren Erfahrungen. Grundsätzlich sind Sie also schon richtig gut darin, die Erfahrungen anderer nachzuvollziehen – aber mit etwas Übung können Sie noch besser darin werden.

Soziale Verbindungen nehmen – so gesehen (!) – im Gehirn ihren Anfang. Aber bevor etwas ins Gehirn gelangen kann, muss man es erst einmal wahrnehmen. Das geschieht vor allem über die Augen, die für unsere Zwecke daher besonders wichtig sind. Denn wir Menschen sind visuelle Wesen: Bei einer ersten Begegnung nimmt man den anderen vor allem mit den Augen wahr. Erst nach und nach beteiligen sich dann auch die anderen Sinne an der Kontaktaufnahme.

Wir neigen dazu, fremde Menschen anhand ihres Aussehens in Gruppen einzuordnen: Dieser Mensch mit der Brille ist ein Intellektueller, der mit der dunklen Hautfarbe kommt aus dem Ausland, die Frau mit der schäbigen Hose ist bestimmt arm. Solche Kategorisierungen sind zunächst ganz normal, sie erleichtern unserem Gehirn die Arbeit. Doch bleibt man dabei stehen, erschwert uns das, echte Verbindungen aufzubauen: Mit einer (imaginären) Gruppe, einem Klischee oder Vorurteilen kann man sich nicht verbinden, sondern immer nur mit einem Individuum, das man in seiner Gesamtheit wahrnimmt – und das möglichst unabhängig von dessen äußerem Erscheinungsbild.

Nehmen Sie sich also nicht durch das, was Sie sehen und mit Ihren bisherigen Erfahrungen und Vorurteilen abgleichen, die Chance darauf, mit Menschen in Kontakt zu treten!

Wie vertrauenswürdig ist unsere Wahrnehmung?

Wir vertrauen unseren Augen mehr als jedem anderen Sinnesorgan. Wie stark wir uns auf unsere visuelle Wahrnehmung stützen, zeigt der sogenannte McGurk-Effekt, zu dem online zahlreiche Videos zu finden sind. In einem dieser Videos sieht man zum Beispiel einen Mann, der direkt in die Kamera blickt und sagt: «Ba ba ba ba ba.» In der nächsten Einstellung sieht man denselben Mann, diesmal sagt er: «Fa fa fa fa fa.» Es zeigt, wie leicht sich die akustische Wahrnehmung durch die visuelle austricksen lässt. Denn in beiden Einstellungen ist das, was wir hören, in Wirklichkeit dasselbe – der Mann sagt beide Male «Ba ba ba ba ba». Nur das Bild, das wir empfangen, ist ein anderes: Die Lippenbewegungen des Mannes suggerieren uns ein «Fa». Wenn man die Augen schließt, hört man sofort das «Ba», öffnet man sie wieder, hört man bei der zweiten Einstellung erneut «Fa fa fa fa fa». Obwohl man genau weiß, dass es falsch ist! Die Ohren hören, was die Augen wahrnehmen, egal, ob es zum Ton passt oder nicht.

Unser Gehirn ist bemüht, Sinn in dem zu erzeugen, was wir wahrnehmen. Und wenn Hör- und Sehsinn unterschiedliche Signale senden, dann werden diese im Gehirn angepasst, dass letztlich wieder ein stimmiges Gesamtbild entsteht. Probieren Sie es aus, und sehen Sie sich das Video, gerne mit einem Partner, an. Eine solche kontraintuitive Erfahrung zu teilen kann die Sensibilität für diesen Umstand erhöhen und so die Verbindung zwischen Ihnen stärken.

Bei den meisten Wahrnehmungstäuschungen kann man das Gehirn darauf trainieren, die Illusion zu durchschauen. Beim McGurk-Effekt funktioniert das allerdings nicht so einfach, weil wir es gewohnt sind, uns komplett auf unser visuelles System zu verlassen. Als Zauberkünstler nutzen wir manchmal genau diese

Wahrnehmungstäuschungen. Da wir wissen, welche Sinnesorgane stärker reagieren, können wir im richtigen Moment unser Publikum in eine bestimmte, von uns gewünschte Richtung lenken. Das ermöglicht uns Magiern, «Wunder» direkt durch Sie, unser Publikum, geschehen zu lassen. Ihre Sinne sind zum Beispiel fest davon überzeugt, dass sich die Münze in Ihrer Hand befindet – Sie haben ja gesehen, wie die Münze hineingelegt wurde, Sie spüren die Münze sogar! Doch wenn Sie Ihre Hand öffnen, ist sie spurlos verschwunden (denn als Magier haben wir die Münze gar nicht in Ihrer Hand abgelegt, sondern Ihre Sinne so getäuscht, dass Sie die Münze zwar gespürt haben, obwohl wir sie sofort wieder weggenommen haben). Dieser Klassiker der Zauberkunst basiert genau auf diesem Theorem.

Liefert unser visuelles System dann überhaupt korrekte Informationen? Oder ist alles Sehen individuell gefärbt? Können Sie zum Beispiel sicher sein, dass Sie dasselbe Blau sehen wie jemand anders? Diese Frage stellten sich viele Menschen im Jahr 2015, als sich das «Kleiderrätsel» rasant im Internet verbreitete. Jemand hatte online das Foto eines Kleides gepostet und gefragt, welche Farbe es habe. Für manche Menschen war das Kleid weiß und goldfarben, andere wiederum sahen die Farben Blau und Schwarz. Auf dem Höhepunkt des viralen Erfolgs sahen sich pro Sekunde 14 000 Menschen das Foto an – aber einigen, welche Farbe das Kleid hatte, konnten sie sich nicht.

Was war passiert? Wie wir Farben wahrnehmen, hängt von der Wellenlänge des Lichts ab, das von den Gegenständen auf unsere Netzhaut fällt. Die kann z. B. in Abhängigkeit vom Tageslicht oder den Umgebungsfarben variieren – Sie kennen sicherlich den Spruch: Nachts sind alle Katzen grau. Also nimmt das Gehirn eine Art Farbkorrektur vor, wenn die Signale mehrdeutig sind. Da es um das Kleid herum keine oder nur uneindeutige andere Farben gab, mit denen man die Farbe des Kleides abgleichen konnte, siedelten die Betrachter die Farben in unterschiedlichen Bereichen des Farbspektrums an. Manche Menschen «korrigieren» dann im Fall des Kleides eher in Richtung Weiß und Gold, andere eher in Richtung Blau und Schwarz.

Hinzu kommt, dass alle Monitore etwas anders kalibriert sind und deshalb Farbwerte unterschiedlich ausgeben bzw. darstellen.

Was folgt aus diesem kleinen Ausflug in die Welt der viralen Hits? Wenn uns unser Sehsinn schon bei der Wahrnehmung von Farben täuschen kann, sollten wir grundsätzlich hin und wieder in Frage stellen, was wir sehen – und vor allem, wie wir das interpretieren.

Das Farbenspiel

Für dieses Spiel brauchen Sie nicht zwingend einen Partner, Sie können es aber auch gemeinsam mit einer zweiten Person durchführen – das macht gleich viel mehr Spaß.

Wir haben die Bezeichnungen verschiedener Farben abgedruckt, also «Rot», «Grün», «Blau» usw. Diese Wörter sind farbig gedruckt, aber nicht immer in der Farbe, die das Wort meint. Das Wort «Rot» kann also blau geschrieben sein, das Wort «Blau» grün usw.

Beginnen Sie, indem Sie jeweils das abgedruckte Wort laut vorlesen. Dann gehen Sie die Wörter ein weiteres Mal durch, sagen jetzt aber die Farbe, in der das Wort gedruckt ist. Versuchen Sie beides mehrmals hintereinander, und finden Sie so heraus, was Ihnen leichter fällt, was Sie also schneller können.

Wenn Sie diese beiden Übungen gemeistert haben, kommt der schwierigste Schritt: Beim nächsten Durchgang wechseln Sie den Modus bei jedem Wort. Lesen Sie also als Erstes das aufgedruckte Wort, sagen Sie dann beim nächsten Wort die Schriftfarbe, und lesen Sie beim nächsten wieder das Wort usw. Wie geht es Ihnen damit?

ROT GRÜN BLAU GELB VIOLETT

SCHWARZ ROSA BLAU ROT GELB

GRÜN VIOLETT ORANGE BLAU GELB

ROSA GRÜN ROT BLAU SCHWARZ

GELB VIOLETT GRÜN ROSA ORANGE

ORANGE ROT GELB BLAU GRÜN

Unser visuelles System liefert dem Gehirn das Bild, interpretiert aber auch, was es sieht. Bei dieser Übung werden beide Teile des Systems unterschiedlich aktiviert – sie hilft Ihnen, Ihre Konzentration zu stärken, um Ihr Gehirn auf das zu «polen», was für Sie wichtiger ist.

Miteinander Spiele zu spielen ist an sich schon eine soziale, verbindende Erfahrung. Es funktioniert besonders gut, wenn bei den Spielteilnehmern dieselbe Reaktion ausgelöst wird. Man erkennt dann sich selbst in der anderen Person, was das Gefühl von Gemeinschaft entstehen lassen und somit das Leben bereichern kann – selbst wenn man den anderen vielleicht nie wiedersieht.

Die Spiele sind so einfach, dass sie jedes Kind spielen könnte, und genau das macht sie so effektiv. Sie dürfen und sollen Spaß dabei haben. Bei den ersten Durchgängen bemerken Sie vielleicht noch keinen Unterschied in Ihrer Wahrnehmung, aber haben Sie Geduld. All diese Veränderungen vollziehen sich sehr langsam, und genau deshalb funktionieren sie.

Das Wolkenspiel

Kinder in aller Welt spielen dieses Spiel schon seit Jahrhunderten, wenn nicht gar seit Jahrtausenden: Sehen Sie zum Himmel hinauf, und suchen Sie sich eine Wolke aus. Überlegen Sie nun, an was sie Sie erinnert, und vergleichen Sie das mit dem der Wahrnehmung einer zweiten Person. Probieren Sie es ruhig aus, es kostet nichts, und Sie kommen dabei an die frische Luft.
Es mag banal klingen, wenn Sie mit einem Partner in den Himmel sehen und dort dieselben Formen erkennen. Aber in diesem Moment teilen Sie eine Erfahrung, Sie verstehen, was der andere erlebt – und darum geht es bei Verbindungen. Folgen Sie nun dem Zug der Wolken am Himmel mit den Augen, und sehen Sie

zu, wie sich das Bild verändert. Mit der Zeit erinnert Sie die Form vielleicht an etwas anderes. Wenn Sie es beide schaffen, die Veränderung gleichzeitig zu bemerken, haben Sie eine wechselseitige Verbindung geschaffen und Ihre Kreativität gefördert. Sie können das übrigens auch mit anderen natürlichen Formationen versuchen. Sehen Sie sich doch einfach mal in Ihrer Umgebung um: Felsbrocken und Hügel, Berge usw. ähneln oft anderen Dingen und sind auch manchmal nach ihnen benannt.

Unsere «eingebaute» Gesichtserkennung

Der visuelle Wahrnehmungsapparat ist enorm differenziert und auf Sonderaufgaben spezialisiert. Dank des peripheren Sehens zum Beispiel können wir besonders sensitiv Bewegungen am Rande unseres Gesichtsfeldes erfassen. Das war viele tausend Jahre lang ein Vorteil, um in einer Welt voller Raubtiere zu überleben. Ein Löwe wartet mit dem Angreifen meist, bis sein Mittagessen wegschaut.

Ein anderer Teil unseres Sehapparats ist besonders spezialisiert darauf, Gesichter zu identifizieren. Natürlich erkennt man Freunde oder Bekannte manchmal schon am Gang, aber wir sind uns erst wirklich sicher, dass sie es sind, wenn wir ihre Gesichter sehen. Diese Fähigkeit ist enorm wichtig für uns, und so ist es nicht verwunderlich, dass wir in vielen, auch unbelebten Dingen immer wieder Gesichter erkennen – sogar in Wolkenformen und Felswänden. Man nennt dieses Phänomen Pareidolie.

Wenn Sie also in einer Wolke oder einem Felsen ein Gesicht sehen, dann lassen Sie es nicht dabei bewenden. Versuchen Sie zu erkennen, was das Gesicht ausdrückt, in welcher Stimmung es ist. Es mag erst einmal seltsam klingen, die Stimmungslage eines Felsens interpretieren zu wollen – Thommy hielt es auch für eine absurde Idee. Aber dann waren wir doch überrascht,

Ein Wolkengesicht zeigt sich.

als wir einen Felsen fanden, der wie ein menschliches Gesicht aussah, und uns schnell einig wurden, dass es aufgeregt wirkte.

Dabei ist eine solche Einigkeit keineswegs selbstverständlich, denn tatsächlich ist die Sehkraft bei Männern und Frauen genetisch unterschiedlich ausgeprägt. Im Auge aller Menschen gibt es zwei verschiedene Zelltypen: Der eine Typ registriert Bewegungen, der andere Farben. Forscher konnten nachweisen, dass Männer meist über mehr Bewegungszellen und Frauen über mehr Farbzellen verfügen.

Der Unterschied zeigt sich bereits in der Grundschule. Beim Malen greifen Jungen eher nur zu einer Farbe und stellen eine Actionszene dar, zum Beispiel einen Superhelden, der die Welt rettet. Mädchen verwenden eher mehr Farben und malen ein statisches Bild, oft Gesichter, die die Künstlerin anschauen.

Diese priorisierte Wahrnehmung zieht sich übrigens oft auf unterschiedlichsten Ebenen bis ins Erwachsenenalter durch. Wenn Sie eine Frau sind oder eine Frau haben, dann wissen Sie: Viele Frauen legen großen Wert darauf, dass ihnen die Farbe ihres Autos gefällt, während Männer eher Augen für die Geschwindigkeitsangabe auf dem Tacho haben.

Siehst du, was ich sehe?

Bei einem Gespräch steht oder sitzt man sich meist gegenüber, damit man sich direkt ins Gesicht sehen und die Mimik des anderen lesen kann. Das hat viele Vorteile. Wollen wir jedoch die Empathie fördern, gibt es noch eine andere Variante: Stellen oder setzen Sie sich *neben* Ihren Gesprächspartner, und nehmen Sie ganz wörtlich seinen Blickwinkel ein. Schauen Sie sich an, was diese Person in diesem Moment sieht. Das ist ihre Welt, zumindest für den Augenblick.

Studien haben gezeigt, dass die Interaktion nach einer solchen Übung reibungsloser vonstattengeht, weil durch den realen Perspektivwechsel eine kurze, aber nützliche Verbindung zwischen beiden Gesprächspartnern entstanden ist, die auch den gedanklichen Perspektivwechsel fördert und Vertrauen herstellt.

Nicht umsonst drehen viele Ärzte bei der Ultraschalluntersuchung den Monitor so, dass der Patient mit auf den Bildschirm gucken kann: Das baut Ängste ab und schafft einen gemeinsamen Moment auf Augenhöhe.

Natürlich funktioniert dies nicht in allen Situationen: Sich bei der Passkontrolle neben den Beamten zu stellen würde wohl eher Ihre Verbindung zum Verhörzimmer stärken.

Liebe besteht nicht darin, dass man einander anschaut,
sondern dass man gemeinsam in dieselbe Richtung blickt.
Antoine de Saint-Exupéry

Thommy
Während wir dieses Buch schrieben, haben wir ein gutes Beispiel dafür am Flughafen von Auckland, Neuseeland, erlebt. Hier sind teilweise die Schalter andersherum aufgebaut, sprich: Der Fluggast steht neben dem Flughafenpersonal und sieht in dieselbe Richtung. Beide sehen den Monitor und das Förderband vor sich. Diese Situa-

tion erzeugt automatisch Vertrauen und nimmt oftmals die Anspannung aus der stressigen Situation des Eincheckens.

Per Videospiel in den Flow-Zustand

Beim Zeichnen beschäftigt man sich stundenlang mit seinem Motiv. Viele Leute, die noch nie gezeichnet haben, schreckt das ab, aber für Zeichner und Maler macht gerade das den Reiz aus. Beim Zeichnen sind alle Bereiche der visuellen Wahrnehmung aktiv, und wenn es gut läuft und man immer tiefer eintaucht in das, was man gerade tut, gerät man in einen sogenannten Flow-Zustand, in dem man besonders leistungsfähig ist und jedes Zeitgefühl verliert. Die gute Nachricht ist, dass man nicht unbedingt zeichnen muss, um diese Erfahrung zu machen. Dazu reicht schon ein einfaches Videospiel.

Im Jahr 1984 – damals gab es das Internet noch nicht – wurde das Computerspiel Tetris von einem russischen Programmierer erfunden. Das Spiel war so erfolgreich wie kaum ein anderes – in den Vereinigten Staaten kursierte sogar der Witz, die russische Regierung habe dabei die Hände im Spiel, denn Tetris sei nur dazu entwickelt worden, die amerikanische Wirtschaft zum Erliegen zu bringen, weil so viele US-Amerikaner geradezu süchtig danach waren und offenbar mehr Zeit damit verbrachten als mit ihrer Arbeit.

Kaum zu glauben, aber noch Jahrzehnte nach seiner Veröffentlichung hat das Spiel eine stabile, wenn auch überschaubare Fangemeinde. Amélie spielt es heute noch und hat deswegen immer einen Game Boy bei sich.

Thommy
Ich liebe die Blicke der Mitreisenden im Flieger, wenn
jeder sein Smartphone in der Hand hält und Amélie mit-
tendrin mit ihrem Game Boy sitzt und Tetris spielt.

Tetris folgt einem einfachen Spielprinzip: Auf dem Display ist zu
sehen, wie einer von sieben verschiedenen Spielsteinen in einem
Rechteck nach unten fällt. Man bewegt und/oder rotiert die
Stücke beim Fallen und fügt sie zu vollständigen Reihen am Boden des Rechtecks zusammen. Diese vollständigen Reihen lösen
sich dann auf. Das ist alles. Im Spielverlauf ändert sich nur die
Geschwindigkeit, mit der die Spielsteine fallen – sie nimmt zu.
Damit ist Tetris das wahrscheinlich einfachste Videospiel, das
jemals diesen Beliebtheitsgrad erreichte. Dreieinhalb Jahrzehnte

Amélie spielt Game Boy in 8000 Metern Höhe.

später wird es immer noch gespielt und hat sogar einige Ableger – zum Beispiel das populäre Handyspiel Candy Crush. Gemeinsames Charakteristikum dieser Spiele: Sie beschäftigen alle Bereiche der visuellen Wahrnehmung – und damit das Gehirn, das auf Hochtouren arbeiten muss, um die visuellen Informationen, die Formen und Muster zu verarbeiten. Bei vielen Menschen erzeugt es Glücksgefühle, diese Aufgaben zu meistern.

Wir empfehlen Ihnen, eines dieser Spiele auszuprobieren, falls Sie sie noch nicht kennen. Bei Tetris, Candy Crush, Happy Glass oder auch Flood-It wird nicht geschossen oder getötet wie bei vielen anderen Videospielen. Es geht «nur» um die Verarbeitung von visuellen Mustern und um Geschicklichkeit. Aber auch diese Spiele sind so intensiv, dass man schnell alles um sich herum vergisst.

Das Zusammen-Spiel

Videospiele eignen sich ebenfalls hervorragend dazu, eine Verbindung zu anderen Menschen aufzubauen. Man spielt einfach nicht *gegen* den anderen, sondern gemeinsam *mit* ihm gegen den Computer, indem die Partner abwechselnd einen Zug machen. Das geht nur bei wenigen Spielen wirklich gut, etwa bei Schach, Dame oder Flood-It. Oder bei den folgenden Spielen.

Wählen Sie beim ersten Mal ein Spiel, das Sie beide bereits kennen. Tic-Tac-Toe ist sehr einfach und deshalb zum Einstieg gut geeignet. Auch Reversi (manchmal auch als Othello angeboten) eignet sich hervorragend, ebenso wie Solitaire Halma. Geeignete kostenlose Apps fürs Handy gibt es in jedem Play Store.

Verfolgen Sie genau die Spielzüge Ihres Partners mit. Denken Sie daran, dass Sie beide auf derselben Seite stehen, Sie müssen also zusammenarbeiten. Sprechen Sie aber keine Strategie ab – aus derartigen Diskussionen wird schnell ein Machtkampf, und am Ende diskutiert man, wer die besseren Vorschläge hat.

Wenn Sie abwechselnd drankommen und dabei nicht sprechen, stellen Sie sicher, dass jeder Partner genau die Hälfte aller Entscheidungen eigenständig trifft. Das ist nicht ganz einfach und braucht Übung, denn in den meisten Partnerschaften hat einer von beiden das Sagen. Das lässt sich mit diesen Spielen vielleicht sogar dauerhaft ändern.

Wenn Sie sich an das partnerschaftliche Spielen gewöhnt haben, versuchen Sie, die Spielzüge Ihres Partners vorherzusagen. Sie werden schnell feststellen, dass der andere nicht unbedingt so spielt, wie Sie es tun würden, und Sie werden oft nicht verstehen, warum er anders spielt. Manche Züge werden schlechter sein als Ihre, aber manche auch besser, und wieder andere werden weder besser noch schlechter sein, sondern einfach nur anders.

Nach und nach werden Sie zunächst unverständliche Züge Ihres Partners nachvollziehen können, und ihm wird es genauso gehen. Genießen Sie dieses Gefühl der Verbundenheit, und prägen Sie es sich ein, damit Sie es später leichter abrufen können.

HÖREN

Ganz ähnlich, wie man seinen Augen nicht immer trauen kann – Sie erinnern sich an «Ba ba ba ba ba» und «Fa fa fa fa fa» –, lassen sich auch die Ohren überlisten, wie das Yanny-Laurel-Phänomen zeigt. Entsprechende Clips dazu können Sie sich im Internet ansehen. Bei derlei Aufnahmen hört man eine Männerstimme, die immer dasselbe Wort sagt. Manche Menschen verstehen «Laurel», andere wiederum hören «Yanny». Wie gesagt: Es ist aber immer dasselbe Wort. Was ist des Rätsels Lösung?

Was wir hören, hängt unter anderem von unserem Alter ab. Je jünger wir sind, desto höhere Frequenzen können wir wahrnehmen. In diesem Fall verstehen wir wahrscheinlich «Yanny», weil dieses Wort auf einer höheren Frequenz schwingt. Nicht so «Laurel» – es schwingt auf einer tieferen Frequenz und wird eher von älteren Menschen wahrgenommen. Die leitende Wissenschaftlerin der US-amerikanischen Dolby Laboratories, Poppy Crum, führt noch einige andere Faktoren an: Neben dem Alter können auch das Geschlecht des Hörers oder andere persönliche Umstände beeinflussen, was wir hören, zum Beispiel Sprache oder Dialekt. Außerdem ist entscheidend, ob man die Aufnahme übers Telefon, das Handy oder über Computerlautsprecher hört.

Von über 500 000 auf Twitter getesteten Personen hörten 53 Prozent «Laurel» und 47 Prozent «Yanny». Das Ergebnis muss aber nicht zwingend so klar ausfallen – es kann auch sein, dass das Gehirn abwechselnd beide Wörter hört, weil es sich nicht für eine der Interpretationen entscheiden kann.

Auf diesem Ohr hören wir gut

Bei einem ganz bestimmten auditiven Reiz lassen wir uns allerdings nicht so leicht «übers Ohr hauen»: bei unserem eigenen Namen. Auf ihn reagieren wir alle besonders stark. Selbst auf einer Party mit lauter Musik, auf der alle durcheinanderreden, hören wir sofort, wenn jemand in unserer Nähe unseren Namen nennt. Man braucht also nur den Namen einer Person zu sagen, um ihre Aufmerksamkeit, zumindest kurzzeitig, zu erregen. Dieser Trick funktioniert garantiert – nun muss man nur noch diesen kleinen Moment der Aufmerksamkeit nutzen, um die Verbindung auszubauen und ein Gespräch zu beginnen.

Probieren Sie es aus. Bauen Sie bei Ihrer nächsten Unterhaltung den Namen Ihres Gegenübers mindestens zweimal in das Gespräch ein (aber übertreiben Sie es nicht, das wirkt komisch!). Bei Fragen, bei der Begrüßung und beim Abschied lässt sich das ganz einfach umsetzen: «Hallo, Alex, freut mich, Sie kennenzulernen.»

In unseren Shows beziehen wir ständig unser Publikum ein und verwenden dabei gern den Namen des jeweiligen Zuschauers. Bei bis zu 40 Personen, die wir pro Abend einbinden, ist das gar nicht so einfach, aber es ist uns wichtig. Natürlich kann es passieren, jemanden nach seinem Namen zu fragen und ihn dann eine Sekunde später wieder vergessen zu haben. Daher haben wir ein Spiel erfunden, um unser Namensgedächtnis zu verbessern.

Das Namensspiel

Bei jeder geschäftlichen Besprechung versuchen wir, uns die Namen aller Anwesenden zu merken, und überprüfen nach dem Treffen, an wie viele wir uns erinnern. Der Prozentsatz der erinnerten Namen ergibt unsere Punktzahl. Am Anfang fiel uns das sehr schwer, aber mit der Zeit wurden wir immer besser.

Auch nach jeder Show setzen wir uns zusammen und versuchen, uns an möglichst viele Namen der Zuschauer zu erinnern, die uns auf der Bühne assistiert haben. Am Anfang kamen wir kaum auf 20 Prozent, heute schaffen wir mindestens 80 Prozent. Vor allem aber müssen wir so gut wie nie jemanden ein zweites Mal nach dem Namen fragen. Das zeigt, dass man etwas allein dadurch verändern kann, dass man es misst – es weckt den Ehrgeiz in uns, das nächste Mal eine höhere Punktzahl zu erreichen.

Versuchen Sie es demnächst doch auch einmal – im Meeting, auf Partys oder bei anderen Gelegenheiten, zu denen Sie es mit einer Gruppe von Fremden zu tun haben.

Thommy
Hier ein Tipp: Schreiben Sie sich die Namen aller neuen Bekanntschaften auf, dann bleiben sie Ihnen leichter im Gedächtnis. Auf der Bühne oder in manch anderen Situa-

tionen geht das natürlich nicht. Hier empfiehlt es sich, Namen zu verknüpfen. Vielleicht kennen Sie eine andere Person, die denselben Namen wie Ihr Gegenüber trägt? Denken Sie an diese Person, und versuchen Sie sie mit ihrer neuen Bekanntschaft zu assoziieren, indem Sie z. B. nach optischen Ähnlichkeiten suchen – oder nach signifikanten Unterschieden im äußeren Erscheinungsbild und/oder Verhalten. Eine andere Möglichkeit wäre: Sie merken sich ein besonderes Detail, eine auffällige Brille, ein schönes Kleid oder eine außergewöhnliche Frisur, die sie mit der oder dem Bekannten verbinden.

SPÜREN

Wir Menschen verfügen über einen erstaunlich vielseitigen Tastsinn. Der Tastsinn ist der erste Sinn, den wir im Mutterleib entwickeln, noch vor dem auditiven und dem visuellen Sinn. Zwar kommen immer wieder Menschen taub oder blind auf die Welt, doch gänzlich ohne Tastsinn ist noch niemand geboren worden. Wir brauchen ihn von klein auf, er ist im Grunde lebensnotwendig: Schmerz, Druck, Kälte und Wärme nehmen wir über unsere Sinneszellen in der Haut, die sogenannten Rezeptoren, wahr. Durch sie bekommen wir überhaupt erst ein Gefühl für unseren Körper und seine Grenzen. Der Körper verfügt an unterschiedlichen Stellen über eine unterschiedliche Dichte an Sinneszellen: Die Fingerkuppen zum Beispiel sind äußerst berührungsempfindlich, und auch die Zunge verfügt über viele Sinneszellen. Andere Körperstellen, wie zum Beispiel der Ellenbogen, verfügen über wenige (Schmerz-)Rezeptoren. Probieren Sie es doch einfach mal aus, und kneifen Sie sich in den Finger und einmal in die Haut am Ellenbogen – interessant, welcher Unterschied dort besteht, oder?

Fingerkreuzen

Dennoch kann der Tastsinn überraschend leicht ausgetrickst werden. Das glauben Sie nicht? Dann kreuzen Sie doch einmal die Finger, und legen Sie dann einen Stift dazwischen. Für die meisten Menschen fühlt sich das an, als wären es zwei Stifte, selbst wenn sie hinschauen und sehen, dass es nur einer ist.

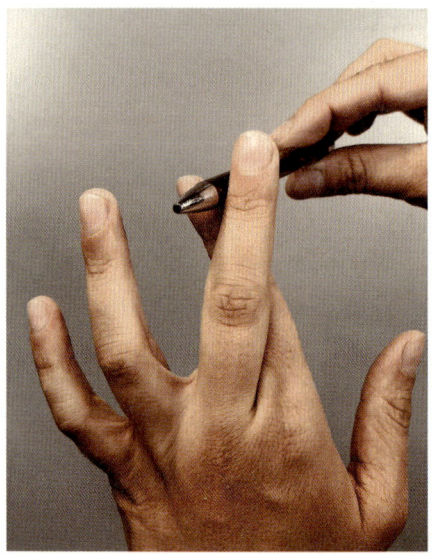

Gekreuzte Finger mit einem Stift.

Blindflug

Diese Übung ist für zwei Partner gedacht. Biegen Sie die Enden einer Büroklammer etwa einen Fingerbreit auseinander. Berühren Sie dann an verschiedenen Körperstellen Ihr Gegenüber, das mit geschlossenen Augen dasitzt, mit einem Ende oder beiden Enden der Klammer. Die andere Person soll nun erraten, ob Sie sie an einer Stelle oder an zwei Stellen berührt haben.

Sie werden feststellen, dass man es in manchen Bereichen des Körpers nicht unterscheiden kann. Auf der Unterseite des Unterarms ist es einfach, auf der Oberseite schon sehr viel schwieriger. Am Kinn spürt man es problemlos, am Nacken nicht. An den Fingern funktioniert es bei den meisten Menschen am besten, an der Wade am schlechtesten.

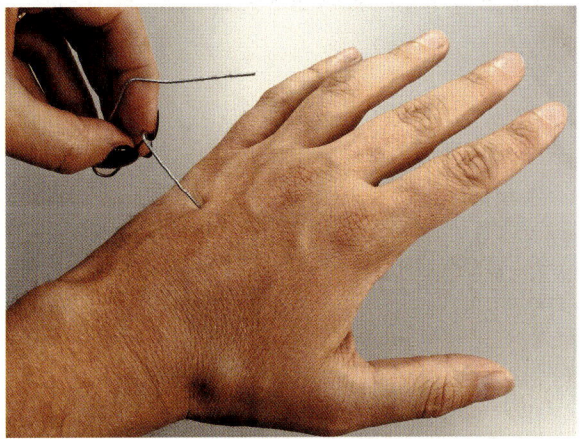

Berührung mit einem Ende der Büroklammer.

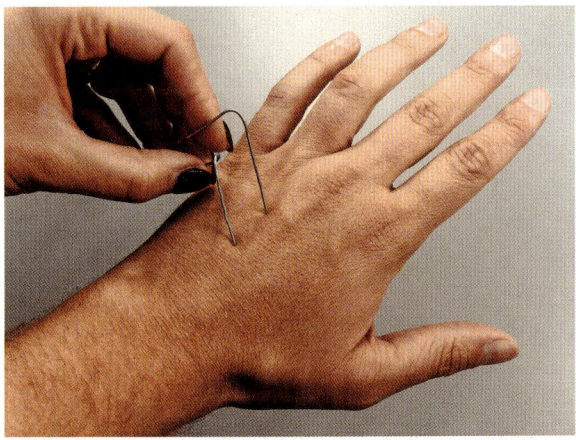

Berührung mit zwei Enden der Büroklammer.

Amélie

Wie viele Vögel sitzen auf dem Kopf? Dieses Spiel hat unser Vater gern mit uns Kindern gespielt. Dabei hat er die Fingerspitzen von einem bis fünf Fingern leicht auf unserem Kopf aufgestellt, und wir mussten erraten, wie viele es waren. Für mich und meine Geschwister war das ein Riesenspaß, aber es ist natürlich auch für Erwachsene einen Versuch wert, einmal die eigene Wahrnehmung zu schärfen. Eine Berührung zu spüren, aber nicht zu wissen, ob man an *einer* Stelle berührt wird oder an mehreren, kommt uns seltsam vor. Wer es selbst erlebt hat, kann es dem Partner nachempfinden, wenn er dran ist. Diese kleinen gemeinsamen Erfahrungen eignen sich gut dazu, die wechselseitige Verbindung zu vertiefen.

Wie viele Vögel sitzen auf dem Kopf?

SCHMECKEN

Der Geschmackssinn ist eng an das Gedächtnis gekoppelt und mit Emotionen verknüpft. Viele tausend Jahre lang war es für unsere Vorfahren enorm wichtig, dass sie sich an einen Geschmack erinnern konnten und noch wussten, ob das, was sie gegessen hatten, sie krank machte oder nicht. Geschmackswahrnehmungen werden in entwicklungsgeschichtlich sehr alten Teilen unseres Gehirns verarbeitet. Ein bestimmter Geschmack kann uns direkt in bestimmte Situationen unserer Vergangenheit versetzen, oder er erinnert uns an Personen oder Erlebnisse, die wir gemeinsam hatten. Das kann im positiven Fall sehr tröstlich wirken – sicherlich haben Sie auch schon mal den Satz gehört, dass etwas «nach Sommer» oder «nach Heimat» schmeckt.

Thommy
Wenn ich als Kind krank war, bekam ich immer Hühnersuppe. Schon allein dadurch ging es mir automatisch besser, denn mein Gehirn hatte den Geschmack dank positiver Erfahrungen mit dem Heilungsprozess verknüpft. Diese Suppe bereite ich auch heute zu, wenn es Amélie oder mir nicht gutgeht – und tatsächlich, sie wirkt Wunder. Bestimmt haben auch Sie Ihr persönliches Gericht, das Ihnen von klein auf in solchen Situationen geholfen hat und noch immer hilft.

Das Geschmacksspiel

Dieses kleine Spiel können Sie gut bei einer Verabredung im Restaurant ausprobieren. Daraus werden sich interessante Gesprächsthemen entwickeln.

Bestellen Sie unterschiedliche Gerichte. Probieren Sie dann jeweils Ihr Essen, und beschreiben Sie den Geschmack Ihrem Gegenüber. Das ist schwieriger, als es klingt, denn Sie können den Geschmack eines Hühnchens ja nicht mit «Schmeckt wie Hühnchen» erklären. Achten Sie stattdessen auf die Basiskomponenten des Geschmacks: Wie süß, wie salzig, wie scharf ist das Essen? Experimentieren Sie mit unterschiedlichen Beschreibungen, verknüpfen Sie den Geschmack mit Emotionen. Das ist oft einfacher, weil Essen bei den meisten Menschen starke Emotionen auslösen kann. Präzisieren Sie Ihre Beschreibung mit jedem weiteren Bissen. Danach probieren Sie das Essen Ihres Gegenübers. Können Sie seine Beschreibung nachvollziehen? Schmecken Sie die Komponenten heraus, die es erwähnt hat? Löst das Essen in Ihnen die gleichen Emotionen aus, oder können Sie zumindest nachvollziehen, dass es diese Emotionen in jemand anderem auslösen kann? Wir haben dieses Spiel immer wieder gespielt, lange bevor wir beschlossen, anderen Menschen beizubringen, wie man Verbindungen knüpft. Uns hat es dabei geholfen, unsere Wahrnehmung zu schärfen – in Bezug auf uns selbst und in Bezug auf den anderen. Und ja, natürlich funktioniert dieses Spiel auch bestens mit Cocktails oder Wein.

Thommy
Unser Geschmackssinn verstärkt sich, je mehr andere Sinne ausgeschaltet sind. Vielleicht haben Sie vom «Dinner in the Dark» gehört oder es sogar schon einmal ausprobiert. Hier genießt man ein mehrgängiges Menü in völliger Finsternis. Man weiß nicht, welche Gerichte serviert werden, sondern kann nur auf seinen Geschmacks- und Geruchssinn zurückgreifen. Ein solcher Abend sorgt sicher für jede Menge Gesprächsstoff bei Tisch, und Sie werden erkennen, dass Sie sich auf Ihre eigenen Sinne verlassen können – oder auch nicht. Probieren Sie es doch einmal aus!

Amélie und Thommy wird gerade der Hauptgang beim Dinner in the Dark serviert.

RIECHEN

Über den Geruchssinn erkannten unsere Vorfahren Gefahren und spürten Nahrung und möglicherweise, wie es Tiere können, sogar Wasser auf – er war also überlebenswichtig für das Individuum und den Clan.

Außerdem ist der Geruchssinn eng mit dem Geschmackssinn verknüpft und auch mit dem Gedächtnis. Wir wissen es alle: Ein markanter Geruch aus der Kindheit kann uns emotional direkt in die Vergangenheit katapultieren und im besten Fall aus dem Stand heraus ein wohliges Gefühl der Geborgenheit in uns wecken. «Schuld» daran ist das Reptiliengehirn, der Hirnstamm, der evolutionsgeschichtlich älteste Teil des Gehirns. In den USA machen sich Immobilienmakler diese Tatsache zunutze, indem sie vor der Objektbesichtigung im Haus Kekse zurechtlegen oder sie sogar dort backen lassen, damit ihr Duft die Räume durchzieht und sich der potenzielle Käufer sofort wie zu Hause fühlt.

Das Gewürzspiel

Dieses Spiel wird wahrscheinlich besonders den Hobbyköchen unter Ihnen gefallen, aber natürlich kann auch jeder andere es ausprobieren. Man braucht nur ein paar Kräuter dazu. Falls Sie sie noch nicht in Ihrer Küche haben, nutzen Sie doch die Gelegenheit, das nachzuholen und sie dann gleich zu verwenden. Kochen ist eine gute Möglichkeit, sich mit einem anderen Menschen zu verbinden.

Bei diesem Spiel setzen Sie sich zunächst an den Tisch. Schließen Sie die Augen, und lassen Sie sich dann von Ihrem Partner eine Dose mit Gewürzen unter die Nase halten. Atmen Sie den Duft ein. Sie dürfen gern versuchen zu erraten, um welches Gewürz es sich handelt. Vor allem aber sollten Sie sich auf die Erinnerungen konzentrieren, die dieser Geruch in Ihnen hervorruft. Erinnert Sie der Geruch an ein bestimmtes Gericht, eine bestimmte Begebenheit aus Ihrer Vergangenheit oder an einen bestimmten Ort? Vielleicht sogar an eine bestimmte Variante dieses Gerichts, die ein Familienmitglied gekocht hat oder die Sie in einem bestimmten Restaurant gegessen haben?

Vergleichen Sie Ihre Erinnerungen mit jenen, die das Gewürz bei Ihrem Partner auslöst. Aus diesem Spiel können erstaunliche Gespräche entstehen, und so können selbst gemeinsame Geruchserfahrungen zu einem verbindenden Element werden.

Amélie

Einmal stand ich unter der Dusche und dachte plötzlich an Korsika und an das köstliche französische Essen dort. Dabei war ich schon lange nicht mehr auf Korsika gewesen, und das Abendessen, an das ich mich erinnerte, war Jahre her. Der Grund für den Flashback war ein Duschgel aus meiner Reisetasche, das ich nur deshalb benutzte, weil mein Lieblingsduschgel aufgebraucht war. Dieses hier stammte aus dem korsischen Hotel von damals. Der typische Geruch der Inselkräuter hatte mich innerlich auf die Reise gehen lassen.

Inzwischen spielen wir dieses kleine Spiel immer dann, wenn wir uns an einem Ort befinden, an den wir uns erinnern wollen. Wir kaufen ein Produkt mit einem besonderen Geruch, meist ein Shampoo oder ein Duschgel, manchmal auch Sonnencreme oder ein Aromaöl. Am liebsten nehmen wir etwas, das für den Ort typisch ist. Auf einer Reise nach Hawaii kauften wir zum Beispiel einen Sonnenschutz, der nach Kokosnuss roch. Aber es funktioniert auch alles andere, das einen unverwechselbaren Geruch hat.

Benutzen Sie das Produkt während Ihres Aufenthalts möglichst oft, und räumen Sie es – zu Hause angekommen – erst einmal weg: Es würde die Verbindung zu diesem anderen, besonderen Ort schwächen, wenn Sie das Produkt gleich weiterverwendeten. Wenn Sie sich dann später an diesen Ort zurückversetzen wollen, holen Sie das Produkt heraus und benutzen es. Sobald Sie mit einem anderen Menschen diese Geruchserinnerung teilen, kann es Ihre Verbindung stärken, die entsprechende Erinnerung zu triggern.

Amélie
Thommy tauscht hin und wieder das Duschgel im Bad aus, um mich mit einem Duft zu überraschen, der mich an einen speziellen Urlaub erinnern soll.

Das klappt übrigens nicht nur mit Düften oder Geschmäckern, sondern auch mit allem anderen, was Sie an ein besonderes Erlebnis oder an eine besondere Reise erinnert, zum Beispiel eine bestimmte Musik oder ein schönes Souvenir.

WIE VIELE SINNE HAT
DER MENSCH WIRKLICH?

Wir lernen in der Schule, dass der Mensch mit fünf Sinnen zur Welt kommt – jenen fünf Sinnen, die wir eben besprochen haben. Aber stimmt das überhaupt? Wohl jeder von uns hat schon die Erfahrung gemacht, dass ihn eine Ahnung um etwas befiel, das er gar nicht wissen konnte. Oder er musste aus unerklärlichen Gründen plötzlich an einen anderen Menschen denken, der gleich darauf anrief. Kein Wunder eigentlich, dass die Zuschauer unserer Shows uns unterstellen, einen sechsten Sinn zu besitzen, weil wir auf der Bühne Dinge können, die mit den angeborenen fünf Sinnen nicht zu erklären sind.

Und wirklich: Mittlerweile haben Wahrnehmungsforscher mehr als ein Dutzend weitere Sinnessysteme im menschlichen Körper identifiziert. Manche sind wichtig für die Funktionskreise im Körper, auch wenn man sie in der Regel gar nicht bewusst bemerkt, so etwa die Verdauung oder die Immunabwehr. Andere spürt man sehr wohl. So registriert es der Körper zum Beispiel, wenn er aus dem Gleichgewicht gerät und wie stark. Man muss sich nur auf ein Bein stellen, um das nachzuvollziehen. Dank unseres Gleichgewichtssinns stellen die Muskeln im Ober- und Unterschenkel sowie im Fuß blitzschnell das Gleichgewicht wieder her. Auch Bewegungen spürt man, sogar wenn man nichts sieht. Der Fachbegriff dafür ist «Propriozeption» – das Wissen um die Position des eigenen Körpers im Raum, auch bei absoluter Dunkelheit.

All diese zusätzlichen Sinne kann man genauso wie die Grundsinne durch aufmerksames Beobachten und Üben trainieren. Stellen Sie und Ihr Partner oder Ihre Partnerin sich gegenseitig auf die Probe. Achten Sie darauf, ob Sie Ihrem Gegenüber die Empfindungen, die Sie selbst bei den einzelnen Versuchen hatten, am Gesicht ablesen können.

Die Eigenwahrnehmung des Körpers

Schließen Sie die Augen und berühren Sie dann mit dem Zeigefinger Ihre Nasenspitze. Oder etwas schwieriger: Breiten Sie beide Arme seitwärts aus. Schließen Sie die Augen, und heben Sie die Arme, bis sich die Zeigefingerspitzen über Ihrem Kopf berühren. Wie fühlt sich das an? Haben sich Ihre Fingerspitzen gleich gefunden?

Eigenwahrnehmungsübungen. Augenschließen nicht vergessen!

87

Weitere Wahrnehmungssysteme
unseres Körpers

- **Wahrnehmung von Gleichgewicht und Bewegung:** Der Gleichgewichtssinn, der im Mittelohr sitzt, verleiht dem Menschen die Fähigkeit, die Balance zu halten und auch die Beschleunigung und Bewegungsrichtung seines Körpers wahrzunehmen. Dieser wichtige Sinn arbeitet konstant im Hintergrund. Er ist auch mit schuld daran, dass wir auf Schiffen seekrank werden. Interessant ist, dass sich während einer längeren Zeit an Bord, wenn wir den Blick immer aufs Meer richten, unser Gleichgewichtssinn an die Bewegungen auf See gewöhnt und sie ausgleicht. Wenn man nun wieder das Festland betritt, ist man auf einmal landkrank, und alles schwankt – eine Erfahrung, die wir beide schon öfter gemacht haben.

- **Wahrnehmung von Druck:** Dank der Rezeptoren in unserer Haut merken wir, wenn wir von jemandem berührt werden oder gegen ein Hindernis laufen.

- **Wahrnehmung von Temperatur:** Wenn man ein Glas Wasser trinkt, spürt man unmittelbar, ob das Wasser warm oder kalt ist, weil der menschliche Körper über Rezeptoren für Wärme und Kälte verfügt, die die Temperatur innerhalb und außerhalb des Körpers messen.

- **Wahrnehmung von Zeit:** Von Sportlern wie Jockeys oder Rennfahrern ist bekannt, dass ihre innere Uhr während eines Rennens auf die Fünftelsekunde genau funktioniert. Doch das ist nur ein Extrembeispiel für eine Sinnesfunktion, die alle Menschen haben. Sie lässt sich übrigens ganz einfach testen.

Die innere Uhr

Starten Sie die Stoppuhr-App auf Ihrem Handy, und versuchen Sie die laufende Zeit, ohne hinzuschauen, nach genau 60 Sekunden anzuhalten. Sie können erst mit kürzeren Zeiten trainieren und sich auf die 60 Sekunden hocharbeiten. Das klingt vielleicht wie der langweiligste Wettbewerb der Welt, ist aber tatsächlich erstaunlich fesselnd und trainiert Ihre innere Uhr. Statt in dieser Zeit gar nichts zu tun, können Sie auch einmal versuchen, sich währenddessen mit jemandem zu unterhalten. Sie werden dann schnell feststellen, dass die Zeitmessung in Ihrem Gehirn auch während der Unterhaltung weiterläuft. Nur wird die Zeit – je nachdem, wie interessant das Gesprächsthema ist – für Sie gefühlt unterschiedlich schnell vorbeigehen.

Thommy
Ich mache diese Übung immer im Fitnessstudio, aber mit mäßigem Erfolg. Auch wenn ich mir ganz sicher bin, dass ich schon seit über 60 Sekunden Hanteln stemme, blicke ich auf die Uhr, und es sind erst 30 Sekunden vergangen. Komischerweise ist das nur im Fitnesscenter so, anscheinend habe ich an diesem Ort eine andere Zeitwahrnehmung ...

- **Wahrnehmung von Durst und Hunger:** In manchen Organen, zum Beispiel in Lunge, Blase und Magen, gibt es Dehnungsrezeptoren, die dem Gehirn anzeigen, ob diese Organe sich gerade ausdehnen oder zusammenziehen. Zieht sich etwa der Magen zusammen, so kommt in unserem eingebauten Zentralcomputer die Information an: «Ich bin leer, gib mir etwas zu essen!»
- **Wahrnehmung von Muskelspannung:** In der heutigen Zeit fühlen sich viele Menschen oft übermäßig angespannt

(mental) und verspannt (körperlich). Daher schlagen wir Ihnen hier eine Übung vor, mit deren Hilfe Sie sich von dem Stress all dieser verschiedenen Sinneseindrücke erholen können.

Progressive Muskelrelaxation

Nehmen Sie sich einen kleinen Moment Zeit, und konzentrieren Sie sich ganz auf sich. Wandern Sie mit Ihrer Aufmerksamkeit in Ihre rechte Hand. Ist sie angespannt oder verkrampft? Nun verstärken Sie die Anspannung maximal und ballen die Hand zur Faust. Zählen Sie langsam bis zehn, und lösen Sie dann wieder die Anspannung in der Hand. Wiederholen Sie das, und versuchen Sie bei jeder Wiederholung, die Hand ein wenig mehr zu entspannen. Nach einigen Durchgängen wird sich die Hand entspannter anfühlen als zu Beginn der Übung.

Jetzt gehen Sie nacheinander ebenso mit Ihrem Nacken und Ihren Schultern vor. Spannen Sie sie an, zählen Sie bis zehn, und lösen Sie die Anspannung wieder. Sie werden merken, dass sich die entsprechenden Körperteile jedes Mal etwas entspannter, etwas angenehmer anfühlen.

Es mag paradox klingen, dass es entspannend wirken soll, wenn man die Muskeln zuvor anspannt, aber es funktioniert. Im Leben sorgt vieles für Anspannung, aber oft geschieht das, ohne dass wir es bewusst wahrnehmen. Diese Übung kann Ihnen helfen, sich Ihrer Muskelspannung wieder bewusst zu werden, sodass Sie gezielt für Entspannung sorgen können.

Auch diese Übung kann zu einem Verbindungspunkt werden, wenn man sieht, wie der andere sie durchführt, und genau nachfühlen kann, wie es ihm dabei ergeht.

Wir sehen also: Wir verfügen allein dank unserer Sinneswahrnehmung bereits über die besten Voraussetzungen, um unsere

Verbindung zu unserem Gegenüber zu intensivieren. Nun gilt es, unsere Sinne zu schärfen und zu trainieren – so stärken wir unsere Empathiefähigkeit und damit eine grundlegende Eigenschaft für gelingende Beziehungen.

KAPITEL 5

Unser Gehirn:
Der Ort der Verbindung

Eine Verbindung zu einem anderen Menschen fühlt man oft im Herzen oder sogar im ganzen Körper. Doch der Ort, an dem diese Verbindungen sich tatsächlich nachweisen lassen, ist unser Gehirn, das Bewusstsein der Beteiligten. Daher ist es durchaus hilfreich, wenn man weiß, wie unser angeborener Hochleistungsrechner in Grundzügen arbeitet.

Das Gehirn, der Sitz von Wahrnehmung und Bewusstsein, ist so etwas wie unsere berufliche Spielwiese, daher gehört auch die Beschäftigung mit der Hirnforschung zu unserer Arbeit. Wir werden zunächst grob zusammenfassen, wie das menschliche Gehirn funktioniert, damit Sie besser verstehen, wie Sie sich besser mit anderen verbinden können. Keine Angst: Es wird nicht so kompliziert, wie Sie vielleicht befürchten. Die komplexen Vorgänge im Gehirn lassen sich so herunterbrechen, dass sie relativ einfach zu verstehen sind.

EIN NEUES DENKEN

In diesem Kapitel werden wir verschiedene Aspekte des Bewusstseins und der Funktionsweise des Gehirns betrachten. Wir werden auf verschiedene Formen der Intelligenz und auf die Unterschiede zwischen einem statischen und einem dynamischen Selbstbild eingehen. Sie sind wichtig, wenn man etwas Neues lernen will, aber auch, wenn man seine Beziehung zu Menschen verbessern will, die anders denken und verarbeiten als man selbst. Darüber hinaus werden wir auf die Schwächen des Gehirns eingehen. Wir wissen heute, dass unser Gehirn ständig kleine Fehler macht. Meistens können wir damit einigermaßen problemlos umgehen, diese Fehler können sich auf Verbindungen dennoch stark auswirken – deshalb sollte man über sie Bescheid wissen. Anschließend werden wir Ihnen spezielle Methoden zeigen, mit denen Sie Ihre Fähigkeit, Verbindungen herzustellen, weiterentwickeln und ausbauen können, auch für sich allein. Dazu gibt es außerdem einen Test, dem Sie sich zu zweit unterziehen können.

Mit diesem Buch werden wir Ihr Denken verändern, wenn Sie das wollen. Sie werden danach aber nicht etwa eine andere Lieblingsfußballmannschaft haben oder eine neue politische Überzeugung, und auch Ihre langjährigen Glaubenssätze werden dieselben sein – wir wollen «lediglich» verändern, wie Ihr Gehirn funktioniert. Das klingt zunächst vielleicht ein wenig unheimlich, aber auch unglaublich befreiend. Als wir zum ersten Mal merkten, dass man das Gehirn tatsächlich dahingehend trainieren kann, fühlten wir uns jedenfalls so. Wir wünschen uns, dass Sie das Gleiche erleben. Denn tatsächlich Ihr Bewusstsein verändern kann nur ein einziger Mensch: Sie selbst.

Statisches versus dynamisches Selbstbild

Viele Menschen sind aufgrund ihrer Erziehung oder ihres Umfelds mit einem statischen Selbstbild aufgewachsen – also in dem Glauben, dass sie nichts daran ändern können, wie sie denken, wie intelligent sie sind – wie sie «sind». Menschen mit einem dynamischen Selbstbild sind hingegen davon überzeugt, dass sie lernen können, klüger zu werden.

Vor vielen Jahren glaubten auch noch die meisten Fachleute an das statische Selbstbild, also daran, dass jeder Mensch mit einem bestimmten, unwandelbaren Maß an Intelligenz geboren wird: Demnach kann jemand, der nicht als «Intelligenzbestie» zur Welt kommt, immer noch Dinge lernen und sich Faktenwissen und Fähigkeiten erwerben, aber er wird niemals schlauer werden. In den letzten Jahrzehnten haben Wissenschaftler, die die Intelligenz erforschen, dieses Paradigma jedoch in Frage gestellt und das dynamische Selbstbild entwickelt. Sie gehen davon aus, dass das Gehirn wie jeder andere Körperteil trainiert und weiterentwickelt werden kann, je nachdem, auf welche Art man es nutzt. Man spricht von der Neuroplastizität des Gehirns, der Fähigkeit der Nervenzellen also, sich zu verändern und an neue Gegebenheiten anzupassen.

Thommy
Als Kind hatte ich ein statisches Selbstbild in Form von Glaubenssätzen über mich, die ich von anderen Kindern übernommen hatte. Ich nahm einfach an, dass es wohl stimmen müsse, wenn die anderen eine Aussage über mich trafen. Erst als ich Amélie traf, erkannte ich, wie sehr sich mein eigenes Denken verändert hatte. Das hat mich wirklich befreit.

Amélie
Für mich war es schon immer selbstverständlich, dass man ständig daran arbeiten muss, sich zu verbessern, in jeder Hinsicht. Also ging ich natürlich davon aus, dass ich mit der Zeit immer intelligenter werden würde. Wahrscheinlich fällt es vielen Leuten einfach schwer, so von sich selbst zu denken.

Ein dynamisches Selbstbild ist psychologisch unglaublich wichtig für den Lernerfolg. Wenn man umgekehrt glaubt, die eigene Intelligenz sei unveränderlich, wird einem jeder Fehler, der einem unterläuft, stets aufs Neue «beweisen», dass man es eben nicht besser kann. In diesem Sinne beweisen schulische Prüfungen Schülern mit einem statischen Selbstbild eigentlich nur immer wieder das, was sie ohnehin schon von sich und ihren Fähigkeiten halten. Unser Bildungssystem bietet ihnen nicht etwa die Gelegenheit, klüger zu werden, sondern erbringt nur immer wieder aufwendige Nachweise dafür, wie intelligent oder dumm sie sind. Kein Wunder, dass man die Schule nicht gerade positiv erlebt, wenn man ein statisches Selbstbild hat und glaubt, dass das, was das eigene Gehirn leisten kann, in Stein gemeißelt ist.

Menschen mit einem dynamischen Selbstbild hingegen deuten Fehler als Feedback, das beim Lernen hilft. Tests liefern ihnen besonders wertvolles Feedback über ihre Lernfortschritte. Für sie ist der Lernprozess selbst ein Weg, dem Gehirn nützliche Fähigkeiten «anzutrainieren». Ist das nicht ein viel positiverer Ansatz?

Denn es ist wirklich so, dass wir am meisten durch Fehler lernen und an ihnen wachsen. Wir beide haben im Laufe der Jahre unzählige Fehler begangen. Und ohne jeden einzelnen dieser Fehler wären wir nicht da, wo wir heute sind. Es wird Sie daher nicht überraschen, dass wir Verfechter eines dynamischen Selbstbilds sind. Wir sind überzeugt davon, dass wir unser Gehirn und unseren Verstand entwickeln können, um intelligentere und bessere Denker zu werden.

Uns hat das Reisen, das Kennenlernen neuer Kulturen und Denkweisen, weitergebracht und bringt uns noch immer weiter. Wenn man offen ist – und das sollte man unabhängig vom Alter ein Leben lang sein –, kann man sich weiterentwickeln, aus den meisten Situationen im Leben etwas mitnehmen und neue Erkenntnisse über sich selbst und andere gewinnen. Wir beide sind das beste Beispiel: Wir können jetzt Dinge tun, zu denen wir früher nicht fähig gewesen wären, einfach weil wir uns angewöhnt haben, jede Gelegenheit zum Lernen zu nutzen. Und Sie können das auch.

Studien haben einen Zusammenhang zwischen dynamischem Selbstbild und Erfolg in der Schule und in anderen Lebensbereichen nahegelegt. Die Forscher fanden sogar heraus, dass es egal ist, ob das eigene Selbstbild zutrifft – ob jemand also nach objektiven Maßstäben tatsächlich «intelligent» oder «dumm» ist. Ausschlaggebend ist allein, was derjenige selbst für wahr hält. Wer glaubt, dass er klüger werden kann, der kann es auch werden. Wer glaubt, dass er es nicht kann, der verbaut sich allein schon durch diesen inneren Glaubenssatz diesen Weg.

Vergessen Sie also niemals: Ihre eigene Denkweise beeinflusst das, was Sie erreichen können. Oder anders formuliert: Das Gehirn hat Einfluss auf jeden Teil des Körpers – auch auf sich selbst!

Der Plateau-Effekt

Der Hauptvorteil des dynamischen Selbstbilds besteht darin, dass man trotz aller Fährnisse des Lebens eine positive Einstellung behält. Denn wenn man etwas Neues lernt, geht das meistens nicht reibungslos ab. Der Plateau-Effekt ist eine solche Herausforderung, vor der jeder steht, der etwas Neues lernt – Tiere übrigens inbegriffen.

Wenn man eine völlig neue Fertigkeit erlernt, stellt sich in aller Regel zu Anfang eine Phase der Verwirrung ein, in der das Gehirn die neuen Informationen sortiert. Dann macht es irgendwann «klick», und es folgt eine Phase des kontinuierlichen Fortschritts. Irgendwann stagniert das Leistungsniveau dann wieder für eine Weile. Dieses Plateau ist bei messbaren Leistungen, etwa beim Sport, leichter zu erkennen, aber auch bei Aktivitäten feststellbar, die man nicht messen kann. Wer trotzdem nicht aufgibt, überwindet dieses Plateau irgendwann und tritt dann in eine weitere Phase des Fortschritts ein. Leider werfen viele Menschen in der Plateau-Phase ebenso enttäuscht wie voreilig das Handtuch. Das ist zwar verständlich, aber auch sehr schade (und wir werden im Kapitel «Die dunkle Seite» noch darüber zu sprechen haben), da sie sich dadurch eines Erfolgserlebnisses berauben, das sich über kurz oder lang fast zwingend einstellen würde.

Denn der Plateau-Effekt ist ein ganz normaler und natürlicher Teil des Lernprozesses. Man erwirbt Fähigkeiten, und die Leistung steigt. Dann kommt eine Phase, in der man diese Fähigkeiten festigt. In dieser Phase kommt man nicht voran, und erst, wenn sich die neuen Lerninhalte im Gehirn verankert haben, macht man wieder einen Sprung nach vorn. Seien Sie also nicht enttäuscht, wenn es bei Ihnen genauso ist. Es ist ein normaler und in der Tat wünschenswerter Teil des Prozesses. Es ist gut, wenn sich Gewinne erst einmal festigen, weil sie sonst womöglich wieder verlorengehen könnten. Also geben Sie nicht auf – es geht bald wieder aufwärts!

Amélie
Ich habe als Kind Querflötenunterricht erhalten. Ich bin in einer musikalischen Familie aufgewachsen, die Querflöte war immer mein Lieblingsinstrument. Doch auch bei mir stellte sich der Plateau-Effekt ein, und mir ging buchstäblich die Puste aus. Ich legte also die Flöte für mehrere Monate zur Seite. Der Wunsch, besser zu werden, hat mich aber nicht losgelassen, und als ich es schließlich wieder probierte, fiel mir das Spielen auf einmal viel leichter, und ich konnte Stücke vom Blatt spielen, die ich noch vor ein paar Monaten nicht geschafft hatte.

Amélie mit ihrer Querflöte.

Wie viel Glück wollen Sie haben?

Glück entsteht oft durch Aufmerksamkeit in kleinen Dingen, Unglück oft durch Vernachlässigung kleiner Dinge.
WILHELM BUSCH

Im Winter 2016 durften wir unsere Show zwei Monate lang am Broadway in New York spielen. Im geschichtsträchtigen Palace Theatre im Herzen der Stadt, am Times Square, standen die Leute nach der Show oft noch an der Backstagetür, um mit uns zu sprechen oder ein Selfie mit uns zu machen.

Thommy und Amélie vor dem Palace Theatre am Times Square in New York City.

Einen Tag nach Weihnachten wartete eine Dame so lange, bis alle anderen gegangen waren, um uns eine Frage zu stellen: «Glauben Sie, dass man lernen kann, mehr Glück zu haben?» Die Frau sagte, sie habe sich immer Glück gewünscht, und nun wollte sie wissen, ob es möglich sei, Glück zu lernen.

Um ehrlich zu sein, hielten wir beide das damals für unmöglich. Doch es ist unser Beruf, Unmögliches möglich zu machen, und wir haben gelernt, keine Idee zu verwerfen, nur weil sie auf den ersten Blick unmöglich erscheint. Die Frage ging uns über die nächsten Wochen nicht aus dem Kopf.

Passenderweise lasen wir einige Zeit später von einer Studie, die unser Denken über Glück veränderte. Wir erkannten, dass man Glück tatsächlich trainieren kann, aber dass man dazu verstehen muss, was es überhaupt bedeutet. Glück ist offenbar nicht einfach etwas, das einem widerfährt. Man muss es auch als solches erkennen, damit es «wirken» kann.

Ein Team von Wissenschaftlern legte den Studienteilnehmern eine kurze Liste mit Fragen zu ihren Überzeugungen und Vorlieben vor. Worum es bei dem Test tatsächlich ging, erfuhren die Probanden nicht, denn die Fragen waren überhaupt nicht ausschlaggebend für das Ergebnis. Wie gute Magier hatten die Wissenschaftler das wirklich Wichtige hinter einer interessanten Präsentation verborgen.

Nachdem die Probanden die Fragen beantwortet hatten, bekamen sie einen Gutschein, mit dem sie draußen am Gebäude entlang zum nächsten Eingang gehen sollten, wo die Kassiererin ihnen ihr Honorar für die Teilnahme an der Studie auszahlen würde. Auf dem Weg dorthin fanden einige der Probanden einen Fünf-Euro-Schein auf dem Boden. Geschenktes Geld – welch ein Glück! Bei allen Teilnehmern lag der Geldschein an genau derselben Stelle auf dem Weg, aber nicht alle fanden ihn. Denn darin bestand der eigentliche Test: Wie viele Teilnehmer würden den Geldschein bemerken?

Nach Abschluss des Experiments gingen die Wissenschaftler die Fragebögen durch, interessierten sich aber nur für die Antwort auf eine einzige Frage: Wie viel Glück haben Sie? Und tatsächlich war die Wahrscheinlichkeit, dass die Teilnehmer den Geldschein fanden, höher, wenn sie sich vorher selbst als Glückspilz eingestuft hatten! Probanden, die sich bei der Glücksfrage 7 von 10 Punkten gaben, fanden demnach den Geldschein häufiger als Probanden, die eine 4 eingetragen hatten. Je höher die Punktzahl, desto höher war auch die Wahrscheinlichkeit, den Geldschein zu entdecken. Dieses Experiment zeigt, dass viele Leute glauben, Glück sei Zufall und es widerfahre ihnen einfach – oder eben nicht. Aber bei dem Test mit den Geldscheinen hatte Glück nichts mit Zufall zu tun. Den «glücklosen» Probanden widerfuhr dasselbe wie den «Glückspilzen» – sie beantworteten einige Fragen, gingen hinaus, und draußen lag ein Geldschein, der nur auf sie wartete. Der Unterschied bestand darin, dass die Glückspilze eben aufmerksam waren. Sie bemerkten den Geldschein auf dem Boden. Sie bemerkten den Glücksfall, den die glücklosen Menschen übersahen.

Das bedeutet im Umkehrschluss, dass die Glücksquote im eigenen Leben zumindest zum Teil etwas ist, das man verbessern kann. Man muss anders denken lernen und aufmerksamer für die Welt sein, die einen umgibt, um mehr Glück wahrzunehmen. Man kann sein Glück vermehren, indem man Achtsamkeit übt und mit offenen Augen durchs Leben geht. Falls die Dame, mit der wir damals in New York gesprochen haben, dies hier liest: Die Antwort lautet Ja! Man kann wirklich trainieren, Glück zu haben!

Dies zeigt, wie eine Veränderung im Gehirn das Leben verändern kann. Die entscheidende Erkenntnis ist, dass man sich verbessert, wenn man aufmerksam und achtsam ist. Diese Erkenntnis steht im Zentrum von allem, was Sie in diesem Buch lesen. Alles beginnt damit, dass man den Menschen, mit denen man interagiert, Aufmerksamkeit schenkt und achtsam mit ihnen umgeht.

Thommy
Einen der größten Glücksmomente meines Lebens erlebte ich wohl auf meiner ersten Reise in die USA im Jahre 2011. Ich schlenderte am Santa Monica Boulevard entlang, blieb hin und wieder stehen und betrachtete die Gebäude. Ein Restaurant fand ich besonders schön, also blickte ich von außen durch die Scheibe, um zu sehen, wie es innen eingerichtet war und welche Leute dort ver-

kehrten. Gerade als ich weitergehen wollte, öffnete sich die Tür, ein Mann kam heraus und fragte mich nach meinem Namen. Er erzählte, dass er gerade mit Jesse Dylan, dem Sohn von Bob Dylan, in diesem Restaurant säße, da sie einen TV-Werbespot besprachen, den sie am nächsten Tag in Hollywood drehen würden. Eigentlich seien alle Schauspieler schon gecastet, aber Jesse Dylan meinte, ich würde besser für die Rolle des männlichen Hauptdarstellers passen. Als er dann noch hörte, dass ich Zauberkünstler war, freute er sich umso mehr.

Und natürlich war ich dabei! Ich konnte mein Glück kaum fassen und war die halbe Nacht munter. Am nächsten Morgen wurde ich abgeholt und zum Drehort in den Hollywood Hills gebracht. Mein erster Schritt ins Filmbusiness! Ein großes Set war aufgebaut, und Hunderte Crewmitglieder rannten geschäftig über den Sportplatz, auf dem gedreht wurde.

«And action!» Los ging's! Ich spielte den Platzwart eines Fußballplatzes. Ich nahm eine Audiokassette, legte sie in den Kassettenspieler ein, drückte «Play» und tanzte zur Musik. Über das ganze Feld war Musik zu hören, die zu dieser Zeit weltbeste Damenfußballmannschaft kam aufs Spielfeld und zeigte ihre raffiniertesten Tricks mit dem Fußball. Die Dreharbeiten dauerten bis weit nach Mitternacht. Mit einer Handvoll Dollarscheinen und völlig überwältigt fuhr ich im Taxi zurück ins Hotel. Ich hatte soeben meine erste kleine Fernsehrolle in Hollywood für einen Werbespot einer bekannten Sportschuhmarke abgedreht!

Noch heute weiß ich, dass mich viele am Set fragten, wie lange ich denn schon in der Filmbranche sei, und ich antwortete allen: «Seit gestern Mittag.» Erst glaubten sie, das sei ein Gag, aber nachdem ich die ganze Ge-

Dreharbeiten in Hollywood: Thommy als Platzwart.

schichte erzählt hatte, war klar – so einen Glücksfall gibt es extrem selten, selbst in Los Angeles, der Traumfabrik schlechthin!

Amélie
Auch wenn Thommys Geschichte nach purem Glück klingen mag, denke ich, dass mehr dahintersteckt. Ich kenne Thommy gut und weiß, dass er ein sehr positiver Mensch ist und in den verschiedensten Situationen eine natürliche Leichtigkeit ausstrahlt. Vermutlich war ihm auf seiner ersten Reise nach Amerika klar, dass das seine große Chance sein könnte, da er nun in der Welthauptstadt des Entertainments war – dort, wo Träume wahr werden können! Er ging nicht nur als Tourist durch die Stadt, er wollte ein Teil der Stadt werden. Nicht ohne Grund sah er in das Lokal am Santa Monica Boulevard, irgendetwas hat ihn dorthin gezogen. Er ahnte vielleicht

Thommy und Amélie in ihrer zweiten Heimat: Hollywood.

schon, dass es hier Möglichkeiten gab, er musste sie nur noch finden. Man findet das, was man sich wünscht, nur dann, wenn man wirklich die Augen offen hält – und den Geist.

Die Journalismusmethode

Aufmerksamkeit kann also der Schlüssel zu so manchem Glücksmoment sein. Gute Journalisten sind bekannt dafür, ihrem Interviewpartner die gebotene Aufmerksamkeit zu schenken, deshalb haben wir diese Übung nach ihnen benannt. Sie stellt eine einfache Methode dar, um Verbindungen aufzubauen. Probieren Sie sie doch gleich beim nächsten Gespräch mit Ihrem Gegenüber aus!
Dabei stellen Sie sich vor, Sie wären Reporter und wollten einen Artikel über Ihren Gesprächspartner schreiben. Den Prinzipien

des Journalismus zufolge muss jeder gute Artikel sechs grundlegende Fragen beantworten. Versuchen Sie daher während des Gesprächs, die Antworten auf folgende Fragen herauszufinden:

- Wer ist diese Person da vor mir?
- Was tut sie?
- Wann findet es statt?
- Wo befindet sie sich, wenn sie es tut?
- Warum tut sie das?
- Wie tut sie es?

Diese Fragen sind natürlich sehr allgemein formuliert, und sie werden je nach Situation mehr oder weniger sinnvoll sein. Sie sollen natürlich auch gar nicht wirklich einen Artikel schreiben. Es wird nur einfacher, dem Gesprächspartner aufmerksam zuzuhören, wenn man diese Fragen im Hinterkopf behält. Sie helfen, die Situation aus der Perspektive des anderen zu betrachten und sich das Gespräch auch später noch einmal in Erinnerung zu rufen. Die Kunst, Verbindungen herzustellen, basiert darauf, dass zwei Personen sich über dasselbe Thema Gedanken machen und versuchen, den Standpunkt des jeweils anderen nicht nur herauszufinden, sondern auch nachzuempfinden. Übrigens ist es keine gute Idee, aus dem Gespräch tatsächlich ein Interview zu machen und den anderen mit Fragen zu löchern. Besser ist es zuzulassen, dass das Gespräch seinen natürlichen Verlauf nimmt, und sich Details zu merken, die erwähnt werden. Es werden sich aus dem Gespräch ganz automatisch weitere Fragen ergeben, ohne dass Sie vorher darüber nachdenken müssen. Stellen Sie sie, und Ihr Gegenüber wird wissen, dass Sie aufmerksam zugehört haben, also offenbar interessiert an seiner Person sind. Gut zuzuhören ist das A und O, um eine Verbindung zu einer Person herzustellen. Seien Sie offen und aufgeschlossen, und signalisieren Sie das durch Ihre Körperhaltung und Mimik: Schauen Sie Ihr Gegenüber an, wenden Sie sich ihm zu, nicken Sie zwischendurch aufmunternd. Umso lieber wird Ihr Gesprächspartner Sie nicht mit Pauschalantworten abspeisen, sondern offen und ehrlich sein.

WAS IST INTELLIGENZ?

Viele Jahre lang glaubte man, Intelligenz ließe sich mit einer einfachen Zahl beschreiben, dem «Intelligenzquotienten». Diese Größe soll das allgemeine intellektuelle Leistungsvermögen eines Menschen beschreiben. Festgestellt wird sie durch speziell entwickelte Tests, aus deren Ergebnissen der IQ der jeweiligen Testperson berechnet wird. Der durchschnittliche IQ liegt bei 100.

Amélie
Thommy erzählte, dass er bei einem IQ-Test in der Schule am besten von allen Klassenkameraden abgeschnitten habe, obwohl er nie besonders gute Noten hatte. Manche Mitschüler glaubten sogar, er als Magier hätte getrickst! Aber bei einem IQ-Test geht es nicht nur um gelernte Inhalte, sondern um die Fähigkeit, logisch zu denken und erworbenes Wissen richtig anzuwenden. Das konnte Thommy offenbar besser als seine Mitschüler.

Wir ahnen also schon – der Intelligenzquotient beziffert zwar Klugheit, liefert aber keine Antwort auf eine wichtige Frage: Was bedeutet es, wenn jemand klug ist? Nun, werden Sie sagen, jeder von uns kennt kluge Menschen. Sie haben in der Schule gute Noten, sie wissen viel, sie finden Lösungen. Sie sind gut in Mathe oder können sich schriftlich wie mündlich gewandt ausdrücken, sie kennen sich mit Maschinen aus, sie können Rätsel lösen. Es ist doch ganz einfach – zumindest auf den ersten Blick.

Denn in Wirklichkeit greift die Einordnung in Klug und Dumm viel zu kurz. Menschen sind vielfältiger und komplexer. Es gibt Menschen, die weder gut rechnen noch gut schreiben können, sie sind aber talentierte Zeichner oder spielen Musik nach Gehör nach. Der zerstreute Professor, der den Pullover verkehrt herum anzieht, mag ein Klischee sein, aber es gibt ihn –

er tut das, weil er im Geiste ganz woanders ist als bei seinem Pullover. Andere Menschen wiederum verfügen zwar über keine höhere Schulbildung, haben aber einer große soziale Kompetenz oder sind künstlerisch oder handwerklich hochbegabt. Diese unterschiedlichen Begabungen finden in herkömmlichen Intelligenztests kaum Berücksichtigung.

Kurz gesagt: Ein Intelligenztest ist das, was ein Intelligenztest misst. Er gibt also nur Aufschluss über einen bestimmten Bereich des Denkens. Außerdem hat man herausgefunden: Je häufiger eine Person den Test macht, desto besser schneidet sie ab. Sie ist ja aber nicht plötzlich «intelligenter» geworden, sondern hat lediglich gelernt, wie man die abgefragten Aufgaben besser bewältigt. Insofern ist die Aussagekraft von klassischen Intelligenztests mit einer gewissen Skepsis zu betrachten.

Auch aus diesem Grund ist man inzwischen davon abgerückt, Intelligenz allein anhand solcher Tests festzustellen, und hat andere Konzepte entwickelt.

Heute unterscheidet man acht verschiedene Formen von Intelligenz, die wir alle in unterschiedlicher Ausprägung besitzen:

1. **Mathematisch-logische Intelligenz** oder die Fähigkeit, mit Symbolen umzugehen, mit Zahlen, Funktionen, Operatoren. Die Stärken liegen im rationalen Denken.

2. **Sprachliche Intelligenz** oder die Fähigkeit, andere zu verstehen und zu kommunizieren. Die Stärken liegen im emotionalen Ausdruck.

3. **Körperlich-kinästhetische Intelligenz** oder die Fähigkeit, den Körper und seine Bewegungen zu kontrollieren, was besonders Sportler und Tänzer auszeichnet.

4. **Intrapersonale Intelligenz** oder die Fähigkeit, sich seiner selbst bewusst zu sein, die eigenen Stärken und Schwächen zu erkennen und zu berücksichtigen – etwa, indem man Erinnerungshilfen einsetzt, weil man weiß, dass man vergesslich ist.

5. **Interpersonale Intelligenz** oder die Fähigkeit, mit anderen Menschen einfühlsam zu kommunizieren und sie zu verstehen.

6. **Räumliche Intelligenz** oder die Fähigkeit, Bilder und dreidimensionale Strukturen zu verarbeiten und die sichtbare Welt wahrzunehmen. Sie wird vor allem von Fotografen, Architekten, bildenden Künstlern, aber auch von Spieleentwicklern benötigt.

7. **Musikalische Intelligenz** oder die Fähigkeit, Geräusche, Rhythmen und Klänge wahrzunehmen und selbst wiederzugeben. Es spricht viel dafür, dass diese Form der Intelligenz besonders wichtig für ein gutes Erinnerungsvermögen ist.

8. **Naturalistische Intelligenz** oder die Fähigkeit, Lebendiges und Naturphänomene zu erkennen und zu beobachten.

Bei jedem von uns sind diese Intelligenzen unterschiedlich stark ausgeprägt, aber wir können jede von ihnen trainieren und verbessern. Die meisten Berufe setzen ohnehin eine Mischform aus mehreren Intelligenzen voraus. Ein Tanzchoreograph braucht sowohl körperlich-kinästhetische Intelligenz als auch räumliche Intelligenz. Ein Filmemacher kombiniert Worte, Bilder, Musik und intra- sowie interpersonale Fähigkeiten, um eine Geschichte zu erzählen, die das Publikum anspricht.

Einige dieser Intelligenzen haben besondere Bedeutung für die Stärkung von Beziehungen zwischen Menschen; vor allem natürlich die interpersonale Intelligenz, um die andere Person zu verstehen, und die intrapersonale Intelligenz, um in sich selbst etwas zu finden, auf das sich die Verbindung gründen lässt. Wenn beide Beteiligten ähnliche Intelligenzen haben, wird der Aufbau einer Beziehung, die Kommunikation, das gegenseitige Verständnis, einfacher. Deswegen ist es hilfreich, wenn man über die verschiedenen Intelligenzen Bescheid weiß.

VERZERRTE WAHRNEHMUNG

Doch unabhängig davon, wie intelligent jemand scheint oder wie stark die einzelnen Formen der Intelligenz bei einer Person ausgeprägt sind, haben wir alle etwas gemeinsam: In bestimmten Situationen werden wir ausgetrickst, und unsere Wahrnehmung wird verzerrt! Das Gehirn ist ein beeindruckendes Organ mit unvergleichlichen Fähigkeiten. Aber es ist nicht perfekt und unterliegt durchaus so mancher Täuschung. So nimmt jeder Mensch die Welt mit gewissen kognitiven Verzerrungen wahr – keiner von uns erlebt die «Wirklichkeit» zu hundert Prozent so, wie sie objektiv ist (wer auch immer bestimmen mag, wie diese Objektivität aussieht). Der Wissenschaft sind mehr als 70 derartige Fehlleistungen bekannt.

Vom Bandwagon- oder Mitläufereffekt spricht man etwa, wenn ein vermeintlicher Erfolg wahrgenommen wird und man sich deshalb der Gruppe anschließt, die diesen Erfolg hatte («Das machen doch alle»). Die neueingeschlagene Richtung entspricht nicht der eigenen Richtung, erscheint aber lohnender. Interessanterweise kommt dieser Effekt auch bei Wahlen zum Tragen: Wähler geben ihre Stimme lieber einer Partei, die die Aussicht hat zu gewinnen.

Ein weiteres Beispiel für eine kognitive Verzerrung ist der Cheerleader-Effekt, bei dem man einzelne Menschen in einer Gruppe attraktiver wahrnimmt, als wenn man sie allein für sich betrachten würde. Die insgesamt als attraktiv konnotierte Gruppe «färbt» also auf die Wahrnehmung der Einzelperson ab: Weil eine Person Cheerleader ist und Cheerleader im Allgemeinen als besonders hübsch gelten, empfinden wir sie per se als attraktiv.

Und auch in anderen Fällen hilft uns unsere Intelligenz nicht weiter: Beim Phänomen des Hyperbolic Discounting etwa entscheiden wir uns dafür, sofort einen kleinen Gewinn zu bekommen anstatt einen größeren Gewinn zu einem späteren Zeitpunkt – obwohl es rein rational betrachtet sinnvoller ist, auf die höhere Summe zu warten. Wie ist es bei Ihnen? Wenn wir Ihnen jetzt 70 Euro anbieten oder in einem halben Jahr 100 Euro – was würden Sie tun?

Um kognitive Verzerrungen zu wissen, ist allerdings nicht bloß eine Spielerei, sondern kann und wird auch gezielt genutzt, um Menschen zu beeinflussen. Manche Restaurantbesitzer machen sich zum Beispiel den Ankereffekt zunutze. Wenn unser Gehirn keine abrufbaren Vergleichswerte für einen Preis hat, zieht es die nächstbeste Zahl als Vergleichswert heran. Deswegen werden zum Beispiel die Vorspeisen in Restaurants oft hochpreisig angesetzt, damit die noch kostspieligeren Hauptspeisen im Vergleich dazu gar nicht mehr so teuer wirken.

Achten Sie das nächste Mal ganz genau auf die Preisliste, wenn Sie in ein teures Lokal gehen. Denn wir müssen uns derartige Verzerrungen bewusst machen und ihnen bewusst entgegensteuern, damit sie nicht mehr wirken können. Dieses Gegensteuern oder «Entzerren» nennt man im psychologischen Fachjargon Debiasing. Dabei wird die Verzerrung aber nicht beseitigt – es geht vielmehr darum, sie zu registrieren, zu verstehen und dann bei der eigenen Reaktion darauf zu berücksichtigen.

Auf manche Verzerrungen muss man ein ganz besonderes Augenmerk legen, wenn man lernen will, gute und tragfähige Verbindungen zu anderen Menschen herzustellen. Zum Beispiel ist es Tatsache, dass man sich oft schon auf der Grundlage des ersten Eindrucks ein Urteil über einen Menschen bildet – wir haben darüber schon im Kapitel über die Sinne gesprochen. Bleibt man weiterhin offen, kann man beurteilen, ob die erste Einschätzung zutreffend war oder ob man seine Meinung ändern sollte. Hierbei stellt uns allerdings häufig eine kognitive Verzerrung ein Bein, die als Bestätigungsfehler bezeichnet wird. Sie führt dazu, dass wir bei der Überprüfung unserer ersten Einschätzung nicht neutral sind, sondern dazu neigen, unseren Ersteindruck als korrekt einzustufen. Wir wählen die Informationen, die wir bekommen, so aus, dass sie unseren Erwartungen entsprechen. Empfinden wir jemanden zum Beispiel als eitel, suchen wir unbewusst nach Aussagen und Verhaltensweisen, die diese Einschätzung bestätigen. Finden wir hingegen jemanden sympathisch, interpretieren wir Gesagtes eher wohlwollend (in gesteigerter Form setzen wir dann die vielzitierte rosa Brille auf). Das Gehirn sucht nach Mustern, die es bestätigen kann, das vereinfacht seine Arbeit. Deshalb korrigieren wir unsere Meinung nicht gern – und auch deshalb, weil wir gerne recht haben wollen.

Das kann zum Beispiel dann ein Nachteil sein, wenn uns jemand übers Ohr hauen will. Wenn es eine Person nämlich schafft, einen positiven ersten Eindruck bei uns zu hinterlassen, stehen ihre Chancen gut, dass wir ihre unlauteren Absichten nicht erkennen. Nun könnte man dieses Problem umgehen, indem man stets skeptisch und distanziert bleibt und dem Gegenüber gezielt Fragen stellt, um hinter die angenommene Fassade schauen zu können. Das ist aber in der Realität keine gute Idee, weil solche Fragen oft heikel sind oder gar aggressiv wirken und somit für den Aufbau einer Beziehung nicht gerade förderlich sind. Und wie wir bei der Journalismusmethode schon gesehen haben, ist es nie ideal, den anderen mit Fragen zu löchern – schließlich wollen wir den anderen kennenlernen und nicht verhören.

Am besten fällt man sein endgültiges Urteil erst, wenn man den anderen schon ein bisschen besser kennengelernt hat. Der Bestätigungsfehler entsteht ja gerade erst deshalb, weil viele Leute glauben, sich sofort ein Urteil bilden zu müssen. Das mag bei unseren Ahnen in grauer Vorzeit richtig und wichtig gewesen sein – heute wird man indes nicht mehr vom Wolf gefressen, wenn man zu lange braucht, um eine Situation einzuschätzen.

Dieser Drang, schnell zu handeln, bildet die Grundlage für viele kognitive Verzerrungen. Je schneller wir entscheiden, umso stärker wirkt sich das aus. Also lassen Sie sich Zeit. Vertrauen Sie Ihrem Bauchgefühl.

Die folgenden vier kognitiven Verzerrungen sind besonders entscheidend, wenn es darum geht, eine tiefe Verbindung zu einem anderen Menschen herzustellen. Leider lassen sie sich manchmal nur schwer abschalten. Wenn man sich ihrer Existenz bewusst ist und sein Denken entsprechend anpasst, kann man ihre Wirkung aber minimieren. Das ist grundsätzlich nicht schwer, man muss nur eben immer daran denken. Es ist allerdings die Mühe wert, weil alles, was die Funktionsweise des Gehirns beeinflusst, auch Auswirkungen auf die Fähigkeit hat, Verbindungen herzustellen. Je effektiver man diese Verzerrungen ausblendet, umso klarer sieht man, wie andere Menschen wirklich sind – und auch, wie man selbst ist. Diese Ehrlichkeit sich selbst und anderen gegenüber wiederum bildet die Grundlage für jede Verbindung – und sie hat uns bei unserer Arbeit immens geholfen.

Erste kognitive Verzerrung: Informationsüberschuss

Wir werden in jedem Augenblick mit so vielen Informationen bombardiert, dass wir sie gar nicht alle verarbeiten können. Allein unsere fünf Sinne liefern uns mehr Input, als unser Gehirn verkraften kann. Daher muss es blitzschnell entscheiden, welche Informationen wichtig sind und welche es ignorieren kann. Das geschieht vollkommen automatisch – die «Uploadfilter» unseres Gehirns sortieren wichtige und unwichtige Sinneswahrnehmungen aus, noch bevor wir uns ihrer bewusst werden können.

Das Spiegelexperiment

Gehen Sie mit den Augen ganz nah an einen Spiegel heran, und fixieren Sie mit beiden Augen Ihr rechtes Auge im Spiegel. Dann wechseln Sie zum linken und wieder zurück. Wiederholen Sie das mehrmals.

Sie werden nicht sehen, dass sich Ihre Augen bewegen, sondern nur, dass sie erst in der einen Position sind und im nächsten Moment in der anderen. Das liegt daran, dass sich das visuelle System ausschaltet, wenn sich die Augen bewegen, weil man in der Bewegung sowieso alles nur verschwommen sehen würde. Ein Beobachter hingegen würde sehen, wie sich Ihre Augen bewegen.

Mit der Selfie-Einstellung des Smartphones funktioniert das Experiment übrigens weniger gut: Das Bild wird auf dem Bildschirm mit leichter Verzögerung angezeigt, daher kann man auf manchen Smartphones sehen, wie sich die eigenen Augen bewegen.

Amélie beim Spiegelexperiment.

Um eine Verbindung herzustellen, muss sich das Gehirn auf die andere Person konzentrieren und versuchen, sie so zu sehen, wie sie tatsächlich ist, und nicht so, wie wir sie gern sehen würden. Leider erinnern wir uns aber leichter an Informationen, die unsere bestehenden Ansichten bestärken – und weil jeden Augenblick so viele Informationen auf uns einprasseln, ist auch meist etwas Passendes dabei, das wir uns herauspicken können. Hier wirken Mustererkennung, Bestätigungsfehler und selektive Wahrnehmung durch Informationsüberschuss gemeinsam.

Zweite kognitive Verzerrung: Informationsdefizit

Fremde beurteilen wir häufig nach ihrer äußeren Erscheinung, ihrer Hautfarbe, ihrem Gesicht, ihrer Gestalt oder ihrer Kleidung. Vor allem bei einem ersten Zusammentreffen spielen diese Faktoren eine erheblich größere Rolle, als uns vielleicht lieb ist. Dabei sollte man immer im Hinterkopf behalten, wie wenig aussagekräftig diese Faktoren und wie wenig zuverlässig derlei spontane Einschätzungen tatsächlich sind – siehe auch unsere Ausführungen dazu im Kapitel über die Sinne.

Die Tendenz, uns vorschnell ein Urteil zu bilden, führt auch dazu, dass wir manchmal zu wissen glauben, was ein anderer denkt. Wir schließen, wie man so schön sagt, von uns selbst auf andere. Häufig liegen wir damit aber falsch. Manchmal kommt es vor, dass wir eine unglaublich starke Verbindung zu jemandem spüren und überzeugt davon sind, dem anderen müsse es genauso gehen. Doch dann stellt sich heraus, dass dem nicht so ist. Das haben wir wohl alle schon einmal erlebt. Was wir daraus lernen können: nichts zu überstürzen. Uns Zeit zu lassen und unsere Annahmen und Wahrnehmungen zu überprüfen. Mit jeder Erfahrung lernen wir dazu und entwickeln uns weiter.

Dritte kognitive Verzerrung: Zeitmangel

Im Lauf der Jahrtausende hat die Menschheit die Fähigkeit entwickelt, Fremde, die uns begegnen, in Sekundenschnelle einzuschätzen. Dazu müssen wir jeden in einfache Kategorien einordnen. Aber Menschen sind nicht einfach. Sie sind komplex, und man kann zu niemandem eine starke Verbindung aufbauen, über den man grob vereinfachend denkt.

Diese Verzerrung ist einfach zu überwinden (zumindest in der Theorie), indem man den Zeitdruck herausnimmt und sich Zeit lässt – das ist ja bereits mehrfach angeklungen. Daniel Kahneman beschreibt in seinem Buch *Schnelles Denken, langsames Denken* zwei Systeme des Denkens. Das erste System ist instinktiv, schnell und emotional. Das zweite System hingegen ist zwar langsamer, aber durchdachter und logischer. Geben Sie sich nicht mit der erstbesten Einschätzung zufrieden, sondern überdenken Sie sie. Das System des Denkens, welches die schnellen Entscheidungen trifft, wird dann die Aufgabe an jenes System abgeben, welches überlegtere Entscheidungen trifft.

Vierte kognitive Verzerrung:
Die Grenzen des Erinnerungsvermögens

Ebenso, wie unser Gehirn nicht alle sensorischen Daten verarbeiten kann, behalten wir auch nicht alle Details einer Situation im Gedächtnis. Aus Kapazitätsgründen speichert unser Gehirn deshalb nur vereinfachte Erinnerungen ab. So ist es einfacher, sich das Wort «Pudel» zu merken, wenn man einen solchen Hund sieht, als sich eine komplexe Liste der Merkmale dieses Tieres abzuspeichern. Aus demselben Grund fällt es uns auch leichter, uns etwas Neues zu merken, wenn wir es mit etwas bereits Bekanntem in Beziehung setzen können.

Auch an Menschen erinnern wir uns auf diese Art. Der Teil unseres Gehirns, der schnelle Entscheidungen trifft, bewertet jede neue Bekanntschaft in Sekundenschnelle, gleicht die Person mit gespeicherten Erfahrungen und Erinnerungen ab, die wir mit anderen Menschen mit ähnlichen Attributen gemacht haben, und ordnet die neue Bekanntschaft entsprechend ein. Eine solche (vor)schnelle Einschätzung kann allerdings dann zum Nachteil werden, wenn wir die Verallgemeinerungen, die das Gehirn vornimmt, nicht bereit sind zu revidieren.

WIE UNSER GEHIRN LERNT

Wir alle stellen ständig Verbindungen zu anderen Menschen her, aber haben uns vermutlich noch nie bewusst damit beschäftigt, wie das funktioniert. Wenn wir uns die zugrunde liegenden Prozesse bewusst machen, ist das ein erster Schritt zum besseren Verständnis. Doch auch in dieser Hinsicht ist es wie mit allem im Leben: Man lernt nur, indem man es tut – durch Üben, Üben und nochmaliges Üben.

Mentales Zusatztraining

Doch kann man das so pauschal sagen? Dass man etwas nur lernt, indem man es wieder und wieder *tut*? Ein Experiment, das wir das «Darts-Experiment» nennen, brachte unsere Überzeugung ernsthaft ins Wanken:

Ein Professor für Sportpsychologie in England wollte einige Theorien zur Visualisierung testen. Er wollte überprüfen, ob es die realen Leistungen verbessert, wenn man eine Wettkampfsituation in Gedanken durchspielt. Aus Gründen der Praktikabilität entschied er sich für Darts als Sportart – es ist kostengünstig und unkompliziert zu testen, die Leistungen lassen sich gut messen. Die Probanden teilte der Professor rein zufällig in drei Gruppen ein, die alle jeweils zwei Durchgänge warfen. Eine Gruppe übte zwischen dem ersten und dem zweiten Durchgang, die zweite tat gar nichts. Die erste Gruppe verbesserte sich im Durchschnitt beim zweiten Durchgang um 10 Prozent, die zweite Gruppe, die nicht geübt hatte, gar nicht.

Die dritte Gruppe übte auch nicht, stellte sich aber vor, sie würde üben. Sie ging also in Gedanken die Bewegungen durch. Diese dritte Gruppe traf beim zweiten Durchgang um 5 Prozent besser. Das war zwar eine kleinere Verbesserung als bei der ersten Gruppe, die tatsächlich geübt hatte, aber es war eine Verbesserung – und zwar ganz ohne Training.

Früher hätten wir beide nie geglaubt, dass das möglich ist. Durch Üben wird man besser, so hatten wir es gelernt. Aber wenn man erst einmal erfahren hat, wie groß die Macht der Gedanken ist, ist es nicht von der Hand zu weisen: Die imaginären Würfe sind echtes Training – nicht für die Hand, sondern für das Gehirn! Kein Wunder also, dass die Leistungen dadurch besser werden, denn beim Dartspielen braucht man Gehirn *und* Hand. Wenn man nur das Gehirn trainiert, verbessert man sich zwar nicht so stark, wie wenn man beides trainiert, aber es hat einen Vorteil: Für das physische Dartspielen braucht man Ausrüstung, Pfeile, eine Scheibe etc. Mentales Training kann man überall durchführen, jederzeit.

Der australische Psychologe Alan Richardson hat die Fähigkeit getestet, Korbwürfe im Basketball zu machen. In seiner Studie haben sich diejenigen Probanden um 24 % Prozent verbessert, die tatsächlich geübt haben. Im Gegensatz dazu haben sich die Probanden, die nur durch Visualisierung trainiert haben, um 23 % verbessert. In der Studie *From Mental Power To Muscle Power* aus dem Jahre 2004 wollten Forscher herausfinden, warum dies so ist. Das Ergebnis: Das mentale Training verstärkt die Gehirnsignale und Synapsenverbindungen in diesem Bereich, und so verbessern sich letztlich auch die tatsächlichen Leistungen!

Vielleicht ist es Ihnen schon einmal bei Skirennfahrern aufgefallen: Bevor sie an den Start gehen, bewegen Sie leicht den Körper und die Arme mit. Das dient nicht nur der Lockerung, sondern viele von ihnen gehen die Rennstrecke in Gedanken noch einmal durch und verbinden so mentale mit körperlicher Kraft.

Wenn es um Lerneffekte durch Vorstellung und Visualisieren geht, dürfen auch die Spiegelneuronen nicht unerwähnt bleiben: Sie sind Nervenzellen, die beim Betrachten einer Aktivität (zum Beispiel Tanzen oder eben Skifahren) aktiviert werden, obwohl man sie nicht selbst ausführt. Allein beim Zusehen werden also die entsprechenden Areale in Aktion versetzt und damit «trainiert». Das ersetzt natürlich kein echtes Training, stärkt aber die entsprechenden Gehirnareale und ermöglicht zusätzliche Fortschritte.

Thommy und Amélie backstage bei *America's Got Talent*.

Amélie

Thommys Erfahrung mit Visualisierungsübungen war bei der US-amerikanischen TV-Talentshow *America's Got Talent* ein großer Vorteil für uns. Bei einer normalen TV-Show können wir üblicherweise vor dem Auftritt schon auf die Bühne, um uns vorzubereiten. Bei *America's Got Talent* war das kaum möglich, denn die Show fand in Hollywood im Dolby Theatre statt, wo auch jährlich die Oscars verliehen werden. Angesichts von Hunderten arbeitenden Menschen in einem der wohl teuersten Theater der Welt ist jede Sekunde kostbar, Probezeiten sind somit sehr limitiert. Daher nutzten wir unsere Phantasie. Wir malten uns aus, wie wir auf die Bühne gehen, welchen Act wir wann zeigen würden; wir stellten uns eine tolle Show vor, aber auch, wie wir reagieren könnten, wenn etwas schieflaufen würde. Wir versuchten, uns die Reaktion des Publikums vorzustellen und die Energie im Saal zu imaginieren, die für unsere gemeinsame Reise sehr wichtig ist.

Ich fand das extrem hilfreich, vor allem bei einem unserer finalen Auftritte: Dort stieg ich vor 18 Millionen Zuschauern, die die Show live im TV miterlebten, in einen Wassertank. Umgeben von 1000 Litern Wasser, vollkommen isoliert, las ich die Gedanken der Jury (davon werden wir später noch berichten). Neben dem physischen Training halfen mir hier vor allem Visualisierungsübungen: Diesen extremen Act immer und immer wieder in Gedanken und in allen Details durchzugehen und ihn zu durchleben machte sein Gelingen überhaupt erst möglich.

Nutzen Sie also die Kraft der Visualisierung, wann immer Sie können! Diese Fähigkeit wird Ihnen helfen, sich schneller mit einer Person zu verbinden.

Amélie steigt live im amerikanischen Fernsehen in den Wassertank.

Visualisierungsübung

Diese Übung eignet sich gut vor dem ersten Treffen mit jemandem, zu dem Sie eine Verbindung aufbauen möchten. Stellen Sie sich den Ort vor, an dem Sie sich treffen werden, wie Ihr Gespräch beginnt und wie Sie dann schließlich einen Verbindungspunkt finden. Das muss gar nichts Weltbewegendes sein, nur etwas, das Sie beide gemeinsam haben. Stellen Sie sich vor, wie Sie Ihrem Gesprächspartner aufmerksam zuhören und den Verbindungspunkt ausbauen, wie Sie miteinander interagieren und wie tatsächlich eine Verbindung entsteht.

Vielleicht fühlt es sich zunächst seltsam an, sich ein Gespräch mit einem noch Unbekannten vorzustellen, aber die Übung funktioniert, solange Sie nicht davon ausgehen, dass die reale Begegnung genauso ablaufen muss. Falls Sie eine Verbindung aufbauen, dann wahrscheinlich nicht über den Punkt hinaus, den

Sie sich vorgestellt haben. Aber das ist gut so, denn Sie sollen gar nicht vorhersagen, worin Ihre Gemeinsamkeiten bestehen werden. Sie sollen sich selbst und Ihrem Gesprächspartner gegenüber aufmerksam sein und jede Chance für eine Verbindung nutzen, wie klein sie auch sein mag.

Übrigens können Sie diese Übung auch mit jemandem durchführen, den Sie bereits kennen oder zu dem Sie schon eine Verbindung haben. So können Sie ohne Druck üben. Eine Verbindung ist nichts, das man einmal herstellt und dann wieder aufgibt. Sie hat ein Eigenleben und erfordet ständige Pflege, um sich zu vertiefen: Sie erfordert Offenheit, Aufmerksamkeit, Zuwendung, aber auch gemeinsame Erlebnisse, den regelmäßigen Austausch über Pläne, Gedanken und Bedürfnisse – je nachdem, in welchem Verhältnis Sie zu der entsprechenden Person stehen und wie innig und tief die Verbundenheit sein soll.

Diese Übung können Sie übrigens in allen anderen Lebensbereichen anwenden, beim Sport, bei einer Prüfung, im Vorstellungsgespräch oder bei einem Date – einfach immer.

SPEEDDATING ALS FORSCHUNGSFELD

Gemeinhin werden Wissenschaft und Magie als Gegensätze betrachtet. Umso überraschter ist unser Publikum häufig von der Tatsache, dass wir uns für Hirnforschung interessieren. Doch sieht man genauer hin, so liegt nichts näher: Denn die Hirnforschung hat einige Erkenntnisse darüber zu bieten, wie Verbindungen entstehen.

Am Speeddating lässt sich das beispielhaft zeigen. Ob man diese Art von Kennenlernen wunderbar oder grauenhaft findet, ist Geschmackssache. Wir sind fasziniert davon, gerade weil man dabei gut erkennen kann, wie Verbindungen geknüpft werden. Als Ausgangspunkt für eine dauerhafte Verbindung mag Speeddating vielleicht nicht der optimale Weg sein – aber manchmal stellt sich doch sehr schnell heraus, ob überhaupt eine Basis dafür besteht. Für Wissenschaftler ist dieses Format wiederum interessant, weil sie durch die rasche Abfolge von Interaktionen in kurzer Zeit viele Daten darüber sammeln können, wie Verbindungen zustande kommen – oder eben nicht. Außerdem sind die Daten, verglichen mit Umfragen etwa, sehr verlässlich. Beim Speeddating zeigt sich schnell und eindeutig, ob jemand interessiert ist oder nicht, während bei Umfragen nicht jeder unbedingt die Wahrheit sagt.

Die Speeddating-Studie offenbarte zwei Dinge, die für das Entstehen von Verbindungen wichtig sind. Beide Ergebnisse bestätigten unsere eigenen Erfahrungen:

1. Jemanden von sich selbst erzählen zu lassen ist ein guter Ausgangspunkt, damit eine Verbindung entstehen kann. Dieses Ergebnis ist nicht weiter überraschend und relativ einfach umzusetzen – man muss dem anderen nur Interesse entgegenbringen.

2. Allerdings sinkt die Wahrscheinlichkeit, dass eine Verbindung entsteht, je mehr Fragen man dem Gegenüber stellt. Das entsprach unserer intuitiven Einschätzung: Wenn sich ein Gespräch nach einem Verhör anfühlt, geht man automatisch auf Abstand, ein endloser Strom an Fragen ist einseitig und verhindert wirklichen Kontakt – denn echte Verbindungen beruhen immer auf Dialogen, niemals auf Monologen. Hinzu kommt, dass viele Fragen, die beim Speeddating gestellt werden, stinklangweilig sind: Indem man lediglich offensichtliche «Eckdaten» abfragt (wie alt bist du, wo wohnst du, welchen Beruf hast du), beweist man nicht gerade echtes Interesse an der Person des anderen.

Statt den anderen auszufragen, sollte man lieber Dinge sagen, die bestärken, was das Gegenüber gesagt hat. Man kann «aktiv zuhören» – also über Nicken oder zustimmende Laute signalisieren, dass man dem anderen aufmerksam lauscht – sowie das Gesagte mit eigenen Worten wiedergeben, um zu zeigen, dass man es verstanden hat. So bleibt man in der Perspektive des anderen. Die Perspektive des Gesprächspartners einzunehmen ist ohnehin ganz allgemein ein guter Rat. Zeigen Sie Ihrem Gegenüber Empathie, und versetzen Sie sich in seine Gefühlswelt. Damit gibt man keineswegs die eigene Identität auf, sondern spürt jenen Teil der eigenen Identität auf, der die Sichtweise des anderen teilt. Damit erhöht man die Chancen, dass eine Verbindung entsteht.

Amélie
Als Frau im Showbusiness ist es mir besonders wichtig, aufmerksam zuzuhören und gleichzeitig darauf zu achten, dass man mir aufmerksam zuhört, weil in der Branche Frauen oft nachrangig behandelt werden. Es gilt also, auf Augenhöhe meinen Platz – buchstäblich und in der Kommunikation – einzunehmen. Eine gesunde, förderliche Verbindung zwischen zwei Menschen, so, wie wir sie verstehen, kann nur entstehen, wenn sie von gegenseitigem Respekt für die Wünsche des anderen geprägt ist. Die männlich dominierten Traditionen bieten keine optimale Grundlage für Verbindungen zwischen Männern und Frauen, da es hier oft noch an Verständnis und Respekt mangelt. Aber auch zwischen Menschen gleichen Geschlechts ist es wichtig, dass keiner sich selbst für wichtiger hält als den anderen.

Thommy
Zum Glück bin ich in einer Familie aufgewachsen, in der Frauen und Männer gleichermaßen respektiert wurden. Mein Vater erwartete nicht (wie viele Männer seiner Generation), dass meine Mutter alle wichtigen Entscheidun-

gen ihm überließ. Wahrscheinlich hat mir das bei meiner Verbindung zu Amélie geholfen. Eine Verbindung erfordert, dass man den anderen immer als gleichrangig betrachtet und behandelt. Sonst zerbricht die Verbindung, oder sie stellt sich gar nicht erst ein.

GEMEINSAME ERFAHRUNGEN ALS VERSTÄRKER

Erfahrungen, die man teilt, lassen Verbindungen entstehen und stärken sie. Aus diesem Grund haben auch so viele Menschen starke Verbindungen zu ihren Schulkameraden. Die Schulzeit ist eine Zeit mit vielen neuen Erfahrungen, sie ist prägend für die Entwicklung der Persönlichkeit – kein Wunder also, dass sie starke Eindrücke hinterlässt. Mit Menschen, mit denen man diese intensiven, positiven wie negativen Erfahrungen geteilt hat, fühlt man sich natürlich verbunden – oft sogar ein Leben lang.

Tatsächlich scheinen gemeinsame negative Erfahrungen noch stärkere Bindungen zu erzeugen. Das heißt natürlich nicht, dass Sie absichtlich negative Erfahrungen anstreben oder gar herbeiführen sollten. Meistens muss man das gar nicht tun, denn sie ergeben sich sowieso. Doch selbst unausweichlichen negativen Erfahrungen kann man etwas Positives abgewinnen, indem man sie mit jemand anderem durchlebt, sich dabei gegenseitig stützt und füreinander da ist und die Erfahrung macht, nicht allein damit zu sein. So sprach uns nach einer Show hinter der Bühne ein älteres Pärchen an. Die beiden waren, als ihre Beziehung noch ganz frisch war, von New York nach Los Angeles gefahren, als sie eine Autopanne hatten und zwei Wochen lang im ländlichen Nirgendwo festsaßen. Dabei wurde ihre junge Liebe auf eine harte Probe gestellt. Doch später, so erzählten sie uns, dachten sie häufig an jene Zeit zurück, und das hat ihre Beziehung gestärkt – und zwar bis heute.

Amélie und Thommy im für ihre Show eigens gebauten Illusionarium.

Wir verstanden genau, was sie meinten. Am Anfang unserer Karriere waren wir sechs Monate lang auf einem Kreuzfahrtschiff aufgetreten, es war unser erstes großes Engagement in Amerika gewesen. Für unsere Show wurde ein eigenes Theater gebaut, und wir spielten sie 350 Mal. Damals hatten wir noch keine gemeinsame Wohnung, aber die endlosen gemeinsamen Stunden an Bord, dieses Aufeinandergeworfensein auf engem Raum schweißte uns zusammen, und wir gingen auf Wohnungssuche, sobald wir wieder an Land waren.

Amélie
Ich weiß noch genau, wie wir den Booker für das Schiff zufällig bei einer Show in München trafen und er uns fragte, ob wir unseren Act auch auf Englisch spielen könnten. Thommy antwortete, ohne auch nur eine Sekunde zu zögern: «Sure we can!» In diesem Moment wurde mir leicht schwindelig, weil wir den Act natürlich noch nie in englischer Sprache gespielt hatten. Doch

126

wir bekamen das Engagement! Das hat Thommy schon immer getan – Angebote mit einer gewissen Frechheit annehmen! Diese Frechheit hat uns dann auch dazu gebracht, dass wir den Act auf Französisch und Spanisch lernen durften …

Wir können es nicht unbedingt empfehlen, zwei Menschen eine lange Zeit zusammenzupferchen, aber nach sechs Monaten in der winzigen Kabine an Bord kam uns unsere gemeinsame Wohnung riesig vor. Falls Sie eine ähnliche Erfahrung machen, werden Sie wahrscheinlich feststellen, dass es gar nicht so schlimm ist, wie Sie zunächst dachten. Wir Menschen sind Meister darin, uns zu arrangieren – sofern alle ein bisschen guten Willen an den Tag legen.

Amélie
Wenn man auf engstem Raum zusammenlebt, kann es natürlich auch zu Konflikten kommen, die – vor allem in dieser Situation – so schnell wie möglich gelöst werden müssen. Man lernt mit der Zeit, dass die meisten Konflikte eigentlich nur aus ganz banalen Situationen heraus entstehen und es gar nicht wert sind, dass man ein echtes Problem daraus macht.
Falls es doch zu einem kleinen Konflikt kommt, stellen Sie sich einfach Ihren Partner mit einer lustigen Perücke, in einem witzigen Kostüm oder einer absurden Verkleidung vor. Falls Sie dann grinsen müssen, ist der Konflikt die Aufregung nicht wert! Sollte Ihnen kein Lächeln auf die Lippen kommen, weil es um wirklich zentrale Dinge geht, diskutieren Sie das Problem aus. Bei Thommy macht es nicht so viel Sinn, ihn mir mit einer Perücke vorzustellen, deswegen male ich mir immer aus, er hätte große Hasenohren.

Thommy mit Hasenohren.

Die Filmmethode

Mit dieser Methode können Sie die Beziehung zu Ihrem Gegenüber verbessern und gemeinsame Erlebnisse selbst dann erschaffen, wenn Sie nicht dabei waren. Die Grundidee ist ganz einfach: Sobald Ihr Gesprächspartner spricht, stellen Sie sich vor, dass er einen Film beschreibt, den Sie nicht gesehen haben. Achten Sie auf Details, und fragen Sie nach, wenn Ihnen etwas nicht klar ist. War es Tag oder Nacht? Fand die Handlung im Inneren eines Gebäudes oder draußen statt? War es heiß oder kalt? Versuchen Sie, sich den Ort so bildlich wie möglich vorzustellen, wie in einem

Film eben. Wenn Ihr Gesprächspartner Ereignisse beschreibt, stellen Sie sich vor, wie die Handelnden sich am Ort des Geschehens bewegen. Stellen Sie sich verschiedene Kameraeinstellungen vor. Wann gibt es Nahaufnahmen?
Sie sollen so das Gefühl bekommen, Sie seien vor Ort und würden alles mit dem Erzählenden durchleben und die Erfahrung mit ihm teilen.

Thommy

Ich setze diese Methode dauernd ein. Wenn Amélie und ich über einen Auftritt sprechen, stelle ich mir genau vor, wie zum Beispiel die Requisiten auf der Bühne positioniert sind und wohin ich die Aufmerksamkeit des Publikums lenken will. Für mich liegt diese Methode daher nahe. Aber auch jeder andere kann sich ihrer bedienen. Wer Filme oder Fernsehsendungen anschaut, hat schon einen Schatz an Szenen im Kopf, die man unbewusst aufgenommen hat und mit denen man jetzt seiner Vorstellungskraft auf die Sprünge helfen kann.

Der Perspektiventest

Sie können diesen Test allein für sich durchführen, aber mit einem Partner macht er mehr Spaß. In diesem Fall setzen Sie sich bitte einander gegenüber und legen dieses Buch zwischen sich. Am einfachsten ist es, wenn Sie es auf einen Tisch legen oder es horizontal halten.
Im nachfolgenden Bild sehen Sie einen Turm aus übereinandergestapelten Würfeln. Zählen Sie beide die Würfel. Lassen Sie sich Zeit dabei. Wenn Sie ein Ergebnis haben, heben Sie die Hand. Sobald beide die Hand gehoben haben, sagen Sie beide gleichzeitig laut Ihr Ergebnis.

Sind es aus beiden Perspektiven gleich viele Würfel?

Falls Sie diesen Test allein durchführen, zählen Sie einfach die Würfel aus Ihrer Perspektive ab. Drehen Sie dann das Buch um 180 Grad, und zählen Sie die Würfel noch einmal.

Als wir diesen Test zum ersten Mal ausprobiert haben, hat Amélie, die die Abbildung aus ihrer Perspektive sah, sechs gezählt und Thommy, der auf der anderen Seite des Tisches saß, sieben. Die meisten Menschen tun es uns gleich, je nachdem, aus welcher Perspektive sie die Abbildung sehen. Manche können auch aus ihrer Perspektive zwischen beiden Varianten hin- und herspringen. Wir finden das faszinierend. Diese Illusion hat einen paradoxen Effekt, der mit Annahmen zu tun hat, welche das Gehirn über visuelle Formen trifft. Haben Sie es gemerkt? Dies ist eine kognitive Verzerrung und entsteht durch zu wenige Informationen.

Falls Sie diesen Test mit einem Partner durchgeführt haben: Wie haben Sie instinktiv nach der ersten Zählung reagiert? Dachten Sie, Sie hätten einen Fehler gemacht? Oder eher vermutet, dass Ihr Partner falschliegt? Oder dachten Sie, dass das Bild aus einem anderen Winkel betrachtet anders aussieht? Oder waren Sie einfach nur verwirrt?

Wenn Sie zuerst einen Fehler bei Ihrem Partner vermuteten, wird es Ihnen helfen, wenn Sie Ihr Gehirn darauf trainieren, diese Reaktion zu vermeiden. Keine Sorge, das wird nicht dazu führen, dass Sie nie wieder anderer Meinung als jemand anders sein werden oder niemandem mehr sagen wollen, dass er oder sie falschliegt. Aber immer, wenn Sie auf dieselbe Frage eine andere Antwort haben als Ihr Gegenüber, sollten Sie sich von nun an zunächst vergewissern, dass die Beantwortung aus der Perspektive des anderen heraus auch anders lauten könnte.

Wenn Sie dann immer noch glauben, der andere habe unrecht, dann sagen Sie das, aber bedenken Sie, dass Ihr Ziel nicht unbedingt darin bestehen muss zu beweisen, dass Sie recht haben. Sie werden erstaunt sein, wie oft mit Hilfe dieses Ansatzes aus einem potenziellen Streit eine Gelegenheit für beide Interaktionspartner werden kann, einander besser zu verstehen und daran zu wachsen.

PFLEGEN SIE IHRE VERBINDUNGEN

Wir haben gesehen, dass das Gehirn viele Aspekte des Lebens enorm beeinflusst, körperlich wie geistig. Und: Das Gehirn beeinflusst sich selbst! Anders formuliert: Was wir uns zutrauen, beeinflusst, was wir tatsächlich tun können. Man kann die Leistung des Gehirns verbessern, indem man die verschiedenen Formen von Intelligenz trainiert. Man kann die Verzerrungen, die bei allen Menschen auftreten und die unsere Verbindungen behindern können, überwinden oder zumindest minimieren. All diese und viele weitere Fähigkeiten kann man verfeinern, indem man einfach über sie nachdenkt.

Anschließend wenden Sie alles, was Sie neu gelernt haben, in der Praxis konsequent an – und Sie werden sehen, dass die Verbindungen zu den Menschen in Ihrem Leben tiefer und stärker werden.

KAPITEL 6

Psychologie:
Die Kraft der Gedanken

Wenn es ein Sinneseindruck bis zur Großhirnrinde geschafft hat, also ins Bewusstsein, erwartet ihn eine noch größere Macht: die menschliche Psychologie. Sie beeinflusst uns alle, auch wenn wir es oft nicht bemerken. Wo zwei oder mehr Menschen aufeinandertreffen und interagieren, kommt automatisch die Psychologie ins Spiel. Wir alle wissen aus eigener Erfahrung – und zwar ohne einen Doktortitel in Psychologie haben zu müssen –, dass sie ein mächtiger Verbündeter sein kann, wenn man sie sich in Verbindung mit anderen Menschen zunutze macht. Wie, das wollen wir Ihnen hier zeigen.

Im Grunde sind es doch die Verbindungen mit Menschen,
die dem Leben seinen Wert geben.
WILHELM VON HUMBOLDT

PSYCHOANALYSE

Ein Patient liegt auf einer Couch und redet über seine Träume. Neben ihm sitzt ein väterlich wirkender Mann mit einem Klemmbrett und sagt: «Das ist interessant. Erzählen Sie weiter.» Wenn Sie bei dem Wort «Psychologie» dieses Bild im Kopf haben, dann verdanken Sie das Sigmund Freud, dem Vater der Psychoanalyse.

Die Psychoanalyse geht davon aus, dass alle emotionalen Probleme durch einen Konflikt im Unterbewusstsein ausgelöst werden, meist infolge von traumatischen Kindheitserfahrungen. Freud entwickelte viele Analysemethoden, darunter freie Assoziation und Traumdeutung, und eckte damit nicht selten in der damaligen Fachwelt an. Und auch heute noch sind einige seiner Theorien unter Psychologen umstritten. Dennoch hat Freud seine Fachdisziplin mit seinen wegweisenden Schriften ein großes Stück weitergebracht. Dabei wollte er in erster Linie gar nicht streng wissenschaftlich arbeiten, sondern seinen Patienten helfen. Seine Methoden veröffentlichte er nur, weil er hoffte, dass so auch andere Therapeuten sie erfolgreich anwenden könnten. Wir vermuten, dass es die starke Verbindung, die er zu vielen seiner Patienten hatte, ermöglichte, ihnen zu helfen.

Der psychoanalytischen Praxis liegt eine asymmetrische Beziehung zwischen Therapeut und Patient zugrunde, in der der Therapeut eine Autoritätsposition einnimmt. Eine solche Asymmetrie erschwert natürlich den Aufbau einer echten Beziehung oder macht sie sogar unmöglich. Aber für unsere Zwecke ist Psychoanalyse gerade deshalb interessant – weil wir herausfinden wollen, was eine Verbindung blockiert und wie man eine solche Blockade verhindern kann.

Die freie Assoziation

Sigmund Freud hat diese Methode entwickelt, um die verborgenen Gedanken, Ängste und Wünsche seiner Patienten zu erforschen. In der freien Assoziation sagt der Patient alles, was ihm zu einem Thema oder Wort einfällt, ohne nachzudenken und ohne dass die Sätze bzw. Wörter in irgendeiner Form zusammenhängen müssen. Zum Beispiel sagt der Psychotherapeut «schlafen», daraufhin antwortet der Patient etwa mit dem Wort «Traum». Wenn er hingegen «Albtraum» sagt, könnte das ein Anzeichen dafür sein, dass den Patienten etwas beunruhigt, und der Psychotherapeut geht weiter auf das Thema ein.

Unzusammenhängende Wörter beziehungsweise Sätze rein assoziativ zu äußern klingt einfacher, als es in Wirklichkeit ist. Die größten Hindernisse der freien Assoziation sind die Vernunft, die sich gegen alles sträubt, was uns «sinnlos» erscheint, und die Scheu davor, sich zu blamieren oder vielleicht durch das Gesagte etwas preiszugeben, das wir lieber für uns behalten hätten. Bei dieser Methode muss man sich nämlich seinem Gegenüber voll und ganz öffnen. Da ist es definitiv von Vorteil, wenn man schon eine Verbindung zu seinem Gesprächspartner hat und diesem vertrauen kann.

Aber auch Otto Normalverbraucher kann sich – abseits eines therapeutischen Kontextes – der freien Assoziation bedienen: zum Beispiel für unsere Zwecke. Denn sie ist eine unterhaltsame Möglichkeit, eine Verbindung zu einem anderen Menschen aufzubauen, weil sie ein Fenster ins Bewusstsein des anderen öffnet.

Die Freie-Assoziations-Übung

Hierfür sagen beide Beteiligten abwechselnd ein Wort oder einen Satz, die sich jeweils aufeinander beziehen, aber unterschiedliche Bedeutungen haben, zum Beispiel «Wetter» und «Regenschirm», «Afrika» und «Abenteuer». Das macht Spaß, weil das Gegenüber mitunter Begriffe nennt, auf die man selbst niemals gekommen wäre, ist aber auch eine effektive Kreativitätsübung, die Künstler aller Sparten anwenden. Nach ein paar Durchgängen steigern Sie das Ganze und versuchen zu erahnen, welches Wort Ihr Partner wählen wird! Die freie Assoziation ist eine gute Übung, um sich in die Gedankenwelt Ihres Partners zu versetzen und Ihre Empathie zu stärken.

Amélie
Ich habe als Kind oft mit Freunden frei assoziiert, muss es aber irgendwann aufgegeben haben. Erst bei der Arbeit an unseren Auftritten habe ich es mit Thommy wieder angefangen, um unsere Empathie füreinander zu erhöhen und zu lernen, wie der jeweils andere denkt. Dabei erfährt man viel über die Erlebnisse und Gedankengänge des anderen und findet immer wieder neue Gesprächsanlässe: Warum zum Beispiel verbindet der eine «Wasser» mit «Regen», während dem anderen sofort «Strandurlaub» einfällt?

Träume

Seitdem wir zusammenarbeiten, hatten wir vier- bis fünfmal nicht nur den gleichen Traum in derselben Nacht – wir trafen uns sogar im Traum des jeweils anderen! Wir können das heute noch nicht fassen und begannen zu recherchieren, was die Psychologie dazu zu sagen hatte. Vor allem bei Freud kommt Träumen ja eine große Bedeutung zu.

Die Traumdeutung ist allerdings ein weites Feld, und oft sind die vorgeschlagenen Interpretationen wenig hilfreich. Ja, es mag archetypische Motive geben, die bei vielen Menschen immer wiederkehren, aber ihnen a priori eine festgelegte Bedeutung zuzuweisen trägt der Psyche des Individuums nicht in gebotenem Maße Rechnung. Was natürlich auf keinen Fall heißen soll, dass Träume bedeutungslos wären und das Sprechen über sie nutzlos ist.

Nach einer überzeugenden Definition entstehen Träume, wenn das im Schlafmodus befindliche Gehirn einen Sinnesreiz wahrnimmt, etwa ein Geräusch oder einen Lichtstrahl, und versucht, diese Wahrnehmung sinnvoll einzuordnen. All das geschieht im Unterbewusstsein, also in jenem Bereich des Gehirns, in dem vor allem die primären Emotionen (zum Beispiel Angst, Wut, Freude) verortet sind, die sehr stark sein können. So erklärt sich auch, warum Albträume im Augenblick des Träumens so erschreckend sind.

Wie das Gehirn auswählt, welchen Sinnesreiz es zu einer Traumgeschichte ausbaut, ist noch nicht hinreichend erforscht. Derzeit weist aber vieles darauf hin, dass das Gehirn alles, womit sich der Träumende kürzlich beschäftigt hat, nach etwas durchsucht, das zu der erwähnten Wahrnehmung passt, also dem Licht oder dem Geräusch. Im Prinzip ist das eine freie Assoziation zwischen dem Unterbewusstsein und der erlebten Umwelt, und manchmal erkennt man daran ganz deutlich, inwiefern der Traum zum Wachzustand passt. Ob unser beider Unterbewusstsein in den Nächten, in denen wir uns im Traum trafen, zufällig die gleiche Traumgeschichte erschuf oder ob unser Geist sich im Schlaf tatsächlich verbunden hat, wissen wir nicht. Jedoch haben diese Nächte unsere Verbindung unheimlich gestärkt, und wir sind dankbar, dieses Phänomen erlebt zu haben.

Thommy
Oft denke ich tage- oder wochenlang nach, wie wir ein Kunststück auf der Bühne realisieren können. Manchmal kommt mir dann im Traum die passende Lösung! Man glaubt es kaum, aber im Schlaf spielt mein Kopf freies Assoziieren und findet manchmal die richtige Kombination der einzelnen Komponenten, um einen magischen Mo-

ment für unsere Zuschauer realisieren zu können. Über eine gute Idee freue ich mich im Traum sogar so sehr, dass ich aufwache.

Nur gut, dass neben meinem Bett immer ein Block oder mein Handy bereitliegt, denn solche Ideen muss ich sofort notieren, da sie sonst am nächsten Morgen vergessen wären.

Sollten Sie also beruflich oder privat nach Ideen suchen, versuchen Sie es doch auch mal damit und legen auf den Nachttisch etwas zu schreiben parat. Das Handy ist gut geeignet, da die Lichtquelle praktischerweise gleich integriert ist. Vielleicht kommt Ihnen ja auch im Traum eine Idee, die Sie im Wachzustand dann nutzen können?

Vielen Menschen fällt es schwer, von ihren Träumen zu erzählen, weil sie befürchten, dass sie dadurch ihre intimsten Geheimnisse verraten könnten. Und ja, es stimmt, dass Träume etwas sehr Privates sind – oft kommen darin Themen hoch, die einen auch im Alltag beschäftigen, verborgene Wünsche oder auch Ängste, die man aber nicht an sich heranlassen möchte, um darüber nachzudenken. Deshalb ist es oft besser, mit einer Person des Vertrauens über seine Träume zu sprechen.

Und eben weil es Vertrauenssache ist, sich gegenseitig die eigenen Träume zu erzählen, kann die Beziehung zwischen Freunden oder Partnern stark davon profitieren – zumal es ja gar nicht darum geht, eine psychologisch überzeugende Trauminterpretation zu finden. Aber man erlaubt dem anderen einen Einblick ins eigene Innenleben. Und was könnte verbindender sein als dieses große Vertrauen?

BIOLOGISCHE PSYCHOLOGIE

In der biologischen Psychologie geht man davon aus, dass die Persönlichkeit vor allem durch die Biologie geprägt wird. Bevor die Psychologie als eigenständige Wissenschaft betrieben wurde, glaubten die meisten Menschen, die Erziehung präge die Persönlichkeit. Nach der Entdeckung der DNS wiederum, die unsere Erbinformation trägt, Informationen speichert und weitergibt, vermutete man zunächst, die Persönlichkeit eines Menschen werde allein durch genetische Marker bestimmt. Heute weiß man, dass sowohl Gene als auch Erfahrungen die Persönlichkeit prägen.

Zweifellos beeinflusst die Biologie die Art, wie der Einzelne Verbindungen zu anderen Menschen herstellt. Viele Funktionen im Körper werden durch körpereigene Hormone geregelt: nicht nur unser Schlafrhythmus oder das Immunsystem, sondern eben auch, ob wir eine Verbindung zu Menschen verspüren: Das Hormon Oxytocin etwa wird sogar direkt als «Bindungshormon» bezeichnet. Es steuert Gefühle wie Liebe, Ruhe, Entspanntheit und Vertrauen und wird zum Beispiel beim Stillen ausgeschüttet. So stärkt Oxytocin die emotionale Verbindung zwischen Mutter und Baby, aber auch zwischen Menschen generell.

Hormone können kaum wahrnehmbar oder auch extrem stark wirken – ja, sie können sogar die Selbstkontrolle des Bewusstseins außer Kraft setzen, etwa bei einer sogenannten Kampf-oder-Flucht-Reaktion im Angesicht einer lebensbedrohlichen Situation, die ein sofortiges, spontanes Handeln ohne den «Umweg» über unsere Großhirnrinde erfordert. In solchen Stresssituationen werden große Mengen Adrenalin und Cortisol ausgeschüttet, um den Körper in die Lage zu versetzen, schnell zu reagieren: eben mit Kampf oder Flucht.

Wenn die Chemie nicht stimmt

Manchmal verhindern biochemische Faktoren, dass zwischen zwei Menschen eine Verbindung entsteht, selbst wenn man alles richtig macht. Sie werden aus eigener Erfahrung wissen: Das passiert hin und wieder. Wenn es also einmal nicht klappt mit der Verbindung, muss das nicht Ihre Schuld oder die Ihres Gegenübers sein.

Jeder von uns verströmt sein eigenes «Bukett» aus sogenannten Pheromonen, Botenstoffen, die unser Sexualverhalten, Sympathie und Antipathie und soziale Kontakte beeinflussen. Manchmal können wir uns aufgrund dieser spezifischen Pheromone ohne rationale Gründe einfach nicht riechen und reagieren mit Ablehnung. Wenn Sie also mit jemandem plötzlich, ohne ersichtlichen Grund, in Streit geraten, liegt das vielleicht nicht nur sprichwörtlich, sondern tatsächlich an der Chemie zwischen Ihnen. Machen Sie dann einfach eine Pause, und versuchen Sie es später, wenn sich alles beruhigt hat, noch einmal miteinander.

Doch seien wir ehrlich: Manchmal wird die einzige Verbindung, die Sie zu einem Menschen knüpfen wollen, Ihre Hand in seinem Gesicht sein – natürlich nur in Gedanken. In dem Fall haben Sie gegen die Chemie keine Chance. Ziehen Sie sich zurück, und beschränken Sie den Umgang auf das Nötigste, wenn Sie mit diesem Zeitgenossen einfach nicht «können».

VERHALTENSPSYCHOLOGIE: LERNEN UND MOTIVATION

In der Frühzeit der psychologischen Forschung galten Sigmund Freuds umfangreiche Arbeiten als unwissenschaftlich. Doch dann eröffnete Wilhelm Wundt im Jahr 1879 in Leipzig mit seinem Institut für experimentelle Psychologie die erste Anstalt, in der Psychologie als Wissenschaft betrieben wurde und in der man auf messbare Ergebnisse und wiederholbare Versuchsanordnungen achtete. Daher gilt Wundt als der Vater der Psychologie als moderner Wissenschaft.

Die ersten psychologischen Forschungsarbeiten beschäftigten sich vor allem mit dem Verhalten, weil es am einfachsten zu messen war. Erforscht wird in der Verhaltenspsychologie nicht nur das menschliche Verhalten, sondern auch die Methodik, mit deren Hilfe sich Verhalten beeinflussen und verändern lässt – und damit ein wichtiger Themenkomplex: wie wir lernen. Wie praktisch für uns, denn wenn man lernen will, wie man Verbindungen zu anderen Menschen aufbaut, dann hilft es zu wissen, wie Lernen grundsätzlich funktioniert.

Zunächst einmal: Wir alle sind wie Ratten. Das ist nicht abwertend gemeint. Ratten haben zwar einen schlechten Ruf, aber auch viele positive Eigenschaften. Sie sind intelligente, familienbezogene Problemlöser, und sie lernen sehr ähnlich wie Menschen, weil ihre Gehirne ähnlich arbeiten wie unsere. Die Ergebnisse aus Studien mit Ratten lassen sich daher oft auf Menschen übertragen bzw. geben eine Idee davon, wie es bei Menschen sein *könnte*.

Das Reiz-Reaktions-Schema

Ratten lernen wie wir Menschen aus den Konsequenzen, die ihr Verhalten nach sich zieht, mit welchen sie auf Reize (auch Stimuli genannt) reagieren. Diese Konsequenzen verstärken ihr Verhalten positiv oder negativ. Vereinfacht ausgedrückt: Die Ratten werden einer bestimmten Situation ausgesetzt und reagieren mit einem bestimmten Verhalten darauf, das wiederum belohnt oder bestraft oder neutral behandelt wird.

Im Labor sieht das so aus: Die Ratten sollen lernen, auf

einen roten Knopf im Käfig zu drücken, um Futter zu bekommen. Drücken sie auf den ebenfalls vorhandenen grünen Knopf, ertönt ein unangenehmes Geräusch. Da Ratten wie bereits erwähnt schlaue Tiere mit einer raschen Auffassungsgabe sind, werden sie den «Dreh» (oder besser «Drück») bald heraushaben und nur noch den roten Knopf bedienen, um sich ihren Leckerbissen abzuholen. Man nennt das Konditionierung: Ohne das Eingreifen des Bewusstseins prägt sich die Kombination aus Situation und positivem Erlebnis als Verhaltensmuster ins Gehirn ein. Je öfter der Versuch wiederholt wird, desto mehr wird sich das gewünschte Verhalten festigen, da ja gelernt wurde, dass am Ende eine Belohnung winkt. In diesem Zusammenhang haben Sie sicher schon einmal vom «Pawlow'schen Reflex» gehört: Er beruht auf Studien des Verhaltensforschers Iwan Pawlow. Er arbeitete allerdings mit Hunden statt mit Ratten: Immer wenn der Hund Futter bekam, erklang gleichzeitig ein Glockenton. Nach einigen Durchgängen begann schon allein durch das Ertönen der Glocke der Speichel des Hundes zu fließen. Er hatte durch Konditionierung gelernt, dass der Ton mit dem Futter im Zusammenhang steht, und das entsprechende Verhalten wird automatisch abrufbar.

Der Pferdefuß: Konditionierte Reaktionen lassen sich nur sehr schwer wieder verändern. Das weiß jeder Raucher, der das Rauchen nach jahrelangem Zigarettengenuss aufgeben will. Der Automatismus, sich selbst mit einer Zigarette für alles Mögliche zu belohnen oder mit ihr den Stress bekämpfen zu wollen, ist so ausgeprägt, dass man mit den mentalen Folgen dieser Konditionierung auch dann noch zu kämpfen hat, wenn die körperlichen Suchtsymptome längst abgeklungen sind. Damit das aufhört, muss eine Umkonditionierung stattfinden.

Derartige Muster zu durchbrechen kann sehr anstrengend sein, weil man sich anfangs jedes Mal, wenn man in die entsprechende Situation gerät, an das neue Verhalten erinnern muss.

Das Gehirn will die alten Nervenleitungen aktivieren, die neuen Verbindungen sind langsamer, und es ist anstrengender, sie zu nutzen. Doch nur Mut – je öfter und je häufiger das neue Verhalten abgefragt wird, desto mehr schleift es sich ein, bis es genauso «sitzt» wie vorher das alte Verhaltensmuster.

Erheblich größere Erfolgschancen hat man, wenn man das alte Verhalten durch eine neue Angewohnheit ersetzt. Anstatt zu rauchen, könnte man zum Beispiel fünf Minuten Entspannungsübungen machen. Und in die Tasche, in der bisher die Zigaretten waren, könnte man einen Zettel mit der Erinnerung «Durchatmen!» stecken.

Übrigens: In der realen Welt kann sich eine Belohnung später durchaus als Strafe entpuppen. Wenn ein Student lieber am Computer zockt, als für eine Prüfung zu lernen, hat er zunächst beim Spielen mehr Spaß, wird aber weniger erfreut sein, sobald er seine Prüfungsnote erfährt. War der kurzfristige Spaß also den späteren Ärger wert? Verhaltensstudien haben gezeigt, dass wir tatsächlich unmittelbare Ergebnisse höher bewerten als langfristige Folgen.

Belohnung oder Strafe?

Belohnungen fördern das Erlernen eines gewünschten Verhaltens sehr viel stärker als Strafen, das ist wissenschaftlich erwiesen. Wenn man für ein bestimmtes Verhalten eine Belohnung erhält, wird man es gerne wiederholen. Strafen wirken dagegen nur kurzfristig, sie stellen keinen dauerhaft tragfähigen Anreiz dar, um ein erwünschtes Verhalten zu zeigen.

Ein Beispiel: Wenn Ihr Hund gerne an Ihren Schuhen nagt, dann wird er wahrscheinlich damit in dem Moment aufhören, in dem Sie ihn bestrafen. Aber sobald die Erinnerung an die Strafe verblasst, werden die Schuhe wieder zum Kauspielzeug. Wenn

Sie sein Verhalten langfristig verändern wollen, müssen Sie ihm das Schuhekauen abgewöhnen und ihn für das gewünschte Verhalten, also das Nicht-Schuhekauen, belohnen – etwa indem Sie ihm immer dann ein Leckerli geben und ihn loben, wenn er an den Schuhen vorbeigeht, ohne nach ihnen zu schnappen.

Sie wundern sich sicher. Der Hund tut nichts, und dafür soll man ihn auch noch loben? Ja, denn der Hund tut sehr wohl etwas. Jedes Mal, wenn er an den Schuhen vorbeigeht, hat er die Wahl: Soll ich an den Schuhen kauen oder sie einfach ignorieren? Er trifft eine Entscheidung, und Sie belohnen ihn dafür, dass er das aus Ihrer Sicht Richtige und Erwünschte tut. Er wird bald gelernt haben, die Schuhe links liegen zu lassen, wenn Sie konsequent bleiben und den Hund immer zeitnah belohnen (er kann den Zusammenhang zwischen seinem Verhalten und der Belohnung nur herstellen, wenn Sie ihn maximal zwei Sekunden, nachdem er die Schuhe ignoriert hat, belohnen).

Auch bei uns Zweibeinern ist es effektiver, mit einer Belohnung für eine ungeliebte Tätigkeit – zum Beispiel Geschirrspü-

Koni: Okay, ich kaue nicht an den Schuhen, aber ihr habt nicht gesagt, dass ich sie nicht berühren darf!

len! – zu winken, als eine unerledigte Hausarbeit zu sanktionieren. Insbesondere für Eltern dürfte das ein großes Thema sein, weil sie es oft nicht einsehen, ihre Kinder für etwas zu belohnen, das eine Selbstverständlichkeit sein sollte. Vielleicht ist es also erfolgversprechender, die Ergebnisse der modernen Verhaltensforschung in die eigene Erziehung einfließen zu lassen: Denn es ist nun einmal erwiesen, dass Verhalten, das belohnt wird, häufiger gezeigt wird. Je öfter der Zyklus aus Reiz und Belohnung durchlaufen wird, umso stärker prägt sich das Verhalten ein. Also sollte in der Erziehung gelten: Stärken stärken, statt Schwächen und Fehler zu sanktionieren!

Trainieren Sie Ihr Rattengehirn

In unserem Fall – Verbindungen aufbauen – wollen Sie eine neue Reaktion auf die Interaktion mit anderen Menschen lernen. Das ist die Ausgangssituation. Welche Methoden Sie heranziehen, ist hier erst einmal nicht von Belang. Wichtig ist nur, dass Sie sich für jeden Versuch belohnen.

Laut verhaltenswissenschaftlicher Forschung kann alles Mögliche zur Belohnung werden. Beim Hund reicht mitunter schon ein verbales Lob aus. Auch bei Menschen genügt es oft schon, wenn ihnen jemand sagt, dass sie gute Arbeit geleistet haben. Nach jeder Show sagen wir uns gegenseitig, was wir gut gemacht haben, auch wenn nicht alles rund lief (die Manöverkritik kann dann zu einem späteren Zeitpunkt erfolgen, wenn die Emotionen nach einem Auftritt etwas abgeebbt sind). Selbst durch Eigenlob können Sie sich motivieren, obwohl sich viele wahrscheinlich ziemlich albern vorkommen, wenn sie sich selbst loben sollen (Amélie zum Beispiel!).

Man kennt das auch von Fitnessprogrammen bei Spielekonsolen. Dabei werden die Übungen auf dem Bildschirm vorgeführt, und man erhält dank eines 3D-Sensors Feedback: «Knie höher!» Wenn man seine Sache gut macht, sagt eine übertrieben enthusiastische Stimme: «Super gemacht!» Das ist inzwischen ein Running Gag bei uns zu Hause – wir loben uns in demselben Ton, wenn einer von uns beiden eine kleine Alltagsarbeit erledigt hat. Die Begeisterung ist dann zwar vorgetäuscht, aber es ist wirklich als Lob gemeint und hat auch denselben Effekt. Eigenlob muss man übrigens nicht einmal laut aussprechen.

Thommy

Ich wollte mir abgewöhnen, zu jedem Kaffee noch ein süßes Teilchen dazuzukaufen, um Geld und Kalorien zu sparen. Daher habe ich mir einen kleinen Notizzettel mit der Aufschrift «Keine Süßigkeiten!» in die Geldbörse geklebt. Als wir lernten, dass Belohnen mehr hilft als Bestrafen, änderte ich die Aufschrift in meiner Geldbörse in «Super gemacht!». Das funktioniert noch besser, weil es ein Eigenlob ist und ich jedes Mal grinsen muss.

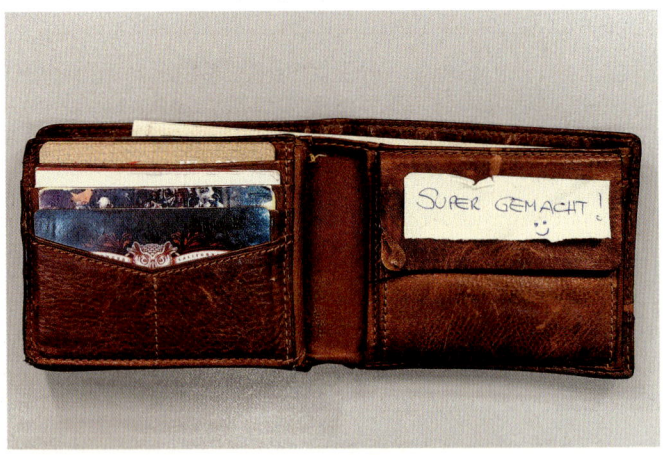

Thommys Geldbörse mit eingeklebtem Eigenlob.

Konditioniertes Verhalten ist deswegen so schwer zu ändern, weil man es an den Tag legt, ohne nachzudenken. Es erfordert viele Wiederholungen, bis man ein konditioniertes Verhalten umgelernt hat. Man muss viele Male mit der alten Situation konfrontiert werden und jedes Mal die neue Entscheidung treffen. Der Notizzettel ist eine Stütze, die Ihnen dabei helfen kann.

Unbeabsichtigte Konditionierung

Das Lernzentrum im Gehirn kann selbst nicht beurteilen, ob ein Verhalten gut oder schlecht ist. Es registriert nur, wenn ein bestimmtes Verhalten eine Belohnung nach sich zieht, und löst beim nächsten Mal, wenn man sich erneut in der Situation befindet, das gleiche Verhalten wieder aus. Klingt ganz einfach, aber im Alltag denken die wenigsten daran. Das kann zu kontraproduktiven Lerneffekten führen.

Dazu wieder ein Beispiel aus dem Haushalt: Ihr Partner macht seinen Teil der Hausarbeit nicht und schiebt sie endlos auf. Wenn Sie sie dann an seiner Stelle erledigen, dann belohnen Sie ihn dafür, dass er seinen Job nicht macht. Das führt dazu, dass er das nächste Mal dieses Verhalten wahrscheinlich wiederholt, also seine Arbeit wieder nicht erledigt. Und jedes Mal, wenn Sie wieder für ihn einspringen, belohnen Sie ihn für sein (Fehl-)Verhalten und verstärken den Lerneffekt.

Viele Eltern kennen diese Situation aus leidvoller Erfahrung. Sie wollen, dass ihr Kind eine Aufgabe im Haushalt übernimmt, aber das Kind jammert, verschiebt die Arbeit immer wieder oder erledigt sie schlampig, bis die Eltern es satthaben und sie am Ende selbst machen. Damit bringen sie dem Kind aber nur bei, dass es sich beim nächsten Mal genauso verhalten muss, um sich erfolgreich vor der Arbeit zu drücken. Da nützt es auch nichts, dass die Eltern dem Kind eine Strafpredigt halten oder mit ihm schimpfen, in der Hoffnung, dass es sich bessern wird. Denn wie wir bereits wissen, führt Strafe nur selten zum gewünschten Verhalten.

So ein Belehrungsgespräch kann sich sehr belastend auf eine Beziehung auswirken, bei Eltern und Kindern ebenso wie zwischen Partnern. Wenn diese Gespräche als Pseudostrafe eingesetzt werden, wird die belehrte Person darauf recht schnell reagieren, indem sie entweder jedes Gespräch meidet oder die Schimpferei ungerührt über sich ergehen lässt.

Falls es jemand vermeidet, mit Ihnen zu sprechen, oder nicht recht bei der Sache zu sein scheint, dann überlegen Sie mal, ob Sie sein Verhalten nicht mit Ihrem eigenen Verhalten herbeigeführt haben.

Verbindende Gespräche

Wenn Sie mit einer Person in Ihrem Leben solche Situationen erleben, probieren Sie doch einmal, diese anders anzugehen. Versuchen Sie, sich durch Gespräche mit der anderen Person zu verbinden, statt sich von ihr abzugrenzen. Lassen Sie die Vorwürfe, vermeiden Sie Anschuldigungen und Streit. Bemühen Sie sich stattdessen, die Situation aus der Perspektive des anderen zu betrachten und ihm wiederum Ihre Sicht auf die Dinge zu vermitteln. Im schlimmsten Fall werden Sie «nur» ein ehrliches und respektvolles Gespräch miteinander führen. Im besten Fall vertiefen Sie das Verständnis füreinander.

Wir haben mit verschiedenen Eltern genau über dieses Thema gesprochen, und dabei hat sich Folgendes herauskristallisiert: Eltern dürfen bei dieser Gelegenheit trotzdem autoritär gegenüber ihren Kindern auftreten, doch sie sollten dabei offen und ehrlich sein und die Gründe für ihre Unzufriedenheit darlegen. Dann werden die Kinder vielleicht immer noch nicht tun, was sie sollen – alte Gewohnheiten abzulegen erfordert Zeit –, aber *dass* sie es tun werden, ist wahrscheinlicher geworden. Denn die vorher so verfahrene Situation wurde aufgebrochen durch die Offenheit der Eltern und den Respekt, den sie ihren Kindern gegenüber bewiesen haben, indem sie sie einer Erklärung für «würdig» befunden haben.

Legen Sie Ihre Sicht dar, hören Sie sich die Seite des anderen an, und suchen Sie nach Gemeinsamkeiten. Sie werden sehen, dass es sich lohnt: Viele kleine Alltagskonflikte lassen sich durch diese Art der Verbindung lösen oder zumindest entschärfen.

Rückkopplungen und Teufelskreise

Sie wissen inzwischen: Zu lernen, wie man Verbindungen zu anderen Menschen aufbaut, braucht seine Zeit und erfordert Arbeit. Aber je mehr Sie üben, desto einfacher wird es werden. Wenn Sie erste Erfolge sehen, werden Sie noch lieber üben, sodass Sie noch mehr Fortschritte machen. Allerdings funktioniert dieser Kreislauf auch anders herum: Ohne Üben wird es schwieriger, es macht weniger Spaß, und Sie haben folglich noch weniger Lust zu üben. Ein Teufelskreis.

In beiden Fällen liegen Rückkopplungen vor, einmal eine positive, einmal eine negative. Dabei kommt die Energie, die man aufwendet, in unserem Fall fürs Lernen, verstärkt zurück. Im positiven Fall verbessern sich durch die Rückkopplung die Fähigkeiten, die Sie erlernen wollen, sehr schnell.

Interessanterweise kann derselbe Sachverhalt aber auch eine unterschiedliche Rückkopplung hervorrufen: So kann zum Beispiel ein schlechtes Ergebnis sowohl dazu führen, dass man sich noch mehr anstrengt, als auch dazu, dass man resigniert und aufgibt.

So oder so: Rückkopplungssysteme spielen immer dann eine besondere Rolle, wenn man etwas Neues beginnt, aber schon auf gewisse Fertigkeiten zurückgreifen kann, die bei dem Neuen dienlich sein können: Ein Basketballspieler, der mit dem Fußballspielen anfängt, kann einige Fähigkeiten aus dem Basketball in die neue Sportart übertragen, ebenso ein Maler, der sich Fotografieren beibringen will. Will der Basketballspieler jedoch fotografieren lernen, kann er nicht auf die beim Spiel erworbenen Fähigkeiten zurückgreifen.

Für das Thema Verbindungen ist der Rückkopplungseffekt in der Regel ein positiver: Sie haben in Ihrem Leben schon so viele unzählige und unterschiedliche Beziehungen zu Menschen hergestellt, dass Sie darauf vertrauen können, über die grundlegenden Fähigkeiten dafür bereits zu verfügen. Nun gilt es nur noch, sie besser zu verstehen und auszubauen.

KOGNITIVE PSYCHOLOGIE

Die Verhaltenspsychologie war viele Jahre lang die dominierende Disziplin der Psychologie. Doch irgendwann stieß auch sie an ihre Grenzen. Die Kognitionspsychologie baut auf der Arbeit der Verhaltenspsychologen auf, geht aber einen Schritt weiter und beschäftigt sich neben dem Verhalten auch mit den Vorgängen im Gehirn, die dieses Verhalten beeinflussen.

Wer lernen will, wie man Verbindungen zu anderen Menschen aufbaut, findet in der Kognitionspsychologie viele wertvolle Erkenntnisse. Und man wird verstehen: Unser Denken hat entscheidenden Einfluss auf unser Verhalten und auch auf die Art, wie wir lernen.

Man sieht, was man sehen will

Wir Menschen sind visuelle Wesen und vertrauen stark auf das, was wir sehen – das ist bereits mehrfach zur Sprache gekommen. Der entscheidende Denkfehler dabei: Wir gehen davon aus, dass wir alles so sehen, wie es «wirklich» ist. Doch die Kognitionspsychologie hat in zahlreichen Versuchsreihen bewiesen, dass das nicht stimmt: Wir sehen nur das, was wir auch zu sehen erwarten.

An optischen Täuschungen lässt sich das anschaulich zeigen, hier am Beispiel des Hermann-Gitters und des szintillierenden Gitters.

Konzentrieren Sie sich auf einen Schnittpunkt der weißen beziehungsweise grauen Linien in der Mitte eines der Bilder. Der Schnittpunkt, den Sie betrachten, sieht weiß aus, ebenso wie alle anderen Schnittpunkte in unmittelbarer Nähe. Aber am Rand Ihres Blickfelds werden Sie im linken Beispiel graue Kreise und im rechten Beispiel sogar schwarze Punkte an vielen Schnittstellen erkennen, die sofort verschwinden, sobald Sie direkt daraufschauen. Dann sehen auch diese Schnitt-

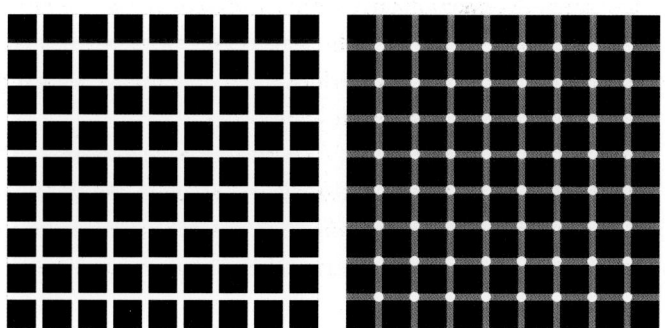

Optische Täuschung: Hermann-Gitter (links) und szintillierendes Gitter (rechts). Sehen Sie Punkte an den Schnittstellen, wo gar keine sind?

151

punkte weiß aus, und tatsächlich waren sie die ganze Zeit über weiß. Die grauen Kreise und schwarzen Punkte sind optische Täuschungen, die durch die Funktionsweise der Sehzellen im menschlichen Auge entstehen.

Bei einem Experiment wurden Probanden zwei Fotos gezeigt, eines von einer jungen Frau und eines von einem jungen Mann. Die Testpersonen sollten die Stimmungslage der beiden einschätzen. Vorher wurde der Probandengruppe A erzählt, die junge Frau habe ihren Liebsten verloren, und der junge Mann habe seinen Lebenstraum als Profi-Footballspieler verwirklicht. Gruppe B sagten die Forscher, die junge Frau habe den Nobelpreis gewonnen, und der beste Freund des jungen Mannes sei im Krieg gefallen. Gruppe C bekam die Fotos ohne Hintergrundgeschichte vorgelegt.

Alle Gruppen sahen dieselben Bilder. Die Teilnehmer der Gruppe C schätzten die Stimmung der beiden Abgebildeten insgesamt als neutral ein, also als weder besonders traurig noch besonders erfreut. Tatsächlich hatten die Fotomodelle vor der Aufnahme die Anweisung erhalten, ein möglichst neutrales Gesicht zu machen. Die anderen beiden Gruppen schätzten die Stimmung der Abgebildeten jeweils passend zu den Geschichten ein, die sie vorher gehört hatten. Für Gruppe A sah die Frau traurig aus und der Mann glücklich, Gruppe B deutete die Stimmungslage der beiden Fotomodelle genau andersherum.

Die entscheidende Erkenntnis war: Gruppe A und B *interpretierten*. Wenn wir etwas sehen, dann nehmen wir nicht einfach nur die visuellen Signale wahr, die auf unsere Augen treffen. Sehen ist ein aktiver Prozess, bei dem wir auswählen, was wir anschauen. Wir vergleichen das, was wir sehen, mit dem, was wir zu sehen erwarten. Wenn sich beides miteinander in Einklang bringen lässt, dann interpretieren wir unsere Erwartungen in das Gesehene hinein.

Ein weiteres Beispiel:
Wie lange brauchen Sie, um den
den Fehler hier zu finden?

1234567890

Durch die Fragestellung und die darauf folgende Kombination von Farben und Ziffern werden wir in die Irre geführt: Wir vermuten, dass der Fehler in der Zahlenreihe zu finden ist – dabei steckt er in der Frage selbst. Na, haben Sie ihn? Weil wir durch die Frage zu den Zahlen geleitet werden, «korrigiert» das Gehirn den fehlerhaften Satz stillschweigend. Falls Sie den Fehler noch immer nicht entdeckt haben: Lassen Sie sich nicht von den Ziffern beeinflussen, sondern lesen Sie die Frage Wort für Wort durch – dann wird Ihnen sicherlich auffallen, dass das Wort «den» zweimal dasteht.

Derlei optische Täuschungen gibt es massenhaft. Für das Knüpfen von Verbindungen ist diese Erkenntnis wichtig, weil wir in einer echten Verbindung unser Gegenüber so sehen müssen, wie es wirklich ist, und nicht so, wie wir es sehen wollen. Lassen Sie den äußeren Anschein beiseite, und erkennen Sie das Individuum in der Person.

Die Hörübung

Das nächste Mal, wenn Sie und Ihr Partner eine Entscheidung treffen müssen – zum Beispiel, was es zum Abendessen gibt –, dann probieren Sie doch einmal diese Übung aus. Schließen Sie beide die Augen, und halten Sie sie geschlossen, bis Sie die Entscheidung getroffen haben.

Visuelle Signale verleiten dazu, Menschen nach ihrem Äußeren zu beurteilen – in diesem Fall könnten wir dem Gesicht des Gegenübers abzulesen versuchen, was es sich wünscht. Mit geschlossenen Augen fällt es uns daher leichter, uns mit der Person hinter dem Augenschein zu verbinden, weil wir dann mit den anderen Sinnen wahrnehmen müssen. Man darf nur nicht in die Falle tappen und das Gegenüber stattdessen nach seiner Stimme beurteilen, weil man dann nur ein Vorurteil gegen ein anderes austauscht. Wenn Sie die Augen nicht schließen wollen, dann schauen Sie beim Gespräch einfach irgendwo anders hin und lauschen Ihrem Gesprächspartner. Nur sollten Sie dabei nicht auf Ihr Handy blicken oder anderweitig abgelenkt sein, weil Sie sonst Ihrem Gesprächspartner nicht wirklich zuhören können.

Positives Denken

Liebe dich selbst, dann können die anderen dich gernhaben.
Dr. Eckart von Hirschhausen

Wenn Sie nach Glück Ausschau halten, dann werden Sie es finden – das hat auch unser Beispiel auf S. 101 gezeigt. Aber auch Unglück werden Sie finden, wenn Sie danach Ausschau halten. Das lässt sich beliebig weiterdeklinieren: Wenn Sie Menschen kennenlernen möchten, zu denen Sie eine Verbindung aufbauen können und wollen, dann werden Sie sie auch finden. Bei genauem Hinsehen werden Sie vielleicht sogar feststellen, dass es Personen sind, die Sie bereits kennen, aber dass Sie sie jetzt mit anderen Augen sehen können.

Die Kraft des positiven Denkens gehört zu den bekanntesten Erkenntnissen der Kognitionspsychologie. Zahlreiche Studien haben inzwischen belegt, dass die Chance auf Erfolg – bei fast allem – steigt, wenn man selbst glaubt, dass man erfolgreich sein wird. Allerdings versagt man auch wahrscheinlicher, wenn man selbst an einen Misserfolg glaubt. Wer sich sagt:

Sie suchen das Glück? Dann halten Sie die Augen offen, und folgen Sie dem Pfeil.

«Das schaffst du nie!», wird es wahrscheinlich auch nicht schaffen.

Positives Denken funktioniert, und zwar aus einem einfachen Grund: Wenn man einer Aufgabe gegenüber positiv eingestellt ist und an den Erfolg glaubt, fällt es einem leichter, daran zu arbeiten und zu üben. Es macht mehr Spaß, und man steckt mehr Zeit in die Arbeit, sodass man automatisch bessere Ergebnisse erzielt: Es wird zu einer sich selbst erfüllenden Prophezeiung. Nicht umsonst reüssieren gerade sogenannte Dankbarkeitstagebücher: Hierein soll man jeden Tag mindestens drei Dinge notieren, für die man dankbar ist. Damit fokussiert man sich auf die positiven Aspekte des Alltags, denkt an das, was einen glücklich macht – und verstärkt somit das Gefühl von Zufriedenheit und Glück.

Der Arzt und Autor Dr. Deepak Chopra führt als Musterbeispiel für die Kraft des positiven Denkens den Placebo-Effekt an, der in zahlreichen medizinischen Experimenten nachgewiesen wurde. Bei diesen Experimenten erhielt ein Teil der Patienten Zuckertabletten anstelle des Präparats mit dem eigentlichen Wirkstoff. Im Durchschnitt wurde bei 30 Prozent dieser Patienten auch ohne Wirkstoff eine Verbesserung des Gesundheitszustands beobachtet, die allein auf die Kraft des positiven Denkens zurückgeführt wurde.

Seien Sie also zuversichtlich, wenn Sie die ersten Schritte in die neue Welt der Verbindungen hin zu einem besseren Leben wagen. Der Weg ist lang, aber Sie werden ankommen!

Positive Affirmationen

«Lass ihn nicht fallen, lass ihn bloß nicht fallen!» Dieser Zuruf beim Ballspielen erhöht überraschenderweise die Wahrscheinlichkeit, dass der Fänger den Ball nicht fängt oder doch fallen lässt. Nun könnte man annehmen, die Rufe hätten ihn abgelenkt, und deswegen sei es passiert. Aber nicht alle Zurufe haben diese Wirkung. Wenn der Werfer stattdessen «Fang ihn, fang ihn!» gerufen hätte, wäre die Wahrscheinlichkeit, dass der Ball gefangen wurde, tatsächlich gestiegen.

Der Grund: Das Gehirn verarbeitet negative Anweisungen nicht. Natürlich bedeutet «Lass ihn nicht fallen» aus rein logischer Sicht, dass man den Ball fangen soll. Aber Logik funktioniert in vielen Bereichen des Gehirns nicht. Sie ist zeitaufwendig, und das Gehirn arbeitet gern schnell, vor allem dann, wenn ein Ball durch die Luft fliegt. Bei «Lass ihn nicht fallen!» wird das Gehirn daher immer hören: «Lass ihn fallen, lass ihn bloß fallen!»

Eine positive Affirmation zu finden ist in manchen Fällen gar nicht so leicht. Wenn man sich das Rauchen abgewöhnen will, dann lautet nun mal die naheliegende Anweisung: «Nicht rauchen, nicht rauchen!» Das Gehirn hört dann aber nur: «Rauchen, rauchen!» Kein Wunder, dass es schwer ist, die Finger von den Zigaretten zu lassen, wenn man sich ständig selbst ans Rauchen erinnert.

Formulieren Sie also positiv, wenn Sie etwas in Ihrem Leben verändern wollen – sagen Sie sich nicht, was Sie unterlassen, sondern was Sie stattdessen tun sollen. Mit dieser kleinen Maßnahme erhöhen Sie Ihre Erfolgschancen deutlich.

Im Falle von Verbindungen würde das bedeuten, sich nicht zu sagen: «Ich will nicht mehr so schüchtern sein», sondern: «Ich will offener auf Menschen zugehen.»

Natürlich gibt es Menschen, die der Kraft des positiven Denkens kritisch gegenüberstehen. Meist gründen sie ihre Kritik auf die Annahme, man «verbiete» sich damit, auch die negativen Seiten des Lebens zu sehen, oder würde Fallstricke und Hürden bewusst und vollkommen ausblenden. Das ist allerdings nicht der Fall, vielmehr soll man *auch* die guten Seiten sehen – vor allem angesichts von Krisen oder schwierigen Vorhaben. Denn: Wenn man nicht an den Erfolg glaubt, hat man ihn meistens auch nicht.

Allein dadurch, dass Sie dieses Buch lesen und offenbar daran interessiert sind, Ihre Beziehungen zu anderen Menschen zu intensivieren und zu verbessern, beweisen Sie, dass Sie nicht zu den Negativdenkern gehören. Negativdenker finden immer Gründe, um nichts zu tun. Dabei gibt es immer ausreichend Gründe, um aktiv zu werden.

Die Machtpose

Das Gehirn kann, wie wir gesehen haben, physiologische Vorgänge im Körper beeinflussen, aber das funktioniert auch umgekehrt. Wie die Kognitionspsychologie festgestellt hat, kann auch der Körper Vorgänge im Gehirn beeinflussen.

Ein Beispiel: Selbstbewusstsein ist prinzipiell eine gute Sache (sofern es nicht übers Ziel hinausschießt und in Selbstüberschätzung, Arroganz und Eitelkeit umschlägt). Selbstbewusste Menschen sind oft erfolgreicher und haben es im Leben leichter. Leider kann man sich mehr Selbstbewusstsein nicht einfach selbst einreden oder herbeiwünschen. Aber man kann sein Gehirn austricksen, indem man über die Körperhaltung einfach so tut, als wäre man bereits selbstbewusst. Probieren Sie es doch einfach gleich aus.

Legen Sie das Buch zur Seite, und stellen Sie sich aufrecht hin, die Füße hüftbreit auseinander. Nehmen Sie die Schultern zurück, halten Sie den Kopf gerade, und stemmen Sie die Hände in die Hüften. Halten Sie diese Position 30 Sekunden oder länger. Mit

Amélie in der Machtpose.

den ausgestellten Ellbogen vergrößern Sie den Raum, den Sie einnehmen. Bei dieser Stellung öffnet sich Ihr Brustkorb, und Ihr Blick geht nach vorn. All das hilft Ihrem Selbstbewusstsein auf die Sprünge. Wenn Sie sich körperlich unwohl dabei fühlen, stehen Sie vielleicht noch nicht ganz richtig. Sie sollten entspannt sein und sich fühlen, als hätten Sie alle Zuversicht und Kraft der Welt, egal, was da auf Sie zukommen mag. Denn so fühlt sich Selbstbewusstsein an, und durch diese Haltung geben Sie Ihrem Gehirn das entsprechende Feedback. Dass das funktioniert, hat auch eine Studie bewiesen: Bewerber wurden von ihren potenziellen Arbeitgebern als selbstbewusster eingestuft, wenn sie vor dem Gespräch diese Pose zwei Minuten lang gehalten hatten. Kognitionspsychologen nennen diese Stellung die «Machtpose». Wir bevorzugen allerdings die unwissenschaftliche Bezeichnung «Superman-Pose» oder «Superwoman-Pose».

Lächeln und Stirnrunzeln

Man kann den mentalen Zustand aber nicht nur über die Körperhaltung beeinflussen, sondern auch über den Gesichtsausdruck. Menschen lächeln nicht nur mit den Lippen. Das kann man sehr gut an Fotos von kleinen Kindern sehen, die die Zähne fletschen, wenn sie für die Kamera «lächeln» sollen. Den Unterschied zwischen einem echten und einem falschen Lächeln erkennt man deutlich, weil man nur bei einem echten Lächeln die Augenwinkel leicht hochzieht, sodass die Augen mitlachen. Wenn man das allerdings zu «simulieren» versucht, wird man schnell merken: Hoppla, ich bin ja jetzt tatsächlich besser gelaunt als bis eben. Kaum zu fassen, dass man mit kleinen Muskelbewegungen verändern kann, wie man sich fühlt, aber es stimmt. Wenn Sie das nächste Mal also angespannt sind, zum Beispiel in einem Gespräch mit einer für Sie wichtigen Person, dann machen Sie eine kurze Pause, atmen Sie tief durch, entspannen Sie die Schultern, und lächeln Sie. Das Gehirn registriert die Muskelveränderung, assoziiert sie mit guter Laune, Freude und Entspannung und schüttet entsprechend weniger Stresshormone aus. Schon diese kleine Entschleunigung führt also zu einem Gefühl von Sicherheit.

Die Offene Hand

Es verwundert nicht, dass bei dem Versuch, eine Verbindung zu einem anderen Menschen aufzubauen, der Körpersprache, auf die beide unterbewusst reagieren, große Bedeutung zukommt. Sie sollten daher Ihre Körpersprache bewusst einsetzen und eine Haltung einnehmen, die Ihrem Gegenüber Offenheit signalisiert.

Thommy in offener Pose.

Bei der «offenen» Entsprechung zur Machtpose lassen Sie die Hände locker an den Seiten hinunterhängen und drehen dann Ihre offenen Handflächen nach vorn. So zeigen Sie, dass Ihre Hände leer sind, was wir unbewusst als Friedfertigkeit deuten. Ihr Gegenüber wird sich, wenn Sie es dann noch mit aufgeschlossener, ermunternder Miene anschauen und sich ihm ganz zuwenden, entspannen und freundlich auf Sie zugehen. Eine derartige Körperhaltung ist besonders beim Kennenlernen hilfreich, weil dabei die instinktiven Reaktionen besonders zum Tragen kommen. Probieren Sie es doch bei nächster Gelegenheit gleich aus, und achten Sie darauf, wie die Menschen reagieren, denen Sie sich so nähern. Halten Sie auch Ausschau nach fremden Personen, die Ihnen eine derartige offene Pose anbieten. Dies könnte ein Zeichen dafür sein, dass sie bereit sind, mit Ihnen in Verbindung zu treten.

Probieren Sie die **Superman-Pose** und die **Offene Hand** mit einem Partner aus. Wechseln Sie sich ab. Sie werden feststellen, dass Sie sich automatisch stärker fühlen, wenn Sie diese Posen einnehmen. Achten Sie genau auf Ihren Partner, wenn er in dieser Pose steht. Spüren Sie seine selbstbewusste Ausstrahlung, spüren Sie seine Offenheit?

Lassen Sie sich auch gerne anstecken – wenn Ihr Gegenüber diese Pose einnimmt, folgen Sie diesem Beispiel.

SOZIALPSYCHOLOGIE

Die Sozialpsychologie beschäftigt sich damit, wie Menschen miteinander interagieren. Wenn man Verbindungen zu anderen knüpfen will, ist das natürlich besonders interessant. Denn Menschen verhalten sich unterschiedlich, je nachdem, ob sie in Gesellschaft sind (und in welcher) oder ob sie allein sind – so lässt sich eine Grunderkenntnis der Sozialpsychologie zusammenfassen. Hier kommen die bereits erwähnte intrapersonale und interpersonale Intelligenz ins Spiel.

Manche Menschen werden vielleicht verneinen, dass sie sich anders verhalten, wenn sie allein sind – weil sie es nicht bewusst tun. Dass sich Menschen aber anders verhalten, abhängig davon, mit wem sie zusammen sind, merken die meisten selbst. Tatsächlich passt sich jeder an verschiedene Situationen und verschiedene Menschen in seiner Umgebung an – und das fällt einigen leichter und anderen schwerer.

Dieselbe Sprache sprechen

Meist ist unser verändertes Verhalten auf grundsätzliche Unterschiede zurückzuführen, die man zwischen sich und der anderen Person wahrnimmt. Zum Beispiel wird sich jemand, der sich normalerweise gern deftig ausdrückt, im Gespräch mit einer Nonne eher mit dem Fluchen zurückhalten, weil er intuitiv davon ausgeht, dass die Klosterschwester eine völlig andere Einstellung zum Fluchen hat. Umgekehrt wirkt es deshalb allerdings auch sehr viel stärker, wenn eine Nonne doch einmal flucht.

Amélie
Sehr interessant ist es zum Beispiel, wenn zu einer Gruppe deutschsprachiger Personen eine einzelne, englischsprachige dazukommt. Dann wechseln alle zu Englisch über – aus Respekt vor dem Neuankömmling. Es mag für die meisten von uns nicht erwähnenswert sein, weil es selbstverständlich ist, sich so zu verhalten. Aber hier wirkt interpersonale Intelligenz, die dem Zirkel der deutschen Muttersprachler sagt, dass die anglophone Person ihrem Gespräch nicht folgen könnte, wenn es weiter

auf Deutsch liefe. Deshalb versuchen die deutschen Muttersprachler sie durch den Wechsel in eine Fremdsprache in ihren Kreis zu integrieren.

Wenn man dieselbe Muttersprache teilt, ist es natürlich einfacher, eine Verbindung herzustellen. Doch auch wenn man dieselbe Sprache spricht, bestehen Unterschiede in der Art und Weise, wie wir reden: je nachdem, wie wir sozialisiert worden sind, woher wir kommen, in welchen beruflichen Kontexten wir uns bewegen. Versuchen Sie also, sich dem Sprachstil des anderen anzupassen. Das tun wir sowieso häufig bereits automatisch: Sicherlich haben Sie auch schon mal überrascht festgestellt, dass Sie etwas «genau wie Ihre Mutter» oder «so wie Ihr bester Freund» ausdrücken. Damit imitieren wir unbewusst den Sprachstil des anderen und stellen durch die Gemeinsamkeit Vertrautheit und Vertrauen her.

Diesen unbewussten Effekt können Sie auch gezielt nutzen: Verwenden Sie einfach hin und wieder die gleichen Worte, Ausdrücke oder Redewendungen wie Ihr Gesprächspartner. Das kann zunächst eine Herausforderung sein, wenn man sich nicht gut kennt, aber wenn man aufmerksam zuhört, merkt man schnell, dass der andere bestimmte Lieblingswörter hat oder oft in Bildern spricht. Manche Menschen wiederum setzen bevorzugt Vergleiche ein, um etwas zu erklären. Aus der Art der Vergleiche können wir auch einiges über diesen Menschen selbst ableiten. Wenn er zum Beispiel viele Sportmetaphern verwendet, deutet das darauf hin, dass er sich für Sport interessiert. Sie können dann eine Basis für eine Verbindung erzeugen, indem Sie ähnliche Metaphern verwenden.

Aber vorsichtig, übertreiben Sie es nicht! Sonst bekommt Ihr Gegenüber das Gefühl, Sie äfften es nach.

Form versus Inhalt

Die Rhetorik, die Redekunst, weiß seit Tausenden von Jahren, dass die Art, wie man etwas sagt, genauso wichtig ist wie das, was man sagt. Daran hat sich bis heute nichts geändert. Ob im Bundestag, in einem Meeting oder auf einer Vereinssitzung – wir alle lassen uns gern von wohlgesetzten, geschliffenen Worten blenden und zollen ihnen Beifall, auch wenn ein anderer Redner, der sich nicht so gewandt ausdrücken kann, inhaltlich womöglich mehr zu sagen haben mag.

In der Studie *Predicting couple therapy outcomes based on speech acoustic features* von Nasir, Baucom, Georgiou und Narayanan, veröffentlicht von *PLOS* im September 2017, wurde ein faszinierendes Computerprogramm präsentiert, welches die Zukunft einer Beziehung vorhersagen kann.

Es zeigt, wie wichtig etwa der Tonfall in persönlichen Beziehungen sein kann. Forscher zeichneten Gespräche von Ehepaaren auf und ließen dann von einem Computerprogramm die Wahrscheinlichkeit einschätzen, dass sich das Paar später scheiden lassen würde. Die allererste Version dieses Programms erreichte bereits eine 80-prozentige Treffergenauigkeit. Damit war es erfolgreicher als menschliche Verhaltensanalysten, die im Gegensatz zum Computer verstanden, was die Paare zueinander sagten. Dabei analysierte das Programm nur die Lautstärke, die Stimmhöhe und subtile Schwankungen in der Stimme, die auf Stressniveau und Gefühlslage des Sprechers hinwiesen. Der Computer hatte also keine Ahnung, *was* gesagt wurde, sondern wusste nur, *wie* es gesagt wurde, konnte anhand dieser Daten aber besser Probleme in einer Beziehung erkennen als menschliche Experten. Das beweist eindrucksvoll, wie bedeutsam die Form der Präsentation ist. Derselbe Satz kann also, je nachdem, in welchem Tonfall man ihn sagt, ob zum Beispiel freundlich, neutral, ironisch oder aggressiv, eine völlig andere

Wirkung erzielen. Manchmal auch eine unbeabsichtigte: Der Kommunikationspsychologe Friedemann Schulz von Thun spricht in diesem Zusammenhang von den «vier Seiten einer Nachricht». Demnach vermittelt man mit jedem Gespräch, jeder Aussage einen *Sachaspekt* (worum geht es?), macht eine *Selbstaussage* (was gebe ich über mich selbst preis?), vermittelt etwas zum *Beziehungsaspekt* (was halte ich von meinem Gesprächspartner?) und einen *Appell* (wozu möchte ich den Gesprächspartner veranlassen?). Sie können sich vorstellen – und haben es bestimmt schon erlebt –, dass auf all diesen Ebenen Missverständnisse entstehen können, je nachdem, wie und in welchem Tonfall man Dinge formuliert und wie die Gesprächspartner die verschiedenen Seiten der Nachricht bewerten und gewichten.

Daher unser Tipp: Achten Sie das nächste Mal bei Gesprächen besonders auf Ihre Ausdrucksweise und Ihren Tonfall. Sind Sie zum Beispiel wütend, wirkt sich diese Wut auf Ihre Stimme aus: Sie sprechen gepresster, vielleicht atemloser, lauter. Das registriert Ihr Gesprächspartner natürlich und wird entsprechend reagieren, was Sie wiederum wahrscheinlich noch wütender machen wird – ein Teufelskreis.

Ähnlich fatal ist es, wenn Ihr Gegenüber gar nicht der Adressat Ihrer Wut ist, sondern im Grunde nichts mit der Sache zu tun hat: Er wird trotzdem Ihre Wut spüren, ist (vielleicht auch unbewusst) irritiert, weil er ja nicht weiß, wieso Sie so aggressiv mit ihm sprechen, und geht lieber auf Distanz. So wird nur schwerlich eine Basis für ein gutes, verbindendes Gespräch entstehen.

Sind Sie in aggressiver Stimmung, kommen Sie vor einem nächsten Gespräch erst einmal zur Ruhe, und schieben Sie weg, was vorher war. Gefühle aus der belasteten Situation nehmen Sie zur Kenntnis, aber erinnern sich daran, dass dies eine neue Situation ist. Stellen Sie sich das Gespräch wie eine leere, unbeschriebene Tafel vor. Drücken Sie innerlich die Reset-Taste, geben Sie jeder Unterhaltung einen Neustart, und befreien Sie sich von emotionalen Altlasten.

Schriftlich ein Gespräch führen

Wenn Sie sich daran erinnern wollen, wie wichtig die Stimme für eine Konversation ist, weil sie uns Hinweise auf die Stimmung gibt oder wie das Gesagte beim Gegenüber ankommt, dann führen Sie einmal eine komplette Unterhaltung per Textnachricht. Damit ist nicht nur ein Austausch von ein oder zwei Sätzen gemeint. Diskutieren Sie über ein wichtiges Thema mit allen Fürs und Widers, versuchen Sie zu einem Konsens zu kommen, und treffen Sie eine gemeinsame Entscheidung.

Wir haben auf diese Weise für eine Entscheidung via Textnachricht einmal fast 20 Minuten gebraucht – und sind uns sicher, dass sie im persönlichen Gespräch höchstens fünf Minuten erfordert hätte. Es war schwieriger als erwartet, und wir haben uns unzählige Male dabei missverstanden.

Ohne Hinweise aus der Stimme interpretieren wir alles entsprechend unseren eigenen Erwartungen. Kein Wunder, dass bei reinen Textunterhaltungen, etwa im Internet, so viel gestritten wird.

In den letzten Jahren hat sich der Trend verstärkt, sich per Textnachricht auszutauschen, anstatt zu telefonieren. Doch immer mehr Menschen erkennen auch die möglichen Fehlerquellen und Missverständnisse, zu denen es dadurch kommen kann. Um dem entgegenzuwirken, werden Emojis und Bilder in die Nachrichten eingebaut – oder aber man versendet gleich Sprachnachrichten. So ist man nicht zeitlich gebunden an Aktion und Reaktion wie im Gespräch eins zu eins, kann sich überlegen, was man sagt, und der Empfänger erhält nicht nur die Information, sondern hört auch, wie wir uns dabei ausdrücken.

Dennoch ersetzt auch der zeitverzögerte Austausch von Sprach-nachrichten nicht das unmittelbare Gespräch von Angesicht zu Angesicht, das muss man sich – buchstäblich – immer vor Augen halten.

Ein zweiter Anlauf für den ersten Eindruck

«Für einen ersten Eindruck bekommt man keine zweite Chance.» Diese Vorstellung ist weit verbreitet. Viele glauben, wenn sich Menschen erst einmal eine Meinung über jemanden gebildet haben, dann ändern sie sie nicht mehr. Und tatsächlich sind wir blitzschnell mit unserer Einschätzung: Nur eine Zehntelse-kunde braucht das Gehirn, um ein Urteil über einen Unbekann-ten zu fällen, dabei werden vor allem Vertrauenswürdigkeit und sozialer Status des anderen eingeschätzt – und das erstaunlich treffsicher, wie Studien bewiesen haben.

Das bedeutet aber nicht, dass der erste Eindruck irreversi-bel ist. Er *kann* richtungsweisend sein, *muss* es aber nicht. Man kann seine Meinung über einen Menschen auch später noch grundlegend ändern. Und so manche Freundschaft hat mit einem schlechten ersten Eindruck begonnen – weil die Situa-tion nicht passte, man einen anstrengenden Tag hatte oder ein-fach schlecht gelaunt war.

Eine 2018 von amerikanischen und englischen Psychologen durchgeführte Studie mit dem Titel *Beliefs about bad people are volatile* zeigte sogar, dass es leichter ist, einen negativen ersten Eindruck zu ändern als einen positiven!

Wir können Sie also beruhigen: Sie müssen sich keine Sor-gen machen, wenn der erste Kontakt nicht ideal verläuft. Sie können einen ungünstigen ersten Eindruck jederzeit korrigie-ren – es kostet Sie allerdings wahrscheinlich etwas Mühe.

INDIVIDUAL- UND GRUPPENPSYCHOLOGIE

Diese Aufteilung in eigene Disziplinen innerhalb der Psychologie wurde nicht von Anfang an vorgenommen. Erst im Laufe der Zeit stellte man fest, dass sich die meisten Menschen in Gruppen anders verhalten als allein.

Bei einem besonders eindrucksvollen Experiment testete der Wissenschaftler Solomon Asch im Jahr 1951 genau das. Der Versuch wurde in zwei Durchläufen durchgeführt. Im ersten Durchlauf wurden die Probanden einzeln in einen Raum geführt, vorgeblich zum Zweck eines einfachen Wahrnehmungstests. Sie bekamen dann die beiden Bilder vorgelegt, die Sie in der Abbildung sehen.

Die Probanden sollten einschätzen, welche der drei Linien genauso lang war wie die einzelne Linie. Die korrekte Antwort lautet C, wie Sie selbst erkannt haben dürften, und die Probanden antworteten auch alle korrekt, wenn sie allein waren.

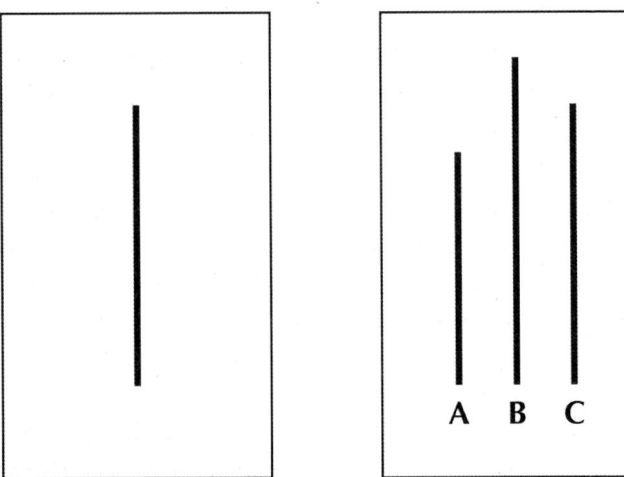

Welche der drei Linien auf der rechten Karte hat die gleiche Länge wie die Linie auf der linken Karte?

Im zweiten Durchlauf des Experiments saßen fünf Personen gemeinsam vor den Bildern. Allerdings waren vier von den fünf Personen Schauspieler, und sie alle behaupteten, Linie B sei die richtige Antwort.

Der Versuch wurde mehrfach durchgeführt, mit immer ähnlichen Ergebnissen: Etwa 75 Prozent der Probanden (also der Personen, die keine Schauspieler waren) schlossen sich der falschen Antwort mindestens einmal an. Ein Drittel der Probanden beugte sich dem Gruppendruck bei jeder Antwort. Nach dem Experiment befragten die Forscher die Probanden, ob sie die gegebenen Antworten tatsächlich für richtig gehalten oder sich nur der Mehrheit angepasst hatten. Alle antworteten, ihre Antwort sei tatsächlich die richtige gewesen, obwohl sie eine andere Antwort gegeben hatten, als sie allein waren.

Der Gruppendruck kann uns also dazu bringen, eine Frage nicht nur offensichtlich falsch zu beantworten, um uns der Gruppe anzupassen, sondern auch zu verneinen, dass wir das getan haben.

Die Menschen, die sich bei diesem Test dem Gruppenzwang beugten und die falsche Antwort gaben, hatten die Verbindung verloren – und zwar nicht etwa zu den anderen Gruppenmitgliedern, sondern zu sich selbst. Die Verbindung zwischen dem Teil des Gehirns, der die Antwort wählte, und dem Teil, der die visuellen Signale verarbeitete, war unterbrochen. Doch wenn man keine Verbindung zu sich selbst hat, dann kann man auch keine Verbindung zu einem anderen Menschen aufbauen. Gruppendenken ist das genaue Gegenteil von Verbundenheit, denn eine Verbindung kann man nur zu einem Individuum aufbauen, nicht zum Mitglied einer Gruppe.

Leider neigen wir Menschen von Natur aus dazu, andere in Kategorien einzuteilen, sie in Schubladen zu stecken. Das gilt insbesondere bei flüchtigen Begegnungen im Alltag, etwa an der Supermarktkasse. Nun muss man sicherlich nicht bei jedem

Einkauf die Lebensgeschichte der Kassiererin und aller anderen Kunden in der Warteschlange kennen. Aber wenn Sie die Kunst der Verbindung lernen wollen, dann brauchen Sie vor allem eines: viel Übung bei jeder sich bietenden Gelegenheit. Dazu eignen sich auch flüchtige Begegnungen, bei denen Sie keine lebenslange Verbindung begründen wollen, sondern nur einen kurzen Kontakt herstellen. Aber auch dazu müssen Sie über den Rand der geistigen Schublade hinaus blicken und in Ihrem Gegenüber mehr erkennen als «eine große, blonde Kassiererin». Denken Sie daran, dass jeder Mensch seine eigene Geschichte zu erzählen hat.

Die Kennenlernübung

Psychologische Effekte wirken sich bei der ersten Begegnung besonders stark aus. Viele tausend Jahre lang war das Zusammentreffen mit einem Unbekannten eine gefährliche Angelegenheit. Die Ankunft eines Fremden konnte einen ganzen Clan, ein ganzes Dorf in Gefahr bringen. Beim ersten Anblick eines Unbekannten versucht das Gehirn daher sofort einzuschätzen, ob er eine Gefahr darstellt oder nicht – wie schnell es das tut, haben wir bereits erfahren. Charakterliche Eigenschaften spielen dabei zunächst einmal keine Rolle, sondern wir überprüfen: Freund oder Feind? Ist er mir überlegen, ist sie kompetent? Dieser Vorgang verläuft vollständig unbewusst und lässt sich auch nicht abstellen, selbst wenn das heutzutage wünschenswert wäre. Allerdings kann man mit einfachen Schritten verhindern, dass dieser Verteidigungsmechanismus einer Verbindung im Weg steht.

Schritt eins: Lassen Sie sich Zeit. Lassen Sie Ihr Gehirn eine erste Einschätzung der neuen Bekanntschaft treffen, und schützen Sie sich in gebotenem Maße, wenn Ihr Gehirn den Unbekannten als Bedrohung erkennt. Wenn Sie sich nicht bedroht fühlen, dann atmen Sie tief durch und entspannen sich. Sie können die

Offene-Hand-Pose (S. 160) einnehmen. Atmen Sie tief ein und wieder aus. Entspannen Sie die Schultern. Lächeln Sie. Danach gewähren Sie Ihrem Gehirn eine Art Neustart, indem Sie einen Moment lang von Ihrem Gegenüber wegschauen. Sehen Sie zum Fenster hinaus oder in eine andere Richtung. Dann blicken Sie wieder Ihre neue Bekanntschaft an. Auf diese Weise geben Sie sich die Gelegenheit, Ihren ersten Eindruck zu überprüfen. Möglicherweise kommen Sie jetzt, nach kurzer Überlegung, zu einem anderen Urteil.

Interessanterweise wird ein ähnliches Verhalten häufig in der Tierwelt beobachtet, zum Beispiel bei Hunden. Kurz von seinem Gegenüber wegzublicken oder den Kopf wegzudrehen ist eines der sogenannten Beschwichtigungssignale. Der Hund nutzt diese Situation aus, um Spannungen abzubauen, Konflikte zu entschärfen und sich selbst oder andere zu beruhigen. Es soll dem Gegenüber demonstrieren, dass keine bösen Absichten bestehen. Sich ein anderes oder neues Urteil zu bilden – oder dem Gegenüber die Möglichkeit dazu zu geben – ist schließlich Sinn der Übung oder Verhaltensweise.

Überlegen Sie dann, warum Sie den anderen gegebenenfalls falsch eingeschätzt hatten. Lag es an seiner Körperhaltung, die Sie mit einer bestimmten Sorte Mensch verbinden? Vielleicht fühlten Sie sich als Kind von einer Person mit ähnlichem Auftreten bedroht oder verknüpfen in anderer Hinsicht etwas Negatives damit, selbst wenn Sie keine bewusste Erinnerung mehr an diesen Vorfall haben? Vergegenwärtigen Sie sich, dass diese Körperhaltung potenziell von jedem eingenommen werden kann, nicht nur von dem Menschen, der Ihnen als unangenehm in Erinnerung ist.

Wenn Sie Ihrem Gehirn die Zeit geben, das zu erkennen, schwindet der Einfluss der alten Erfahrungen, und Vorurteile lassen sich abbauen.

Die Verhaltensmethode

Die Forschung zeigt also, dass wir andere Menschen anhand oberflächlicher Merkmale sofort einer bestimmten Gruppe zuordnen. Das hindert uns daran, eine vorurteilsfreie Verbindung zu dem Individuum aufzubauen. Was also tun? Versuchen Sie doch einmal, sich diese Gewohnheit durch Umkonditionierung abzugewöhnen. Dazu brauchen Sie eine positive Ersatzhandlung, da unser Gehirn negative Anweisungen nicht verarbeiten kann, wie wir schon gesehen haben.

Nehmen Sie sich also ganz bewusst vor, die Gestimmtheit eines Menschen nicht nur an seinem Äußeren, seiner Körpersprache festzumachen, sondern an dem, was er tut und sagt. So erinnern Sie sich daran, einen Menschen nicht nur anhand eines winzigen Ausschnitts aus seinem Leben zu beurteilen. Und zum anderen daran, dass bestimmte Verhaltensweisen situationsbedingt sein können und sich keineswegs immer persönlich an oder gegen Sie richten.

Das Kassiererspiel

Diese einfache Übung ist eine der wichtigsten im ganzen Buch. Sie ist vor allem für Anfänger geeignet. Sie werden mit ihrer Hilfe eine kurze Verbindung zu jemandem herstellen, dem Sie zufällig begegnen und den Sie voraussichtlich nie wiedersehen. So ist die Hürde niedrig, und Sie müssen sich keine Gedanken über die Fortführung dieser Verbindung machen. Wir nennen diese Übung «Kassiererspiel», weil sie sich an der Kasse im Supermarkt oder im Kaufhaus besonders anbietet. Kassierer und andere Verkaufsmitarbeiter werden sich – Ausnahmen bestätigen die Regel – gern mit Ihnen unterhalten, weil es zu ihrem Job gehört.

Wenn Sie auf eine geeignete Person treffen, lassen Sie den ersten Eindruck auf sich wirken, atmen Sie tief durch, und führen Sie den Neustart durch wie oben erklärt. Nehmen Sie dabei eine offene Stellung ein, mit der geöffneten Handfläche Ihrem Gegenüber zugewandt. Beim Bezahlen ergibt sich das von selbst und fällt nicht auf. Dann sehen Sie den Kassierer/die Kassiererin wieder an und überlegen sich eine Frage, die Sie stellen können, zum Beispiel zu einem Kleidungsstück, das sie trägt, oder zu dem Namen auf dem Namensschild. Machen Sie ihm/ihr ein Kompliment, oder schenken Sie ein unaufdringliches Lob. Was Sie sagen, ist eigentlich egal. Wichtig ist nur, dass Ihre Bemerkung den normalen Ablauf der Transaktion durchbricht und nicht allzu persönlich ist. Vielleicht loben Sie die Schnelligkeit oder formulieren Verständnis.

Die Reaktion beziehungsweise die Antwort gibt Ihnen einen kleinen Einblick in die Persönlichkeit und das Befinden der Person. Passt die Reaktion zu Ihrem ersten Eindruck? Entspricht dieser Mensch Ihren Erwartungen genau, einigermaßen oder überhaupt nicht? Hätten Sie ihn zum Beispiel eher als zurückhaltend eingeschätzt, und jetzt antwortet er schlagfertig und gewitzt? Sie können nun mit einer weiteren Frage nachsetzen oder sich auf die Antwort des anderen beziehen. Ihr Ziel ist keine dauerhafte, starke Verbindung. Sie wollen nur herausfinden, wie zutreffend Ihr erster Eindruck war. Aber auch eine kleine Verbindung kann große Auswirkungen haben und Ihrem Gegenüber den Tag verschönern.

Nicht jeder wird auf Ihre Gesprächsofferte eingehen. Das kann verschiedene Gründe haben – so ist vielleicht der andere neu im Job und muss sich einfach noch auf seine Arbeit konzentrieren. Nehmen Sie es nicht persönlich, sondern haben Sie Verständnis.

Das Kassiererspiel ist eine nützliche Angewohnheit, an die Sie sich immer wieder selbst erinnern können. Kleben Sie einfach einen kleinen Notizzettel in Ihre Geldbörse.

Thommys Geldbörse mit den Notizen «Super gemacht!» und «Kassierer-Spiel!».

Sie können dieses Spiel auch mit Menschen spielen, die vor oder hinter Ihnen in einer Warteschlange, mit Ihnen im Lift stehen oder an der Haltestelle auf den Bus warten. Das ist nicht ganz so einfach, weil diese Leute nicht damit rechnen, dass man sie anspricht. Achten Sie hier besonders genau auf Signale. Denn die Reaktionen aus solchen Gesprächen können mehr Aussagekraft haben als bei einem Mitarbeiter, der dafür bezahlt wird, kundenorientiert und freundlich zu sein.

Übungsgelegenheiten gibt es also zuhauf. Sie werden sehen: Mit jeder Wiederholung werden Sie besser und besser.

KAPITEL 7

Emotionen:
Der Weg zur Verbindung

S innesreize werden im Körper in einer bestimmten Reihen-
folge verarbeitet: Zuerst erreicht ein Signal blitzschnell
die Sinnesrezeptoren – wir sehen, hören, fühlen, riechen oder
schmecken etwas. Dann wird das Signal an das Gehirn weiter-
geleitet und dort verarbeitet und interpretiert. Im Anschluss beschäftigt sich das Bewusstsein, das psychologische System, mit
dem Signal, analysiert, interpretiert, kategorisiert und verändert
es vielleicht sogar noch einmal. Erst dann löst die Wahrnehmung eine tiefer gehende emotionale Reaktion aus. Wir haben
die Kapitel dieses Buches entsprechend dieser Abfolge ange-
ordnet.

WIE VIEL GEFÜHL BRAUCHT DER MENSCH?

Menschen zu finden, die mit uns fühlen und empfinden,
ist wohl das schönste Glück auf Erden.
CARL SPITTELER

Emotionen lassen sich bei allen Säugetierarten beobachten, sie
sind zentraler Bestandteil unseres Lebens. Wir könnten uns ein
Leben ohne Emotionen, guten wie schlechten, jedenfalls nicht

vorstellen. Doch unsere Welt ist heute so schnelllebig, dass keine Zeit mehr zu sein scheint, sich mit den eigenen Gefühlen auseinanderzusetzen und damit, was sie uns sagen wollen. Nicht nur uns selbst – auch anderen.

Dabei sollten Emotionen dem Gegenüber mitgeteilt werden, auch im Sinne eines produktiven Miteinanders. Wir wissen natürlich, dass es vielen Menschen schwerfällt, über Gefühle zu sprechen: weil sie zum Beispiel befürchten, sich verletzlich zu machen, sich Kritik auszusetzen, als «schwach» wahrgenommen zu werden. Doch es sind oft gerade die schwierigen Themen, die uns in unserer Entwicklung weiterbringen, sofern wir uns ihnen stellen. Wir sind überzeugt: Echte, langfristige und tiefgehende Verbindungen kann man nur aufbauen, wenn man bereit ist, seine Emotionen in all ihren Facetten zu teilen und die des anderen auszuhalten, zu akzeptieren.

Jeder von uns kennt eine Vielzahl von Gefühlen und Emotionen, die wir nicht unbedingt sofort identifizieren können; oft empfinden wir die sprichwörtlichen «gemischten Gefühle»: Ist das Wut oder Enttäuschung, die wir verspüren, weil uns dieser eine Freund zum wiederholten Male versetzt hat? Sind wir eher traurig oder auch stolz, wenn unsere Tochter sich für ein Auslandsjahr von uns verabschiedet?

Andere Gefühle sind uns vertraut, aber wir haben in unserer Muttersprache kein Wort dafür. So gibt es im Chinesischen zum Beispiel das Wort *yuan bei* für das Gefühl, wenn man etwas zu Ende gebracht hat und das Ergebnis perfekt ist. Das Arabische kennt das Wort *tarab* für Verzückung durch Musik. Im Indischen wird die Freude, die man empfindet, wenn ein langersehnter Nieselregen endlich einsetzt, mit dem Wort *rimjhim* beschrieben. Umgekehrt kennt etwa das Englische keine direkte Übersetzung für die im Deutschen bekannten Gefühle wie *Fernweh*, *Geborgenheit* und *Schadenfreude*.

Viele Forscherinnen und Forscher unterschiedlichster Fachdisziplinen haben sich mit Emotionen beschäftigt und versucht, eine mehr oder weniger vollständige Liste der menschlichen Gefühle zu erstellen. Im Jahr 1980 veröffentlichte Robert Plutchik sein emotionstheoretisches Modell «Rad der Emotionen», das acht Basisemotionen definiert. Charles Darwin führte in seinem Werk *Der Ausdruck der Gemütsbewegungen bei dem Menschen und den Tieren* 100 Jahre zuvor bereits mehrere Dutzend Emotionen ein, die er in acht Grundkategorien zusammenfasste. Und schon sehr viel früher, um das Jahr 350 v. Chr., listete Aristoteles in seiner *Rhetorik* je nach Definition acht oder neun Emotionen auf.

Folgende Emotionen finden sich in allen drei Listen:

- Wut: Sie ist die einzige Emotion, die es in ihrer Reinform in alle drei Listen schaffte, wobei Aristoteles bemerkenswerterweise die Ruhe als Gegenpol zur Wut bezeichnete (heutzutage würden wir als Gegenteil von Ruhe wohl eher die Aufregung betrachten).

- Angst: Darwin vergesellschaftet sie allerdings mit Erschrecken und Überraschung. Wir unterscheiden heute zwischen Dingen, vor denen man erschrickt, weil sie überraschend sind, etwa dem Schreckmoment in einem Horrorfilm, und Dingen, vor denen man erschrickt, weil sie uns wirklich Angst machen.

- Abscheu/Verachtung: Die schnelle, instinktive Reaktion auf schlechte oder giftige Nahrung war für die Menschheit zu allen Zeiten überlebenswichtig.

Auf jeweils zwei Listen standen:

- Traurigkeit und Freude, die wir auf allen drei Listen erwartet hätten. Aristoteles' Gründe, diese Gefühle nicht aufzuführen, sind nicht überliefert.

- Überraschung schaffte es nur bei Aristoteles nicht in die Auswahl.

- Scham und die ihr verwandte Schüchternheit. Aristoteles stellte ihnen das Selbstvertrauen gegenüber. Ihm zufolge entsteht ein Mangel an Selbstvertrauen nicht etwa durch Angst, sondern durch Scham. Diese Erkenntnis könnte hilfreich sein, wenn man eine Verbindung zu einem Menschen aufbauen möchte, der Probleme mit dem Selbstbewusstsein hat.

Vertrauen, Erwartung, Freundschaft, Freundlichkeit, Mitleid und Neid fanden wir jeweils nur in einer der drei Listen. Keiner der drei Autoren nannte interessanterweise die Aufgeregtheit. Darwin hatte dafür zwei unterschiedliche Einträge für Weinen und Leiden. Aristoteles unterschied zwischen Wut und Empörung, wobei er Letztere als Reaktion auf eine Ungerechtigkeit definierte.

Doch wie auch immer man die Bandbreite der Emotionen abzubilden und zu kategorisieren versucht – sie sind in ihrer Komplexität allesamt wichtig für eine Verbindung zu anderen Menschen. Sie sollten daher immer versuchen, so viele Emotionen wie möglich bei Ihnen selbst und bei Ihrem jeweiligen Gegenüber zu erkennen. Wenn Sie sich mit dem emotionalen Zustand eines Menschen identifizieren können, dann können Sie ihn besser verstehen – hier kommen also wieder Einfühlungsvermögen und Empathie mit ins Spiel.

WIE ENTSTEHEN EMOTIONEN?

Am Anfang einer Emotion steht die Chemie – Emotionen werden durch Neurotransmitter ausgelöst, also durch Botenstoffe, die Vorgänge und Funktionen im ganzen Körper und vor allem im Gehirn steuern.

Zu den bekanntesten Neurotransmittern gehört das Dopamin, das ebenso wie Serotonin, Noradrenalin oder die Endorphine als «Glückshormon» bezeichnet wird.

Tatsächlich beeinflusst Dopamin das Motivationsniveau, unser Gehirn stuft dank Dopaminausschüttung eine Information als wichtig ein. Allerdings hat Dopamin auch eine Kehrseite. Ein Überschuss kann Psychosen auslösen, weshalb viele antipsychotische Medikamente den Dopaminspiegel im Körper senken. Andererseits kann zu wenig Dopamin zu Hyperaktivität und bei Jugendlichen zu ADHS führen.

Serotonin löst ebenfalls Glücksgefühle aus, reguliert aber auch den Schlafrhythmus. Im Gegensatz zu Dopamin hat ein überhöhter Serotoninspiegel allerdings keine gravierenden negativen Auswirkungen. Das Stresshormon Noradrenalin wiederum stellt Aktionsenergie im Körper bereit, was gerade im Wettkampfsport von Vorteil ist. Kein Wunder, dass es immer wieder Sportler gibt, die vor Wettkämpfen ihren Noradrenalinspiegel künstlich in die Höhe treiben, also dopen. In Sportarten, bei denen es eher auf Genauigkeit als auf Geschwindigkeit ankommt, beim Bogenschießen oder Golf etwa, wird – verbotenerweise – immer wieder der Noradrenalinspiegel mit Betablockern gezielt herabgesetzt. Bei den Olympischen Spielen 2008 wurde dem nordkoreanischen Schützen Kim Jong-su nachträglich sogar die Silber- und Bronzemedaille aberkannt, nachdem beim Dopingtest Betablocker in seiner Blutprobe gefunden worden waren.

Thommy
Oft werden wir gefragt, ob wir vor unseren Auftritten Lampenfieber haben. Ja, in der Tat, wir haben Lampenfieber, und das ist auch gut so! Lampenfieber bedeutet, dass unser Noradrenalinspiegel steigt, wir werden dadurch aufmerksamer, konzentrierter, können besser reagieren und haben mehr Power auf der Bühne. Ich spreche jedoch lieber von Vorfreude als von Lampenfieber.

Sollten wir diese Vorfreude eines Tages nicht mehr spüren, wären wir wahrscheinlich an einem Punkt in unserer Karriere angekommen, an dem wir keinen Spaß mehr am Auftreten hätten.

Amélie
Bei mir ist manchmal das Lampenfieber höher und manchmal niedriger. Ich weiß noch genau: Bei unserem ersten Liveauftritt im amerikanischen Fernsehen vor 18 Millionen Menschen war mein Lampenfieber so hoch, ich hatte Herzklopfen und war so nervös, dass ich es durch gezielte Entspannungsübungen senken musste. Manchmal fällt es jedoch weniger ausgeprägt aus, dann habe ich das Gefühl, dass ich mich mehr motivieren muss, um den für unsere Zwecke produktivsten Noradrenalinpegel zu erreichen.

Thommy und Amélie beim Finale ihrer Open-Air-Tournee 2017.

Lampenfieber-Challenge

Falls Sie vor einer Präsentation, einem Auftritt oder einem wichtigen Treffen Lampenfieber haben, wird Ihnen folgender Tipp helfen: Nehmen Sie das Lampenfieber an! Denken Sie daran – Sie haben Lampenfieber, weil es Ihnen nicht egal ist, was Sie machen. Sie wollen das, was Sie machen, gut machen. Sie sind jetzt besonders aufmerksam und können sich auf das, was gleich passiert, voll und ganz konzentrieren. Sie werden nun spontaner reagieren können als sonst und freuen sich eigentlich auf das, was kommt.

Fühlen Sie in Ihren Körper hinein: Wo sitzt das Lampenfieber? Wo wirkt es sich mehr aus, wo weniger? Schlägt Ihr Herz schneller, beginnen Ihre Hände zu schwitzen?

Falls Sie zu viel Noradrenalin ausschütten, haben Sie schon gelernt, dem entgegenzuwirken: Machen Sie einfach die Entspannungsübung aus Kapitel 4, **Progressive Muskelrelaxation** (S. 90), und atmen Sie dabei langsam tief ein und aus. Im Anschluss gehen Sie, wie in Kapitel 5 beschrieben (S. 121), per Visualisierungsübung noch einmal im Kopf durch, was gleich auf Sie zukommt.

Sollte einmal der umgekehrte Fall eintreten und Sie fast schon gleichgültig Ihrer Aufgabe entgegentreten, gibt es eine ganz einfache Übung: Machen Sie zehn Hampelmänner, und boxen Sie zehnmal in die Luft. Das bringt Sie in Schwung, und Ihr Noradrenalinspiegel steigt.

Unabhängig davon, ob Sie zu viel oder zu wenig Lampenfieber verspüren: Die **Machtpose** (S. 158) hilft Ihnen in jedem Fall weiter. Nehmen Sie sie 60 Sekunden lang ein, und lächeln Sie dabei. Das gibt Ihnen das nötige Selbstvertrauen, und das Lächeln signalisiert dem Körper, dass es Ihnen gut dabei geht.

Hugo Lövheim, ein schwedischer Mediziner und Forscher, stellte fest, dass ein Cocktail aus den drei Neurotransmittern Serotonin, Dopamin und Noradrenalin in unterschiedlicher

Konzentration im Blut eng mit emotionalen Zuständen korreliert ist. Die folgende Aufstellung, die er erarbeitet hat, zeigt, welche Neurotransmitter für welche Emotionen nötig sind und wie hoch jeweils die Konzentration des einzelnen Botenstoffs im Blut sein muss.

Lövheims System der Emotionen und die zugehörige Konzentration der einzelnen Botenstoffe im Blut			
	Serotonin	Dopamin	Noradrenalin
Scham	niedrig	niedrig	niedrig
Leiden	niedrig	niedrig	hoch
Angst	niedrig	hoch	niedrig
Wut	niedrig	hoch	hoch
Verachtung / Abscheu	hoch	niedrig	niedrig
Überraschung	hoch	niedrig	hoch
Freude	hoch	hoch	niedrig
Interesse / Aufgeregtheit	hoch	hoch	hoch

Uns gefällt Lövheims Analyse, weil sie auch die Aufregung miteinschließt und deshalb für unsere Arbeit besonders hilfreich ist: nicht nur, was unsere eigene Aufregung betrifft, sondern vor allem auch, wenn es um die Verbindung geht, die wir zu unserem Publikum herstellen wollen. Bitten wir zum Beispiel einen Zuschauer auf die Bühne und merken, dass dieser sehr aufgeregt ist, wissen wir dank Lövheims System, dass wir den Noradrenalin-Spiegel des Zusehers senken müssen, um aus Aufregung Freude zu machen. An der folgenden graphischen Darstellung sieht man das besonders gut.

Die Tabelle und das Schaubild verdeutlichen die Beziehungen zwischen den einzelnen Emotionen. Sind im Blut zum Beispiel alle drei Neurotransmitter nur in geringen Mengen vorhanden, fühlt man Scham. Kommt dann ein Schub Dopamin hinzu, wird aus Scham Angst. Wenn der Serotoninspiegel

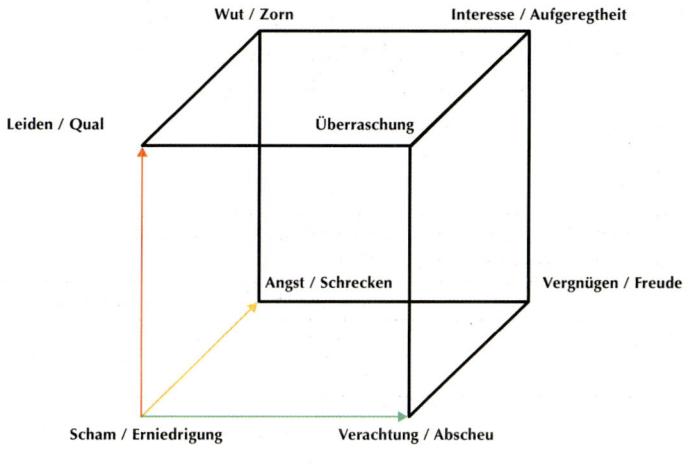

Lövheims «Würfel der Emotionen».

steigt, wird aus Scham Verachtung. Bei einem hohen Niveau aller drei Botenstoffe fühlt man Interesse oder Aufgeregtheit. Wenn dann der Noradrenalinspiegel sinkt, wird daraus Freude, was vermuten lässt, dass man für Freude ein gewisses Maß an Ruhe braucht – ein Gefühl der Sicherheit, das den «Aktionsmechanismus» des Noradrenalins ausschaltet.

Lövheims System erklärt auch die Instabilität unserer Emotionen und warum sie von einer Sekunde zur anderen umschlagen können. Wenn man Freude spürt und dann der Dopaminspiegel sinkt, wird aus Freude Verachtung oder Abscheu. Noradrenalin wird besonders schnell ausgeschüttet, und es sind nur winzige Mengen notwendig, damit zum Beispiel aus Angst Wut wird. Vor allem rechtspopulistische Medien und Politiker machen sich diese Verbindung zunutze, um die Menschen in Angst und Wut zu versetzen, damit sie ihnen folgen: Wer keine

183

vernünftigen Argumente hat, muss zu solchen Mitteln greifen, um die Leute auf seine Seite zu bringen.

Derzeit wird daran geforscht, wie man die Ausschüttung der Neurotransmitter, die positiv auf den Serotonin- und Dopaminspiegel wirken, ohne Medikamente selbst gezielt beeinflussen kann. Einiges hat man bereits herausgefunden: Fest steht mittlerweile zum Beispiel, dass regelmäßiger Sport den Serotoninspiegel anhebt, ebenso wie wohltuende soziale Kontakte oder guter Schlaf.

EMOTION UND VERNUNFT –
EIN UNGLEICHES PAAR?

Emotionen begleiten uns den lieben langen Tag – durch sie reagieren wir auf unsere Umwelt, sie erreichen uns unmittelbarer als Argumente. Vor allem die Werbebranche weiß seit langem, dass man mit Sachinformation oft nicht so weit kommt wie mit einem Appell an die Gefühle der Konsumenten. Deshalb spielen Werbung und Marketing mit Emotionen, vor allem mit Glück und Freude, aber auch mit der Angst der Konsumenten, nicht dazuzugehören: «Ohne unser Deo bist du kein ganzer Mann!» Die Angst, etwas zu verpassen, wird ebenfalls gern geschürt: «Es stehen nur noch zwei Unterkünfte zur Verfügung», «Sechs Personen sehen sich diesen Artikel gerade an» oder «Dieses Angebot ist nur noch heute gültig». Man kann sich vor diesen Manipulationen schützen – zumindest bis zu einem gewissen Grad –, wenn man versteht, wie Emotionen funktionieren.

Sie brauchen diese künstlich erzeugten Gefühle nicht, weil Sie jede Menge Gelegenheiten haben, echte Gefühle zu erleben, indem Sie ihnen Raum geben. Dabei schließen Emotionen und Logik einander nicht einmal aus. Gerade wenn es um schwierige Entscheidungen geht, empfiehlt es sich, auf beide zu hören – auf Bauch und Kopf. Wir greifen in unserer Arbeit – zum Beispiel wenn es um die Aufnahme einer neuen Komponente in unsere Show geht – gern zu Pro-und-Kontra-Listen. Manche Argumente sind eher logischen Ursprungs, andere eher emotional ausgeprägt. Oft sehen wir daran, dass zum Beispiel Alternative A logisch am meisten Sinn ergibt, uns Alternative B aber gefühlsmäßig besser gefällt, und entscheiden uns dann bewusst emotional. Ein anderes Mal lassen wir lieber der Vernunft den Vortritt. Und noch ein kleiner Tipp: Wenn Sie sich zwischen zwei Alternativen nicht aufgrund rationaler Abwägungen entscheiden können, werfen Sie doch einfach mal eine Münze. Sehen Sie das Ergebnis, spüren Sie womöglich plötzlich ganz instinktiv, ob die von der Münze vorgegebene Alternative wirklich die ist, die Sie sich gewünscht haben.

Wenn Sie ein Freund mit einem emotionalen Problem um Rat fragt, dann ist es womöglich angezeigter, ihm emotional beizustehen, anstatt ihn «vernünftig» zu beraten – und zwar, nachdem Sie abgewogen und es sich gut überlegt haben.

Wer sich umgekehrt mit Emotionen bei sich und anderen auskennt, ist nicht so schnell bei der Hand mit negativen Urteilen über andere Menschen. Wenn sich etwa jemand, der sonst nicht so ist, Ihnen gegenüber respektlos verhält, könnte das natürlich vielerlei Gründe haben; möglicherweise hat er aber auch einfach nur einen niedrigen Dopaminspiegel, ohne dass er etwas dafür kann. Wenn Sie wissen, dass das eine mögliche Ursache sein könnte, nehmen Sie sein Verhalten vielleicht nicht ganz so persönlich. Womöglich können Sie ihm sogar dabei helfen, emotional wieder ins Gleichgewicht zu kommen: Studien haben gezeigt, dass positive soziale Interaktionen im Körper eine Dopaminausschüttung bewirken können. Wenn Sie in dieser Situation höflich und verständnisvoll bleiben, kann sie sich entschärfen, und Ihr Gegenüber beruhigt sich.

LACHEN UND ANDERE
EMOTIONALE BRÜCKEN

Thommy und Amélie mit Mr. Koni Hundini.

Jede positive Verbindung nützt nicht nur Ihnen, sondern auch der Person, mit der Sie es gerade zu tun haben. Lachen kann eine schöne Verbindung zwischen zwei oder mehreren Menschen herstellen. Wir wissen, wovon wir sprechen: Es ist ein wunderbares Gefühl, wenn in unserer Show der ganze Saal vor Lachen bebt. Man muss dann einfach mitlachen.

Sie wissen inzwischen, wie wichtig es ist, Perspektivenwechsel vorzunehmen und Empathie zu zeigen, wenn man eine Verbindung zu einem anderen Menschen herstellen möchte. Aus diesem Grund ist Lachen eine so gute Verbindungsmöglichkeit: Geteilter Humor schafft Gemeinsamkeit und verrät viel über die Denkweise eines Menschen. Doch damit Komik wirken kann, muss sie aus sich selbst heraus verstehbar sein.

Wenn man einen Witz erklärt bekommt, ist das so, als würde man einen Frosch sezieren. Man versteht ihn dann besser, aber der Frosch ist am Ende tot.

ANDRÉ MAUROIS

Ein Witz funktioniert, wenn zwei unterschiedliche Erwartungsebenen überraschend aufeinanderprallen. Das Thema, mit dem der Witz beginnt, erweist sich als irreführend, denn im Verlauf der Erzählung bemerkt der Zuhörer, dass er die Situation offenbar völlig anders einordnen muss. Dieser Perspektivenwechsel, der in einer Pointe gipfelt, löst Lachen aus. Beispiel gefällig? Bitte sehr:

Ein kleiner Junge kommt in einen Friseursalon, und der Friseur flüstert seinem Kunden zu: «Dieser Junge ist strohdumm. Ich werde es Ihnen zeigen.»

Der Friseur zieht einen Fünf-Euro-Schein und drei Ein-Euro-Münzen heraus und hält dem Jungen den Schein mit der einen Hand, die Münzen mit der anderen Hand hin. «Was willst du haben?», fragt er den Jungen. Der ruft begeistert: «Oh, die glitzern so schön.» Dann nimmt er die Münzen und verlässt den Laden.

«Was habe ich Ihnen gesagt?», meint der Friseur daraufhin zu seinem Kunden. «Der Junge kapiert das nie.»

Kurze Zeit später geht der Kunde die Straße entlang, da sieht er den Jungen aus einer Eisdiele kommen. «Hey, Kleiner! Warum hast du nicht die fünf Euro genommen?», fragt er.

Der Junge leckt an seinem Eis und antwortet: «An dem Tag, an dem ich mich für die fünf Euro entscheide, ist das Spiel vorbei!»

Der Witz zeigt, wie Komik grundsätzlich funktioniert. Am Anfang wird der Junge als dumm dargestellt, weil er lieber die glitzernden Münzen als den wertvolleren Fünf-Euro-Schein nimmt. Die Pointe am Schluss offenbart aber, dass der Junge in Wirklichkeit der Schlaumeier und der Friseur der Dumme ist.

Humor ist eine Form der Unterhaltung, aber auch ein Mittel im Umgang mit Stress und Überforderung. Gut platzierter, kluger Humor kann Anspannungen lösen und gleichzeitig Mitmenschen für uns einnehmen – da ist es nicht verwunderlich, dass wir bei unserer Arbeit auf der Bühne bewusst humorvolle Momente herbeiführen. Das war nicht von Anfang an so, meist hat sich eine bestimmte Situationskomik spontan während eines Auftritts ergeben, und als wir merkten, wie positiv sie auf die Gesamtstimmung im Saal wirkt, haben wir sie als feste Bestandteile in unser Programm integriert. Natürlich lebt unsere Show aber auch von der Improvisation – humorvoll auf kleinere Pannen, eine lustige Zuschauerreaktion einzugehen macht uns besonders Spaß und sorgt für gute Stimmung.

Für uns gibt es privat wie beruflich allerdings ein Tabu, wenn es um den Humor geht: niemanden bloßzustellen und nicht auf Kosten anderer einen Witz zu machen. Das erfordert viel Feingefühl, denn schließlich hat jeder Mensch seinen ganz eigenen Zugang zu Humor. Im Zweifelsfall empfehlen wir: lieber keinen Witz zu machen, als Gefahr zu laufen, den anderen zu verletzen.

Amélie
Ich liebe Thommys Humor. Oft sagt er aus dem Nichts heraus Dinge, über die ich dann lauthals anfange zu lachen. Es sind oft trockene Aussagen, und er scherzt auch gerne über sich selbst. Entscheidend dabei ist für mich die Spontanität. Achten Sie darauf, über was Sie mit einem Menschen gemeinsam lachen können. Das kann Ihnen helfen, Ihre Verbindung zu stärken und zu vertiefen.

Wenn wir es in der Show schaffen, durch einen Witz oder einen lustigen Moment den ganzen Saal zum Lachen zu bringen, sehen wir, wie Emotionen zwischen Fremden Brücken schlagen, aus denen wiederum wichtige Verbindungen entstehen können. Tatsächlich können viele Situationen bei zwei Menschen die gleichen Emotionen erzeugen und diese Menschen miteinander verbinden, selbst wenn sie sich vorher nie getroffen haben.

Vor allem bei Sportveranstaltungen kommt das häufig vor, und wir glauben, dass dieses Gefühl der Verbundenheit mit den anderen Fans ein großer Anreiz ist, ins Stadion zu gehen. Man teilt Frust und Freude über Niederlage und Sieg der eigenen Mannschaft, und wenn man einen völlig Fremden sieht und etwas von sich selbst in ihm wiedererkennt, erzeugt das eine Verbindung.

Ähnliches geschieht bei großen Tragödien wie zum Beispiel Naturkatastrophen. Angesichts solcher dramatischen Situationen berichten Betroffene immer wieder von einem starken Gemeinschaftsgefühl, das durch das erlittene Schicksal entsteht: Die Menschen sind besonders freundlich und hilfsbereit zueinander, man trauert gemeinsam und bemüht sich, zusammen den entstandenen Schaden zu beheben. So traurig diese Ereignisse also auch sind: Sie können starke Verbindungen zwischen Menschen herstellen.

Das Gleiche gilt für persönliche Schicksalsschläge. Wir beide haben das in den letzten Jahren selbst erlebt. Wir haben das Thema aber nicht vermieden und unsere Trauer und Betroffenheit versteckt, wie wir es vielleicht früher getan hätten, sondern wir haben unseren Schmerz miteinander geteilt und ihn so ein Stückweit erträglicher gemacht. Dadurch ist unsere Verbindung noch enger geworden: Sie trägt uns, das wissen wir nun, nicht nur durch die Höhen, sondern auch durch die Tiefen des Lebens.

ANGST UND ANDERE
EMOTIONALE BLOCKADEN

Wir alle haben Angst, wir werden mit ihr geboren und groß, sie verlässt uns nie. Und das ist auch gut so, denn Angst hat durchaus ihre Berechtigung – was, wenn wir heute blindlings einem knurrenden Hund ins Maul greifen oder uns aus dem fahrenden Auto oder von einer Brücke stürzen würden?

Angst ist evolutionsgeschichtlich als «Lebensversicherung» gedacht und durchaus gesund, sofern sie vorübergehend ist und kein chronischer Zustand. Heute haben wir uns allerdings eine Reihe von Ängsten zugelegt, die zivilisatorisch oder sozial bedingt sind. Gerade in Bezug auf unser Thema – die zwischenmenschliche Verbindung – werden oft derlei Ängste aktiviert, etwa die Angst vor Nähe, vor Zurückweisung und als extreme Ausformung die soziale Phobie, also die generalisierte Angst vor anderen Menschen. All diese Ängste sind bei genauerer Betrachtung eng miteinander verwandt.

Die Angst überwinden

Muss man sich denn auch alles von sich gefallen lassen?
Kann man nicht stärker sein als die Angst?
VIKTOR FRANKL

Thommy
Amélie hatte als Kind extreme Höhenangst. Sie erzählte mir davon, als wir mit dem Aufzug zu einem Restaurant ins oberste Stockwerk eines Hotels fuhren. Eines Tages hatte sie beschlossen, nicht mehr in Angst leben zu wollen. Von da an ging oder fuhr sie in jedem Gebäude ganz nach oben und begann sogar mit dem Klettern.

Wenn ich vor etwas Angst habe, denke ich an Amélie und daran, wie sie sich ihrer Angst stellte. Nun ist es sogar so weit, dass wir, sobald wir in einer neuen Stadt sind, in die höchste Rooftop-Bar gehen oder auf jeden Aussichtsturm steigen müssen. Ich glaube, langsam bekomme *ich* Höhenangst …

Amélie
Ich hörte damals von dem Neurologen und Psychiater Viktor Frankl, der ebenfalls unter Höhenangst gelitten hatte. Er überwand diese Angst, indem er bergsteigen ging. Er nahm sogar im Alter von 67 Jahren noch Flugstunden. Seine Devise war, dass man sich vom Leben nicht alles gefallen lassen müsse. Ich tat daraufhin das Gleiche, und es hat funktioniert. Indem man sich der Angst stellt, schwächt man sie ab, bis man sie überwunden hat. Man gewinnt Selbstvertrauen. Allerdings kommt meine Höhenangst immer wieder ein bisschen zurück, wenn ich einen Monat lang nirgendwo weit oben war. Manche Ängste sind hartnäckig.

Viele der sozialen Ängste sind in unseren Augen nur unterschiedliche Ausprägungen der einen großen Angst, nicht zu genügen. Denn wenn man eine echte Verbindung zu einem anderen Menschen aufbauen will, muss man bereit sein, sich dem anderen zu zeigen, verwundbar und so, wie man ist: mit allen seinen Schwächen und Fehlern. Viele von uns fürchten sich davor, dem anderen dann nicht mehr zu gefallen und von ihm abgelehnt zu werden. An dieser Stelle würden wir Ihnen gerne versichern, dass Sie gut genug, dass Sie ein wertvoller Mensch sind. Und zweifellos sind Sie das auch. Aber wir wissen, wie wenig es Ihnen bedeutet, wenn wir das so pauschal sagen, schließlich kennen wir Sie nicht persönlich. Vor allem aber deshalb, weil alle wohlmeinenden Worte nichts nutzen, wenn Sie selbst nicht überzeugt davon sind.

Viele Entertainer wie wir fürchten sich vor dem Tag, an dem die Zuschauer der Ansicht sind, dass die auf der Bühne erbrachten Leistungen nicht mehr gut genug sind. Vor allem auf Entertainer mit großem Ego trifft das zu. All die überzogene Selbstdarstellung, auf die man im Showbusiness so häufig trifft, ist oft nur ein Schutzmechanismus: Dahinter steht die Angst, dass die eigene Unzulänglichkeit bei der nächsten Show offensichtlich werden könnte.

Auch wir beide kennen diese Angst nur zu gut. Wahrscheinlich ist sie in unserem Beruf unvermeidbar, weil wir durch unsere Arbeit kein Produkt erzeugen, das wir nach der Vollendung begutachten und noch einmal verbessern können, wie etwa ein Maurer oder ein Schriftsteller. Ob unsere Kreation etwas taugt, wissen wir erst, wenn sie vor den Augen unseres Publikums geboren und zeitgleich von ihm beurteilt wurde. Wenn wir eine Show schon oft aufgeführt haben und sie dem Publikum gefallen hat, gibt uns das eine gewisse Zuversicht. Aber bei jeder Show haben wir neue Zuschauer, von denen wir nicht wissen können, wie sie reagieren und wie gut sie unsere Arbeit finden. Also bestehen immer auch Zweifel und Befürchtungen, ob das, was einst großen Beifall hervorgerufen hat, irgendwann nur noch zu höflichem Applaus führt.

Zu Beginn unserer gemeinsamen Karriere, als wir zum ersten Mal mit unserem neuen Act auf die Bühne gingen, begegneten wir dieser Angst, indem wir die Show erst nur vor Freunden und bei kleinen Feiern aufführten. Wir sagten uns: Wenn wir da patzen, wird das nicht gleich das Ende unserer Karriere bedeuten. Außerdem war uns dieses Publikum grundsätzlich wohlgesinnt, und wir konnten von ihm ein konkretes Feedback für Verbesserungen bekommen. Auftritt für Auftritt tasteten wir uns dann langsam an größere Engagements heran.

Dieses Prinzip, von vertraut zu fremd, von klein zu groß, von eher unbedeutend zu wichtig vorzugehen, funktioniert auch in anderen Situationen gut. Mit dem **Kassiererspiel** aus Kapitel 6 (S. 172) kann man zum Beispiel gut die Angst überwinden, fremde Menschen anzusprechen. Man hat nicht viel zu verlieren, wenn es nicht klappt, aber im Erfolgsfall bekommt man mehr Selbstvertrauen, die Angst wird kleiner, und man traut sich, die Person anzusprechen, an der man nachhaltigeres Interesse hat. Sollte eine Annäherung nicht gleich gelingen, verzagen Sie nicht. Wenn Sie sich mit Hilfe kleiner Verbindungen immer wieder Erfolgserlebnisse holen, finden Sie mit der Zeit den Mut und das Selbstvertrauen, auch tiefere Verbindungen anzugehen.

Angstmacher

Angst kommt allerdings nicht immer aus uns selbst – oft wird sie auch geschürt. Und das mit großem Erfolg: Der amerikanische Autor Gregg Easterbrook ging in seinem letzten Buch *Warum die Welt einfach nicht untergeht* der Frage nach, woher es kommt, dass wir uns heutzutage immer schlechter fühlen, obwohl unser Leben immer besser und leichter wird. Als Beispiel nennt er die wachsende Angst vor Gewalt: Laut einer Studie der Weltgesundheitsorganisation aus dem Jahr 2017 gehört Gewalt weltweit nicht mehr zu den zehn häufigsten Todesursachen. In den USA geht die Anzahl der Gewalttaten seit 1993 kontinuierlich zurück. Gleichzeitig zeigen die Umfragen der letzten Jahre, dass viele Menschen glauben, die Kriminalitätsraten würden steigen. Woher kommt diese Diskrepanz?

Easterbrooks Antwort: Politiker und Medien neigen zum Aufbauschen und Übertreiben. Wir werden online, übers Fernsehen, in Zeitungen und anderen Medien mit Angstbotschaften bombardiert. Das gilt nicht nur für Werbung und Nachrichten – auch in vielen Filmen und Serien geht es mit der Welt bergab. Negative Nachrichten oder Darstellungen rufen starke Emotionen beim Publikum hervor und machen alles interessanter, eindrücklicher und effektvoller. Gute Nachrichten dagegen schaffen es nur selten auf die Titelseite, und auch Serien und Filme, in denen es keine Probleme, Komplikationen oder Tragödien zu überwinden gilt, hätten wenig zu erzählen. Der Satz «Only bad news are good news» ist inzwischen zu einer geflügelten Aussage geworden.

Im Jahr 2016 sind wir nach Los Angeles geflogen, um an *America's Got Talent* teilzunehmen. Wir waren insgesamt ein halbes Jahr in der Stadt der Engel. So engelsgleich war es aber gar nicht, im Gegenteil, denn damals ächzte Südkalifornien unter einer schrecklichen Dürre, die bereits seit 2011 das Land und die Menschen belastete. Die Wasserknappheit und ihre Auswirkungen beherrschten die lokalen Medien, man orakelte gar, dass dies «die neue Normalität» sei. Experten wurden reihenweise mit Schreckensprognosen zitiert. Stand der Golden State vor dem Kollaps?

Heute erinnern sich unsere Freunde in Los Angeles zwar noch an Berichte über die Dürre, haben aber seit zwei Jahren nicht mehr viel darüber gehört. Auf den Dürresommer war ein ungewöhnlich nasser Winter gefolgt, das Wasserreservoir ist heute längst wieder gut gefüllt. Im Jahr 2017 beendete der Gouverneur Brown die Wasserrationierungsmaßnahmen, und Mitte März 2019 wurde Kalifornien sogar wieder für dürrefrei erklärt. Doch die Medien verlieren kaum ein Wort darüber.

Ganz ähnlich funktionieren Medienberichte über Kriminalität. Hier ein schwerer Einbruch, da Körperverletzung oder Ausschreitungen bei Demonstrationen – die Liste ließe sich beliebig fortsetzen. Man konsumiert all diese Schreckensnachrichten, und wenn man sie nicht kritisch hinterfragt, in Beziehung zur

Gesamtsituation setzt oder sie einordnet, könnte man durchaus das Gefühl entwickeln, dass jeder Fremde eine potenzielle Bedrohung darstellt. Wenn Sie das tun und sich anderen Menschen gegenüber entsprechend verhalten, ist es kein Wunder, wenn diese Leute Ihnen nicht mit Freundlichkeit begegnen. Das bestärkt wiederum Ihre erste, ängstliche Einschätzung. Ein Teufelskreis ist geboren, aus dem man nur schwer wieder ausbrechen kann.

Was Sie dagegen tun können

Auch Ängsten, die von außen geschürt werden, dürfen wir uns nicht kampf- und willenlos ergeben, sonst haben sie uns bald komplett im Griff und machen uns handlungsunfähig. Ganz ähnlich wie bei Amélies Höhenangst hilft hier nur die Flucht nach vorn. Sehen Sie sich die Angstmacher an, und schalten Sie Ihren Verstand wieder ein.

Der erste Schritt ist ein kritischer Umgang mit den Medien. Suchen Sie sich zu ein und demselben Sachverhalt unterschiedliche Quellen, und lesen Sie quer. Oft hilft schon ein Blick ins Impressum des jeweiligen Verlags oder Senders oder der entsprechenden Website, um eine tendenziöse Berichterstattung zu erkennen. Gehen Sie ihr nicht auf den Leim, sondern halten Sie sich an die Leitmedien, auch wenn selbst dort nicht immer sauber gearbeitet wird. Immerhin können Sie aber sicher sein, dass diese Organe rechtsstaatliche und demokratische Grundsätze wahren. Behalten Sie vorsichtshalber trotzdem immer im Hinterkopf, dass viele Medien und Politiker von Übertreibung leben.

Suchen Sie in einem zweiten Schritt nach positiven Nachrichten, die Ihnen die Zuversicht zurückgeben, dass genügend Gutes in der Welt passiert. Auf der US-amerikanischen Website *reasonstobecheerful.world* wird über gute Nachrichten aus aller

Welt berichtet, und auch deutsche Medien, wie zum Beispiel *focus.de/perspektiven*, richten eigene Bereiche mit ausschließlich positiven Nachrichten auf ihren Webseiten ein. Wer lieber Videos schaut, wird bei *youtube.com* unter dem Begriff TED-Talks fündig: Dort gibt es mehrere tausend Vorträge zu allen möglichen Themen (u. a. finden Sie dort auch zwei Videos von uns). In vielen dieser Videos erzählen Menschen von ihren positiven Entdeckungen oder Erfindungen, die in den Medien oft keinen Platz finden. Bei uns sorgen TED-Vorträge immer für optimistische Stimmung und bilden uns weiter. Wir sehen: Das Internet verstärkt die negative Wirkung von Politik und Medien, gleichzeitig findet man dort aber auch positive Nachrichten, die man sonst nicht zu sehen bekommt. Es gibt sie – man muss eben nur ein wenig suchen.

Amélie
Hin und wieder, wenn wir uns weit weg von zu Hause aufhalten, passiert es, dass unsere Familie ängstlich nach unserem Befinden fragt. Wir sind dann ganz verwundert, weil alles in Ordnung ist und es aus unserer Sicht keinen Grund zur Besorgnis gibt. Den hat nur mal wieder eine haarsträubende Schlagzeile in den heimischen Medien über das Land geliefert, in dem wir uns gerade befinden. Meistens ist nicht einmal die Gegend, in der wir auftreten, betroffen, und auch die Meldung selbst wurde völlig überzogen formuliert.

Eine weitere Möglichkeit, sich gegen die emotionalen Manipulationen durch Schreckensnachrichten ebenso wie durch Werbung zu wappnen, besteht darin, diese Nachrichten rational zu analysieren. Versuchen Sie zunächst einmal herauszufinden, ob Sie als Konsument des betreffenden Mediums manipuliert werden sollen und auf welche Weise:

- **Emotionen** werden angesprochen. Dem Konsumenten wird suggeriert, dass er bis ans Ende seiner Tage glücklich sein wird oder reich oder frei, wenn er dieses Produkt und kein anderes kauft. Aber auch mit der Angst vor Verlust wird gespielt, weil einem durch die Wahl des falschen Deos angeblich die Liebe des Lebens oder wenigstens ein Sexualpartner durch die Lappen zu gehen droht. Dass eine derartige Angst ganz bewusst – und zwar vom Werbenden selbst – thematisiert werden kann, zeigte 2015 eine Supermarktkette, deren Weihnachtswerbespot für großes Aufsehen sorgte. In dem Spot sieht man einen alten, allein lebenden Mann, der Weihnachten wieder einmal ohne Familie verbringen muss. Als seine Kinder jedoch vom Tod ihres Vaters erfahren, treffen sich alle zum vermeintlichen Leichenschmaus im Hause des Vaters. Der kommt plötzlich quicklebendig um die Ecke und sagt: «Wie hätte ich euch denn sonst alle zusammenbringen sollen?» Am Ende des Spots stehen Erleichterung, ein Aha-Erlebnis und eine positive Emotion: Freude. Und natürlich ist der Werbende ganz nebenbei auch noch seine Werbebotschaft losgeworden: «Kauft bei uns ein, wo noch der Mensch im Mittelpunkt steht!»
- Auch **Übertreibungen** sind ein probates Mittel: «Durch unser Waschmittel wird Ihre Wäsche weißer als weiß!» Manchmal wird die Botschaft sogar ins Komische übersteigert: «Essen Sie diesen Riegel, und Sie werden zum Superhelden!»
- Nachteile werden **heruntergespielt**: «Für nur zwei Euro pro Tag» klingt weniger als «700 Euro im Jahr».
- **Rhetorische Fragen** werden gestellt, die eine Antwort im Sinne des Werbenden implizieren, aber nicht beantwortet werden: «Wollen Sie das wirklich selber machen?»
- **Verallgemeinernde Aussagen** werden klischeehaft, pauschal und undifferenziert über Gruppen getroffen: «Männer lieben Bier, und Frauen kaufen Schuhe!» Das zeigt exemplarisch,

wie man einen Keil zwischen die einzelnen Bevölkerungsgruppen treibt.

LASSEN SIE IHRE WUT LOS

Wir haben gesehen, dass nicht nur Angst einer tiefen Verbindung mit anderen Menschen im Weg stehen kann, sondern
auch Wut. Denn wenn Sie wütend werden, verlieren Sie: Sie
verlieren die Kontrolle über Ihre Handlungen. Sie verlieren die
Fähigkeit, vernünftige Entscheidungen zu treffen. Sie verlieren
den Respekt derer, die miterleben, wie Sie wütend werden. Vor
allem aber verlieren Sie die Fähigkeit, in einen Austausch mit
anderen Menschen zu treten.

Die meisten von uns mögen das schale Gefühl nicht, das
sich einstellt, wenn wir wütend sind und vielleicht Dinge sagen
oder tun, die wir später bereuen. Und dennoch tappen wir alle
immer wieder in die Wutfalle. In der heutigen Welt sind wir umgeben von Aggression, und gestresst, wie wir sind, braucht es
nicht viel, und auch wir werden wütend und zornig und unge-
recht. Auslöser gibt es viele, auch wenn sie oft höchst subjektiv
sind: Wir haben das Gefühl, zu kurz zu kommen, benachteiligt,
angegriffen oder unangemessen behandelt zu werden – und so
weiter und so fort. Und schon ist sie da: die Wut. Und es bricht
sich Bahn, was lange aufgestaut war.

Gezielt entstressen

Hand aufs Herz: Ist es nicht so, dass wir uns manchmal selbst
nicht wiedererkennen, wenn wir uns nicht mehr beherrschen
können und unserer Wut freien Lauf lassen? Dass wir dann jemand ganz anders sind – jemand, den wir eigentlich gar nicht

ausstehen können, weil er sich nicht im Griff hat? Und weil das so ist, empfehlen wir ein probates Gegenmittel: gezielt entstressen!

Wut ist Stress pur – uns stresst der Anlass selbst, der Ärger und Wut bei uns auslöst, ebenso wie der Hormoncocktail, der in der Folge den Stress auch ganz messbar im Körper ankommen lässt. Ganz schön anstrengend also, so ein kleiner Tobsuchtsanfall.

Wir haben bereits gesehen, dass höhere Dopamin- und Serotoninspiegel im Körper positive Gefühle auslösen und negative verdrängen. An dieser Stelle wollen wir nun etwas konkreter darauf eingehen, wie sich die Produktion und Ausschüttung dieser Hormone gezielt triggern lassen, und zwar ganz ohne jede chemische Keule.

Eine besonders einfache und natürliche Methode ist ein Spaziergang im Sonnenschein. Sonnenlicht, das ungefiltert auf die Netzhaut des Auges und die Haut auftrifft, regt die Vitamin-D-Produktion im Körper an, und dieses Vitamin fördert wiederum die Serotoninproduktion.

Auch Bewegung lässt – verbunden mit dem befriedigenden Gefühl, sich sportlich betätigt zu haben – den Dopamin- und Serotoninspiegel ansteigen.

Achten Sie außerdem auf ausreichend Schlaf – das sorgt für gesunde Neurotransmitterspiegel. Eine Dauerbelastung durch Stress senkt den Dopamin- und Serotoninspiegel, während Meditation und Massagen die Produktion dieser wichtigen Botenstoffe anregen.

Auch glückliche Erinnerungen erhöhen die Serotoninproduktion, ebenso wie sanfte, entspannende Musik, die man gern hört. Und schauen Sie sich doch immer mal wieder Fotos von schönen Momenten in Ihrem Leben an! Sorgen Sie dafür, dass diese in Griffweite zum Ansehen bereit sind. Das wird in den meisten Fällen auf Ihrem Smartphone sein, ebenso wie Ihre liebsten Songs und Musikstücke – das hebt Ihre Stimmung überall und jederzeit.

Und last, but not least der Königsweg für jeden Aufreger: Treten Sie einen Schritt zurück, und lassen Sie sich Zeit, um mit Ihren negativen Emotionen umzugehen. Es steht nirgends geschrieben, dass Sie sofort reagieren müssen. Geben Sie sich und Ihrem Gehirn die Möglichkeit, herunterzukommen und ruhiger zu werden. Zählen Sie innerlich bis zehn, atmen Sie tief aus, entspannen Sie aktiv die Schultern, und lösen Sie die Verkrampfung in Ihrem Kiefer. Signalisieren Sie Ihrem Gehirn, dass weder Kampf noch Flucht anstehen und es den Adrenalinpegel senken kann. Die Wirkung setzt schon nach ein paar Sekunden ein, und Sie werden merken, dass Sie Ihre Wut gar nicht mehr «brauchen».

Im Kontakt mit sich selbst bleiben

Manchmal hilft auch ein kleiner Ausflug in die Vergangenheit, um der Wut für einen Moment zu entfliehen. Sich schöne Momente seiner Kindheit ins Gedächtnis zu rufen erdet und bringt einen wieder mit sich selbst in Kontakt – nicht nur in emotional aufwühlenden Situationen, sondern auch generell. Wir sind der Überzeugung, dass diese Verbindung mit sich selbst sowieso die Basis dafür ist, auch mit anderen Beziehungen aufzubauen. Wer weiß, was ihn ausmacht, was ihn begeistert, berührt, traurig oder wütend macht und warum das so ist, dem gelingt es besser, mit seinen Emotionen umzugehen: Wir ruhen dann mehr in uns.

Es gibt viele Wege, mit seinem jüngeren Selbst in Kontakt zu kommen. Versuchen Sie, sich zu erinnern: Was mochten Sie als Kind oder Jugendlicher? Welche Spiele, Bücher, Songs, Filme gefielen Ihnen besonders gut? Und warum? Was hat Sie geprägt, welche Menschen, welche Erfahrungen? Was haben Sie als

Kind gern gegessen? Amélie versucht seit längerem, eine Torte genau so hinzubekommen, wie sie sie als Kind so geliebt hat.

Thommy
Ich habe vor nicht allzu langer Zeit ein Gedicht wiederentdeckt, das ich in meiner Schulzeit geschrieben habe. Ich konnte mich gar nicht mehr daran erinnern, es verfasst zu haben. Ich begann zu lesen und fühlte mich sofort in meine Kindheit zurückversetzt, und plötzlich wusste ich auch wieder, in welcher Situation es entstanden war. Das Gedicht stellte eine Verbindung zu meinem jüngeren Selbst her – damit verfolgte ich in diesem Fall kein bestimmtes Ziel, sondern genoss einfach nur das schöne Gefühl.

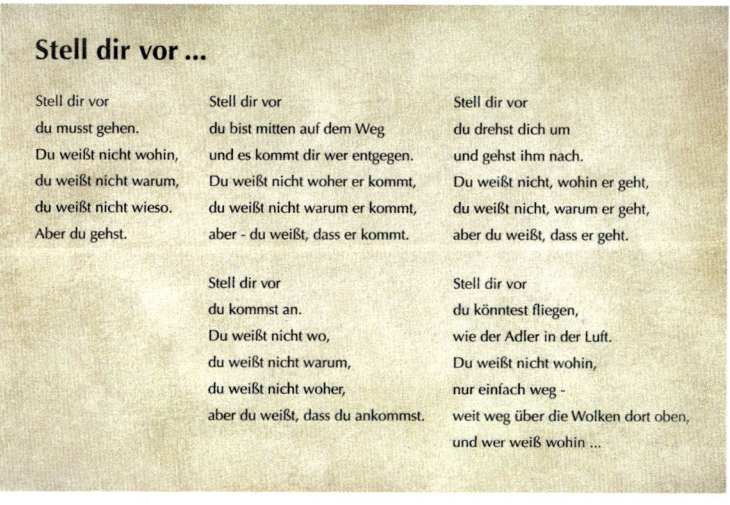

Stell dir vor ...

Stell dir vor
du musst gehen.
Du weißt nicht wohin,
du weißt nicht warum,
du weißt nicht wieso.
Aber du gehst.

Stell dir vor
du bist mitten auf dem Weg
und es kommt dir wer entgegen.
Du weißt nicht woher er kommt,
du weißt nicht warum er kommt,
aber - du weißt, dass er kommt.

Stell dir vor
du drehst dich um
und gehst ihm nach.
Du weißt nicht, wohin er geht,
du weißt nicht, warum er geht,
aber du weißt, dass er geht.

Stell dir vor
du kommst an.
Du weißt nicht wo,
du weißt nicht warum,
du weißt nicht woher,
aber du weißt, dass du ankommst.

Stell dir vor
du könntest fliegen,
wie der Adler in der Luft.
Du weißt nicht wohin,
nur einfach weg -
weit weg über die Wolken dort oben,
und wer weiß wohin ...

Thommys Gedicht «Stell dir vor ...».

Thommy
Ich komme über Musik am besten in Kontakt mit meinem jüngeren Selbst. Heute kann man Musik ja überallhin mitnehmen. Ich trage alle Songs, die mir jemals gefallen haben, mit mir herum und kann so jederzeit eine kleine Zeitreise antreten.

Amélie
Deswegen habe ich immer noch meinen Game Boy, auf dem ich Tetris spiele. Er bietet mir alle Vorteile eines visuellen Spiels, und ich fühle mich dann immer in Kontakt mit der kleinen Christina, die damals Tetris zum ersten Mal gespielt hat.

Sie haben nun gelernt, was Emotionen sind, wie diese entstehen, wie Sie sie steuern und auch bewusst verändern können. Und auch, dass es völlig normal ist, dass hin und wieder Wut in uns aufkommt – wir sind ja schließlich Gefühlswesen. Wichtig ist unserer Ansicht nach, dass wir unsere Emotionen und die unserer Mitmenschen registrieren und ernst nehmen. Dabei sollten wir sie nicht immer persönlich nehmen und uns Zeit geben, Dinge auch mal «sacken» zu lassen, bevor wir impulsiv und emotional reagieren. Nicht umsonst rät man zum Beispiel bei Konfliktsituationen, noch mal «eine Nacht drüber zu schlafen», bevor man reagiert. Versuchen Sie es!

KAPITEL 8

Tragfähige mentale Verbindungen knüpfen

S ie sind nun mit dem nötigen theoretischen Rüstzeug ausgestattet, um die Magie der Verbindung auch in der Praxis zu erleben. In diesem Kapitel werden wir Ihnen noch etwas konkreter zeigen, wie Sie Ihr neues Wissen für echte Verbindungen in Ihrem Leben nutzen können. Fangen Sie am besten noch heute mit der praktischen Umsetzung an, denn nur Übung macht den Meister.

EINE NEUE SPRACHE FINDEN

Die Kunst, eine Verbindung zu einem Menschen zu erlernen, ist, wie eine eigene Sprache zu lernen, nur ohne Worte. Natürlich unterhalten Sie sich auch miteinander, wenn Sie sich mit jemandem verbinden. Aber die Sprache der Verbindung hat mit den Inhalten der Gespräche oft gar nichts zu tun und lässt sich auch nur schwer in Worte fassen. Auch wenn es sich verrückt anhört, ist es wie die Sprache des Verstandes. Es ist so, als wenn unser Verstand mit einem anderen kommuniziert.

Je häufiger man übt, verschiedenste Verbindungen einzugehen, desto einfacher und besser wird man sich mit anderen Menschen verbinden können. Dieser Prozess ist vergleichbar mit unterschiedlichen Sprachen: Je mehr Fremdsprachen man spricht (aber auch, wie sehr man sich unterschiedlichen sprachlichen Milieus der eigenen Muttersprache anpassen kann), desto einfacher kann man mit Menschen unterschiedlicher Herkunft kommunizieren.

Betrachtet man die Fähigkeit, sich zu verbinden, wie das Erlernen einer Sprache, ist es interessant zu wissen, wie man überhaupt eine neue Sprache erlernt. Lassen Sie uns zunächst einen kurzen Blick darauf werfen, wie der Spracherwerb bei kleinen Kindern vonstattengeht. Sie bilden mentale Kategorien, wenn sie neue Wörter lernen, basierend auf den Zusammenhängen, in denen sie diese Wörter gehört haben. Ein einfaches Beispiel ist das Wort «Mama»: Es bezeichnet zuallererst eine einzige Person – die eigene Mutter, den ersten anderen Menschen, den Kinder kennenlernen, und zwar schon im Mutterleib. Nach und nach lernen die Kinder aber, dass dieser Begriff auch die Mütter anderer Kinder und überhaupt aller anderen Menschen bezeichnet – bis sie das Wort schließlich, wenn sie größer sind, auch metaphorisch verwenden können, etwa in dem Sprichwort: «Vorsicht ist die Mutter der Porzellankiste.»

Die Sprache der Verbindung lernt man ganz ähnlich – durch ausprobieren, indem man mit Menschen kommuniziert. Bei jeder Kommunikation lernen Sie etwas dazu und eignen sich so Stück für Stück die neue Sprache an. Sie werden die einzelnen Tools für Verbindungen immer besser und in immer unterschiedlicheren Situationen und Verbindungskategorien anwenden können, so, wie sich für das Kind die Bedeutung des Wortes Mutter erweitert. Im Laufe der Zeit gehen Sie ganz verschiedene Verbindungen zu anderen Menschen ein, auch wenn sie nicht immer dauerhaft, oft sogar sehr flüchtig sind. Betrachten Sie doch einmal aus der Retrospektive Verbindungen, die Sie in der Vergangenheit eingegangen sind – zu Angehörigen, Gleichaltrigen, Lehrern, Zufallsbekanntschaften, Dienstleistern. Sie merken, Sie haben Verbindungen in verschiedensten Kategorien geknüpft! Welche Verbindungen haben Sie als besonders intensiv und dauerhaft in Erinnerung? Welche Gemeinsamkeiten lassen sich bei diesen besonderen Verbindungen erkennen? Sind Ähnlichkeiten zwischen Ihnen und Ihrem jeweiligen Gegenüber der Grund dafür, und wenn ja, welche? So eine kleine mentale Inventur ist ein guter Einstieg in dieses Kapitel, weil sie das Gelesene mit Ihrer eigenen Lebenswirklichkeit verbindet. Sie haben sozusagen schon jetzt ein eigenes Repertoire Ihrer neuen Sprache, doch diese besteht nicht aus Wörtern, sondern aus Erfahrungen, auf welche Sie jederzeit zurückgreifen können.

UNSERE CHECKLISTE

Im Jahr 2001 führten die Ärzte der Intensivstation des Johns-Hopkins-Krankenhauses im US-amerikanischen Baltimore eine Neuerung ein, mit deren Hilfe die Infektionsrate schlagartig erheblich sank. Daraufhin folgten andere Kliniken diesem Beispiel. Überall dasselbe Ergebnis: Die Infektionsraten konnten um 66 Prozent reduziert werden, Todesfälle um 10 Prozent. Schätzungsweise 1000 Leben wurden so in nur einem Jahr gerettet.

Diese bahnbrechende Neuerung war nicht etwa eine neue Behandlungsmethode oder ein neues Medikament. Sondern eine Sicherheitscheckliste. Die Ärzte gewöhnten sich an, für jeden möglichen Fall eine Checkliste anzulegen, damit sie in stressigen Situationen, wenn es vielleicht sogar um Leben und Tod ging, nicht auf ihr Gedächtnis angewiesen waren. Viele Ärzte wehrten sich zunächst gegen diese Neuerung und hielten sie für unnötig – bis sie die Ergebnisse sahen. Heute werden sie überall eingesetzt.

Wir selbst sind große Fans von Checklisten: Sie halten übersichtlich das Wesentliche fest, auf das man achten muss, ob es nun die Packliste für den Urlaub betrifft oder die To-do-Liste für den nächsten Arbeitstag. Deshalb haben wir auch für Sie eine Checkliste vorbereitet. Sie führt auf, wie Sie sich geistig optimal darauf vorbereiten können, eine Verbindung zu einem anderen Menschen herzustellen. Mit dieser Liste retten Sie vielleicht keine Leben, aber Sie werden Ihr Leben mit Verbindungen bereichern!

Checkliste

- [ ] **Gehen Sie von einer guten Verbindung aus!**
- [ ] **Legen Sie Ihr Handy weg!**
- [ ] **Seien Sie aufmerksam!**
- [ ] **Denken Sie an sich!**
- [ ] **Bilden Sie keine Vorurteile!**
- [ ] **Männer und Frauen können gleich viel!**
- [ ] **Befreien Sie sich von Ihren Ängsten!**
- [ ] **Bremsen Sie Ihre Wut aus!**
- [ ] **Entspannen Sie sich!**

Schreiben Sie die Checkliste ab – es hilft, sie zu verinnerlichen, wenn Sie sie per Hand notieren –, und legen oder hängen Sie sie an einen Ort, an dem sie jederzeit abrufbar ist.

Gehen Sie von einer guten Verbindung aus!

Das ist der erste wichtige Schritt. Denken Sie daran: Sie sehen nur das, wonach Sie Ausschau halten. Wenn Sie Verbindungen finden wollen und mit dieser Einstellung Ihre Umwelt wahrnehmen, werden Sie diese auch entdecken. Seien Sie überzeugt davon, dass daraus gute Verbindungen entstehen werden. Nutzen Sie die positive Seite der sich selbst erfüllenden Prophezeiung!

Legen Sie Ihr Handy weg!

Viele Menschen hängen jede freie Minute am Smartphone. Sie telefonieren, chatten, hören Musik, surfen, recherchieren, schreiben E-Mails … Häufig blenden sie während dieser Zeit alles und alle um sich herum aus und isolieren sich Schritt für Schritt immer mehr von der Wirklichkeit.

Wir aber wollen Ihnen helfen, reale Verbindungen zu knüpfen, keine virtuellen. Menschen, deren gesamtes Leben per Handy stattfindet, bringen «im wahren Leben» tendenziell weniger zustande. Sie können sich schlechter konzentrieren und haben weniger Durchhaltevermögen. Das ist nicht nur ein persönlicher Eindruck, sondern inzwischen auch durch viele Studien bewiesen: Die Aufmerksamkeitsspanne der Menschen ist in den letzten Jahren eklatant gesunken. Außerdem häufen sich bei extensiver Smartphonenutzung Lernprobleme, weil das Gehirn sich nicht mehr lange genug konzentrieren kann, um neues Wissen aufzunehmen und abzuspeichern. So verschwendet man viel Zeit mit eigentlich einfachen Projekten.

Außerdem stressen uns die verschiedenen Kanäle, auf denen wir gleichzeitig zugange sind. Denn unser Gehirn ist, im Gegensatz zu einem Computer, nicht für Multitasking ausgelegt. Alle

Übungen also, die Multitasking üben sollen, sind zum Scheitern verurteilt bzw. erfordern im Endeffekt mehr Zeit, als wenn man die Aufgaben hintereinander abgearbeitet hätte. Denn jedes Mal, wenn wir uns der jeweils anderen Aufgabe widmen, brauchen wir wieder ein bisschen Zeit, um uns auf sie einzustimmen und uns zu erinnern, woraus sie noch mal bestand. Für jede neue Aufgabe müssen enorme Datenmengen geladen werden: Einem Computer macht das nichts aus, weil er nicht müde wird – aber unser Gehirn wird jedes Mal, wenn wir von einer Aufgabe zur anderen wechseln, erschöpfter und langsamer und fängt an, Fehler zu machen: Fehler, die auch in Unfälle münden können. Außerdem sinkt die Produktivität um bis zu 40 Prozent, wenn man ständig zwischen zwei Arbeiten hin- und herschaltet, und zwar bei beiden Arbeitsvorgängen.

Sie kennen das sicherlich, wenn Sie im Büro arbeiten und am Ende des Tages noch vier Entwurfsmails geöffnet haben, die alle ein bisschen, aber keine komplett fertig bearbeitet worden sind. Wir können in der Regel nur dann Dinge parallel tun, wenn eines davon nahezu automatisch ablaufen kann: spazieren gehen und uns dabei unterhalten, bügeln und währenddessen fernsehen, zum Beispiel.

Seien Sie aufmerksam!

Um eine Verbindung zu jemandem herzustellen, müssen Sie ihm oder ihr Ihre volle Aufmerksamkeit schenken. Stellen Sie sich andersherum vor, wie es wäre, wenn Ihr Gegenüber jeden Anruf annähme, während Sie miteinander sprechen, und jede eintreffende Nachricht umgehend beantworten würde. Wenn Ihr Gesprächspartner über Ihren Kopf hinweg im Restaurant immer nach anderen Bekanntschaften Ausschau halten oder ständig das Thema wechseln würde, sodass Sie den Eindruck bekommen, er habe Ihnen gar nicht zugehört. Fänden Sie das nicht unhöflich, wenn nicht gar respektlos? Keine gute Startposition für eine intensive, erfüllende Verbindung, oder?

Denken Sie an sich!

Wie wir bereits gesehen haben, ist es wichtig, mit sich selbst in Kontakt zu bleiben. Wenn Sie eine Verbindung zu sich selbst herstellen, können viele Stressfaktoren ihr verhängnisvolles Werk nicht mehr verrichten, weil die positiven Erinnerungen Sie verankern, zur Ruhe bringen und auch der Selbstvergewisserung dienen. Wir beide tragen ständig etwas bei uns, das uns an unser jüngeres Selbst erinnert: ein paar Bilder, vor allem aber Songs, die wir mit einem bestimmten Ort oder einer bestimmten Zeit in unserem Leben verknüpfen. So kam uns auch die Idee für das Gewürzspiel und den Kniff mit dem Duschgel aus Kapitel 4.

Bilden Sie keine Vorurteile!

Das Gehirn ist darauf ausgerichtet, in Sekundenschnelle ein Urteil über einen Menschen zu fällen und einzuschätzen, ob dieser Mensch eine Bedrohung darstellt oder nicht. Sobald man sich ein Urteil über jemanden gebildet hat, erwartet man, dass er sich entsprechend dieser Einschätzung verhält – was er in aller Regel auch tun wird, weil man immer das sieht, was man zu sehen erwartet.

Vorurteile zu haben ist normal. Um jedoch eine echte Verbindung zu einem Menschen aufbauen zu können, müssen wir versuchen, ihn möglichst unvoreingenommen als Individuum zu betrachten. Dazu müssen wir uns den Vorurteilen stellen, die wir selbst haben, und versuchen, sie zu überwinden. Denn

Vorurteile verhindern nun einmal, dass wir Menschen als Individuen erkennen. Wie soll eine Verbindung entstehen, wenn wir in jemandem nur den typischen Vertreter einer bestimmten Gruppe sehen?

Andererseits müssen Vorurteile nicht per se etwas Schlechtes sein. Die Einteilung in Kategorien kann dann zu einer Verbindung führen, wenn man dadurch die Gemeinsamkeiten von Menschen erkennt: Eine weiße Christin und eine dunkelhäutige Muslima unterscheiden sich in Hautfarbe und Glauben, sind aber beides religiöse Frauen.

Sucht man nach solchen übergeordneten Gemeinsamkeiten, wird es Ihnen leichter fallen, das Verbindende statt das Trennende zu sehen: Wenn Sie weiße Haut haben und Ihr Gegenüber eine dunkle Hautfarbe und Sie sich als Weißen und ihn als Schwarzen betrachten, dann gehören Sie unterschiedlichen Gruppen an. Wenn Sie sich selbst und den anderen als Menschen sehen, dann gehören Sie derselben Gruppe an.

Man findet immer Unterschiede, wenn man welche sucht. Aber genauso zuverlässig findet man auch immer Gemeinsamkeiten. Entscheidend ist, wonach man sucht. Wenn Sie Gemeinsamkeiten sehen wollen, brauchen Sie also vor allem eines: Zeit. Geben Sie den langsamen Systemen in Ihrem Gehirn die Zeit, die sie brauchen, um hinter die Fassade zu schauen. Atmen Sie tief durch, um den Bedrohungsalarm in Ihrem Gehirn auszuschalten. Schenken Sie Ihrem Gegenüber Zeit und Aufmerksamkeit, und finden Sie Ihre gemeinsame Kategorie.

Männer und Frauen können gleich viel!

Geschlechterklischees entbehren oft jeder Grundlage und sind eher kulturellen Ursprungs. Unterziehen Sie also bei einer Begegnung die Geschlechterklischees, mit denen Sie aufgewachsen sind, einer kritischen Prüfung. Wenn Sie ein Mann sind und das männliche Leitbild in Ihrer Kultur der harte, wenig emotionale Kerl ist, dann kann Ihnen das die Aufnahme einer Verbindung mit dem Gegenüber erschweren. Je restriktiver die Geschlechterrollen, desto schwieriger eine authentische Kontaktaufnahme. Um dieses Hindernis zu überwinden, sollten Sie sich vor allem der Tatsache bewusst werden, dass es überhaupt besteht. Einsicht ist der erste Schritt zur Besserung. Dann müssen Sie diese Klischees als das erkennen, was sie in Wirklichkeit sind: Vorurteile ohne jede Berechtigung.

Befreien Sie sich von Ihren Ängsten!

Angst verhindert Verbindungen. Wenn Sie merken, dass das ein Hindernis ist, über das Sie immer wieder stolpern, sollten Sie an Ihrem Selbstvertrauen arbeiten. Die **Macht-** oder **Superman-Pose** aus Kapitel 6 (S. 158) stärkt das Selbstvertrauen, das man unbedingt braucht, um sich seiner Angst zu stellen.

Selbstvertrauen zu haben bedeutet aber nicht, dass nichts Schlimmes passieren kann (dieses Gefühl würde sofort verpuffen, sobald etwas schiefgeht). Sie sollen nur die Zuversicht entwickeln, dass Sie mit jeder Situation umgehen können, auch und gerade, wenn nicht immer alles nach Plan läuft. Diese Art von Selbstvertrauen ist widerstandsfähig und ein effektives Mittel gegen Angst. Stellen Sie sich in der Superman-Pose also vor, dass Sie mit allem fertigwerden, was auf Sie zukommt.

Neugier kann ein mächtiges Werkzeug für persönliches Wachstum sein. Leider tendieren viele Menschen dazu, alles Neue als Bedrohung zu betrachten – der Vorhang fällt gewissermaßen, man verschließt sich, und es wird fast unmöglich, etwas zu lernen. Neugier hingegen erleichtert das Lernen erheblich, das werden Sie aus eigener Erfahrung wissen. Wissenschaftler haben die Neugier untersucht und dabei herausgefunden, dass die natürliche Neugier angeregt wird und man Neuem sehr viel positiver gegenübersteht, wenn man 30 Sekunden lang aus dem Fenster sieht und einfach nur beobachtet, was draußen vor sich geht.

Bremsen Sie Ihre Wut aus!

Nach Angst ist Wut das größte Hindernis für Verbindungen. Wenn Sie es zulassen, dann übernimmt die Wut die Kontrolle, zieht Misserfolge fast magisch an und gibt Ihnen das Gefühl, es sei richtig, unglücklich zu sein. Aber wollen Sie recht haben – oder wollen Sie glücklich sein? Denken Sie auch in diesem Fall daran, dass Sie das sehen, was Sie zu sehen erwarten. Wenn Sie nach einem Grund suchen, um wütend zu werden, dann werden Sie einen finden. Vielleicht täten Sie besser daran, nach einem Grund zu suchen, um glücklich zu sein.

Sie können Ihre Wut kontrollieren, wenn Sie in Kontakt mit sich selbst bleiben. Am besten lernen Sie die Ursachen Ihrer Wut und auch jeder anderen negativen Emotion kennen, indem Sie mit ihnen in Kontakt treten. Dann können Sie sie auch wieder loslassen.

Eine weitere gute Möglichkeit, sich zu beruhigen, ist es, Bilder von Tierbabys zu betrachten. Das mag Ihnen wie ein Scherz vorkommen, aber wir meinen das durchaus ernst: Geben Sie zum Beispiel «Igelbaby» in die Suchmaschine Ihrer Wahl ein, und die Fotos, die der Algorithmus ausspuckt, werden Sie sofort zum Lächeln bringen, egal, was Sie gerade tun oder woran Sie eben noch gedacht haben. Tierbabys sind einfach zu süß. Deshalb mussten wir an dieser Stelle auch ein Bild von Mr. Koni Hundini im Alter von wenigen Wochen beisteuern.

Koni als Welpe.

Entspannen Sie sich!

Gehen Sie möglichst entspannt in Begegnungen mit anderen. Sie sind ein Mensch – genau wie Ihr Gegenüber. Jeder macht Fehler, aber fast jeder Fehler lässt sich auch wieder geraderücken. Sie müssen die Checkliste nicht im Geist abhaken, um ein gutes Gespräch zu führen, machen Sie sich also nicht verrückt deswegen. Wenn Sie sich auch nur an einen der Punkte auf unserer Checkliste erinnern, kann dieser Ihnen schon helfen, sich auf eine Verbindung einzulassen. Oder aber es läuft wie von selbst – dann brauchen Sie die Checkliste gar nicht.

MIT WEM MÖCHTEN SIE SICH VERBINDEN?

Wir rekapitulieren noch einmal: Eine Verbindung kann man zu jedem Menschen aufbauen, trotz aller Unterschiede und unabhängig davon, ob man ihn flüchtig oder gut kennenlernt:

213

- Zu Menschen, zu denen Sie nur eine zeitlich begrenzte Verbindung aufbauen, die Sie nicht wirklich kennenlernen oder wahrscheinlich nie wiedersehen werden: Dienstleister wie Verkäufer im Supermarkt oder Busfahrer, Leute, die man täglich auf dem Weg zur Arbeit trifft, Eltern der Klassenkameraden Ihrer Kinder.
- Zu Menschen, die Ihnen nicht besonders nahestehen: Kollegen, entfernte Verwandte, flüchtige Freunde etc. Sie kennen sich mit Namen, gehen auch mal zusammen zum Mittagessen, aber Sie würden ihnen nicht Ihre intimsten Gedanken anvertrauen. Hierzu gehören auch Menschen, die Sie flüchtig kennen und gerne sehr viel besser kennenlernen würden. An Verbindungen zu diesen Menschen haben Sie ein besonderes Interesse.
- Zu Menschen, die Ihnen sehr nahestehen: Lebenspartner, Angehörige und Freunde, aber auch Kollegen, mit denen Sie eng zusammenarbeiten.

Für Menschen der ersten Kategorie (die natürlich nicht mit den Vorurteilskategorien zu verwechseln sind) eignen sich **Siehst du, was ich sehe?** (S. 70) aus Kapitel 4, die **Verhaltensmethode** und das **Kassiererspiel** (S. 172) aus Kapitel 6 sowie die **Journalismusmethode** (S. 105) aus Kapitel 5.

Für Menschen der zweiten Kategorie, zu denen Sie wahrscheinlich keine ernsthafte Verbindung aufbauen werden, aber mit denen Sie gut auskommen wollen, bieten sich eher einfache Übungen an wie die **Biographiemethode** (S. 41) aus Kapitel 2. Bei einem Geschäftstermin kann man **Schriftlich ein Gespräch führen** (S. 166) aus Kapitel 6 einsetzen. Doch anstatt – wie in der Übung angegeben – per SMS zu kommunizieren, halten Sie den Blick auf die Unterlagen gerichtet, die vor Ihnen liegen (natürlich nicht ausschließlich, das wäre sehr unhöflich). Aber immer wieder, denn dann können Sie besser auf die Stimmen der anderen Anwesenden achten und werden nicht von Mimik und Gestik oder anderen Dingen im Raum abgelenkt.

Einer von uns macht das bei fast jeder geschäftlichen Besprechung, und danach vergleichen wir dann unsere Eindrücke. Oft erfährt man allein durchs Zuhören Dinge, die einem sonst entgehen würden.

Viele von Ihnen werden dieses Buch vielleicht wegen der Menschen lesen, die Sie nicht gut kennen, zu denen Sie aber gern eine engere Beziehung haben möchten. Brechen Sie zu Beginn eines Treffens zunächst einmal das Eis, und finden Sie mit ein paar einfachen Übungen heraus, wie gut Sie zusammenpassen. Beginnen Sie mit der **Filmmethode** (S. 128) aus Kapitel 5, mit der Sie den Fokus des Gesprächs auf Ihren Gesprächspartner legen. Auch das **Spiegelexperiment** (S. 114) aus demselben Kapitel eignet sich gut für eine junge Beziehung, weil es nicht zu sehr ins Persönliche geht, aber etwas Zeit braucht. Bei einer Verabredung zum Abendessen können Sie das **Geschmacksspiel** (S. 81) aus Kapitel 4 ausprobieren, ebenso wie den **Perspektiventest** (S. 129) aus Kapitel 5.

An dieser Stelle können Sie auch überlegen, ob Sie der anderen Person mitteilen, dass Sie sich mit dem Wie und Warum von Verbindungen beschäftigen. Womöglich interessiert sie sich ebenfalls dafür? Falls ja, wird es für Sie beide sehr viel einfacher werden, zwischen sich eine Verbindung entstehen zu lassen. Sie wissen ja inzwischen: Gemeinsamkeiten verbinden. Sprechen Sie das Thema also einfach an. Wenn beide Partner nach Gelegenheiten suchen, um Verbindungen zu knüpfen, werden sie auch welche finden.

Wenn Sie sich bereits in einer Partnerschaft befinden, also der dritten Kategorie angehören, und Ihre Beziehung stärken wollen, stehen Ihnen alle Möglichkeiten offen. Wenn Sie beide gerne lesen, ist der **Buchtest** (S. 53) aus Kapitel 3 eine gute Wahl. Die **freie Assoziation** (S. 135, Kapitel 6) ist ein kurzweiliger Zeitvertreib, mit dem Sie ganz nebenbei Ihre Verbindung stärken können, zum Beispiel während einer Autofahrt. Probieren Sie auch die **Hörübung** (S. 153) und **Schriftlich ein Gespräch führen** (S. 166) aus Kapitel 6 aus. Sie funktionieren gegensätzlich, können aber beide eine bereits bestehende Beziehung stärken.

Natürlich wird es immer wieder vorkommen, dass Sie überraschend zu jemandem eine Verbindung herstellen, die Sie so nicht geplant haben. Das ist das Schöne daran, wenn Sie diese Fähigkeiten weiterentwickelt haben: Sie erkennen dann Gemeinsamkeiten mit Menschen, die auf den ersten Blick völlig anders sind als Sie. Und eine dieser Gemeinsamkeiten ist das angeborene menschliche Bedürfnis, mit anderen Menschen verbunden zu sein.

LEHRREICHE VIDEOSPIELE

Was jedoch, wenn ich mich mit jemandem verbinden will, aber der Verbindungsaufbau scheitert? Soll ich es wieder probieren? Bei unseren Vorarbeiten für dieses Buch haben wir genau hierüber mit einer befreundeten Lehrerin gesprochen. Viele Ihrer Schüler spielen lieber Videospiele, als zum Beispiel ein Buch zu lesen. Sie verteufelte Videospiele nicht, sondern sagte, dass diese Spiele beim Lernen sogar helfen könnten.

Bei einem neuen Videospiel weiß man am Anfang nur, wie man seine Figur bewegt, und kennt das erste Spielziel. Man probiert also eine Taktik aus, und wenn sie nicht funktioniert, zieht man Lehren aus seinen Fehlern, passt die Taktik entsprechend an und versucht es erneut. Das wiederholt man so lange, bis man das Ziel erreicht, das nächste Spielziel erfährt und der Prozess wieder von vorn beginnt. Dieses Vorgehen, bestehend aus Versuch, Auswertung, Überarbeitung und neuem Versuch, nennt man einen Lernzyklus.

Alle Videospieler gehen so vor, aber die wenigsten sind sich dessen bewusst. Niemand hat ihnen dieses Vorgehen beigebracht. Sie haben es durch Ausprobieren gelernt. Videospiele machen es einem einfach, sich dieses System anzueignen. Unsere Freundin, die Lehrerin, versucht ihren Schülern genau das beizubringen: Finde ein Ziel. Wähle ein Vorgehen, von dem du glaubst, dass es dich an dieses Ziel bringt. Probiere es aus. Überprüfe, was gut funktioniert hat und was nicht. Passe dein Vorgehen entsprechend deinen Erkenntnissen an. Versuche es erneut.

Videospiele sind darauf ausgelegt, dass der Spieler möglichst schnell lernt. Dabei helfen vor allem drei Faktoren: Erstens sieht der Spieler sofort, welche Folgen seine Handlungen haben. Das erleichtert es ihm, seine Strategie zu überprüfen und anzupassen. Wenn man in der Schule eine Woche auf die Ergebnisse eines Tests warten muss, ist das erheblich schwieriger. Zweitens bauen Videospiele deutlich weniger Druck auf als der Schulunterricht, wo bei jeder Antwort in der Klasse die Gefahr droht, sich zu blamieren. Die emotionale Reaktion auf einen solchen peinlichen Moment verhindert, dass man sein Vorgehen überprüft und anpasst. Aber ohne Strategieanpassung kein Lernen. Drittens kann man bei Videospielen das Lerntempo selbst bestimmen. In einer Schulklasse ist das unmöglich. Bei genauerer Betrachtung bieten Videospiele also eine ideale Lernsituation.

Warum uns das an dieser Stelle so wichtig ist? Nun, die wenigsten Menschen denken darüber nach, wie sie lernen. Und von denen, die es tun, übertragen die wenigsten ihre Erkenntnisse aus einem Bereich auf einen anderen. Sie, die Sie dieses Buch lesen, machen es anders. Seitdem Sie die letzten Absätze gelesen haben, denken Sie bewusster über das Lernen nach. Sie überlegen, wie Sie alles, was Sie bisher im Leben gelernt haben, auf das übertragen können, was Sie noch lernen wollen. Das machen Sie genau richtig.

Wenn Sie schon einmal ein Videospiel gespielt haben, versuchen Sie sich an den Lernzyklus zu erinnern, und wenden Sie die Lerntechniken, die Sie sich dort bewusst oder unbewusst angeeignet haben, auf das an, was Sie als Nächstes lernen wollen (nämlich wie Sie eine Verbindung zu einem anderen Menschen herstellen können). Wenn Sie noch keinerlei Erfahrungen mit Videospielen gemacht haben, dann wäre jetzt ein guter Zeitpunkt, eines auszuprobieren. Am besten besorgen Sie sich ein Spiel, das Ihre visuelle Wahrnehmung aktiviert wie zum Beispiel Candy Crush, Happy Glass, Flood-it oder Tetris, die wir bereits in Kapitel 4 im Zusammenhang mit dem **Zusammen-Spiel** erwähnt haben.

SCHRITT FÜR SCHRITT ZUR VERBINDUNG

Lassen Sie uns noch einmal die einzelnen Komponenten des Verbindungsprozesses betrachten. Lesen Sie den Text bitte trotzdem ganz durch, auch wenn Ihnen manches schon bekannt oder selbstverständlich vorkommt, denn es hilft, sich diese Dinge immer wieder bewusst zu machen.

Der Prozess beginnt mit einem Angebot. Eine Person bietet einer anderen eine Verbindung an. Das geschieht häufig verdeckt, indem wir über banale Dinge ins Gespräch kommen. Vielleicht haben Sie es auch nicht immer gemerkt, wenn sich eine Gelegenheit zu einer Verbindung ergab. Diese systematische Analyse soll Ihnen helfen, diese Gelegenheiten besser zu erkennen und dann effektiv zu reagieren.

Machen Sie ein Angebot

Sagen Sie etwas zu jemandem. Das ist die einfachste Art, einem anderen Menschen eine Verbindung anzubieten. Natürlich ist nicht alles, was Sie sagen könnten, eine Einladung zu einer Verbindung, aber das liegt ja an Ihnen. Allein schon eine Frage zu stellen, die ja die Aufforderung impliziert, darauf zu antworten, ist ein erster Schritt in diese Richtung. Natürlich sind auch oft schon Gesten oder ein Blickkontakt der erste Weg, um eine Verbindung herzustellen.

Voraussetzung ist: Sie und die andere Person müssen einen Gedanken oder ein Gefühl – oder beides – teilen, und Ihnen beiden muss bewusst sein, dass Sie es tun. Aus diesem Bewusstsein heraus entsteht die Verbindung, dieses Gefühl, dass Sie beide etwas gemeinsam erleben. Dass Sie beide trotz etwaiger augenscheinlicher Unterschiede dieselbe Erfahrung machen. Dass Sie beide Menschen sind. Ob es Ihnen in diesem Moment klar ist oder nicht: Sie fühlen, dass wir alle miteinander verwandt sind.

Wir beide haben einmal nach einem Auftritt vor dem Magic Castle in Hollywood auf unser Taxi gewartet, als es plötzlich zu schneien begann. Es war nicht viel Schnee, nur ein kleiner Flockenschauer, aber in Los Angeles hatte es seit 70 Jahren nicht mehr geschneit. Nach etwa zehn Sekunden war schon wieder alles vorbei. Die sechs oder sieben Leute, die wie wir vor dem Magic Castle standen, staunten wortlos, bis Thommy sagte: «Habe ich das gerade geträumt, oder hat es tatsächlich geschneit?»

Und plötzlich kamen diese Fremden miteinander ins Gespräch. Die meisten hielten den Schnee für den Testlauf einer neuen Illusion, die im Magic Castle demnächst zu sehen sein würde, und viele Theorien wurden geboren. Ob das Magic Castle nun einen neuen Schneetrick ausprobierte oder ob wir tatsächlich Schnee in Los Angeles erlebten, wissen wir bis heute nicht. Wir wissen aber, dass diese kleine Überraschung in Sekundenschnelle eine Verbindung zwischen uns Fremden herstellte. Für wenige Minuten waren wir alle im Gespräch und erzählten uns gegenseitig von früheren Erfahrungen mit Schnee, dem Wetter und Magie. Diese Situation hat es uns wieder einmal bewiesen: Wenn mehrere Menschen etwas Erstaunliches sehen oder erleben, kann das eine Verbindung zwischen ihnen erzeugen.

Thommy
Nach unseren Shows ist es oft ähnlich. Da reden wildfremde Menschen miteinander, diskutieren über unsere Show und spinnen die wildesten Theorien, wie denn die Illusionen funktionieren könnten. Genau das wollen wir! Wir versuchen immer wieder, die Zuschauer mit unserer Show zum Nachdenken anzuregen. Dadurch, dass die Menschen unsere Show gerade live erlebt haben, haben sie alle etwas gemeinsam, und es ist einfacher, in Verbindung miteinander zu treten. Das zu beobachten ist auch für uns immer ein schönes Erlebnis.

Die einfachste und gefahrloseste Übung für dieses Stadium ist das **Kassiererspiel** (S. 172) aus Kapitel 6. Auch wenn es beim allerersten Mal möglicherweise Überwindung kostet, wird es Ihnen von Mal zu Mal leichter fallen. Während Sie in der Schlange warten, können Sie sich in Ruhe überlegen, was Sie sagen wollen, und wenn Ihnen nichts einfällt, können Sie einfach kommentarlos bezahlen und gehen. Kein Risiko, kein Stress, kein Problem.

Mit dem Kassiererspiel lassen sich auch ein paar allgemeine Methoden gut kombinieren. **Siehst du, was ich sehe?** (S. 70, Kapitel 4) wurde speziell für den Einsatz an einem Ladentisch oder einer Theke entwickelt. Die **Offene Hand** (S. 160) aus Kapitel 6 eignet sich ebenfalls gut. Die **Visualisierungsübung** (S. 121) aus Kapitel 5 hilft gegen Nervosität und ist eine gute Vorbereitung. Bei einem ersten Treffen bietet sich die **Kennenlernübung** (S. 170) aus Kapitel 6 an.

Mit der Zeit werden Sie feststellen, dass Sie bereits Verbindungsangebote machen, ohne es zu merken. Das tun alle Menschen, die nach Verbindungen suchen, und Ihr neues Wissen hilft Ihnen, das zu erkennen.

Mit Ablehnung umgehen

Wenn Ihr Angebot abgelehnt wird, werden Sie zunächst wahrscheinlich emotional reagieren. Es wird Sie treffen. Aber das ist völlig normal. Lassen Sie sich nicht zu einer schnellen Replik oder Handlung hinreißen, und atmen Sie stattdessen tief durch, bis Sie Ihre Gefühle wieder unter Kontrolle haben. Stellen Sie sich vor, es wäre ein Videospiel: Sie haben etwas ausprobiert, und es hat nicht funktioniert. Jetzt überdenken Sie Ihre Vorgehensweise und versuchen es erneut. Ganz einfach. Eine Ablehnung sagt nichts über Ihren Wert als Mensch aus.

Den nächsten Versuch sollten Sie mit einer anderen Person starten. Eine fehlgeschlagene Kontaktaufnahme lässt sich nicht so leicht korrigieren, selbst wenn Sie im Nachhinein wissen, was Sie falsch gemacht haben. Ein zweiter Versuch bei derselben Person könnte im Extremfall als Belästigung ausgelegt werden. Halten Sie einfach nach einer anderen Gelegenheit Ausschau, oder probieren Sie es an einem anderen Tag oder in einer anderen Situation noch einmal.

Überdenken Sie aber unbedingt Ihre Herangehensweise. Waren Sie zu forsch? Zu aufdringlich? Haben Sie den Humor des Gegenübers vielleicht falsch eingeschätzt? Waren Sie zu übereifrig und haben den anderen mit Fragen bombardiert, statt zu versuchen, ein Gespräch zu entwickeln? Oder haben Sie umgekehrt nur von sich erzählt, ohne Interesse an dem anderen zu zeigen? Vielleicht kommen Sie auch zu dem Schluss, dass Ihr Vorgehen richtig war, weil Sie schon sehr gute Erfahrungen damit gemacht haben. Nun, vielleicht war dann die Person nicht die richtige. Nicht alle Menschen sind für eine neue Verbindung offen.

Angebote erkennen

Je mehr Übung Sie darin haben, eine Verbindung anzubieten, umso leichter werden Sie auch erkennen, wenn jemand mit Ihnen Verbindung aufnehmen will. Bleiben Sie aufmerksam, denn solche Angebote können jederzeit und von überall her kommen. Beispiel gefällig? Eine fremde Person sieht, dass Sie ein Fan-T-Shirt ihrer Lieblingsband tragen, und sagt zu Ihnen: «Ich mag diese Band auch.»

Eine solche Bemerkung kann jemand auch aus reiner Langeweile machen. Dann ist es aber ein Versuch, die Langeweile mit einer lohnenderen Beschäftigung zu durchbrechen, und selbst eine kurze Verbindung zu einem Wildfremden über gemeinsame musikalische Vorlieben kann durchaus lohnend sein.

Thommy
Als wir das erste Mal in Amerika waren, mussten wir uns erst daran gewöhnen, dass einem jemand auf der Straße einfach entgegenkommen und sagen konnte: «Hey, tolles Shirt.» In den USA sind kleine Gespräche unter Fremden sehr viel üblicher, was natürlich die generelle Kontaktaufnahme erleichtert. Wir haben das inzwischen übernommen: Für uns ist es inzwischen eine Art, dem Gegenüber zu zeigen, dass es wahrgenommen wird – und gleichzeitig eine Möglichkeit, einem Fremden eine Freude zu machen. Und, wer weiß, was sich aus einem kleinen Kompliment noch entwickeln kann?

Spiegeln

Im Laufe unserer Evolution und Geschichte haben wir eine ganze Bandbreite an nonverbalen Kommunikationsformen entwickelt. Besonders wichtig für eine Verbindungsaufnahme sind jene, die Zusammengehörigkeit und Verwandtschaft ausdrücken. Die vielleicht wichtigste nonverbale Kommunikationsform ist das Spiegeln. Dabei werden meist die Haltung und die Sprechweise einer Person nachgeahmt. Interessanterweise geschieht das meist ganz unbewusst: Wir lehnen uns am Tisch vor, wenn unser Gesprächspartner das tut, oder lassen uns in unseren Stuhl zurücksinken, wenn unsere Kollegin das ebenso macht. In der Wissenschaft verwendet man auch den Begriff Mimikry dafür.

Diese Imitation hat einen großen Einfluss auf die Verbundenheit: So fand die Psychologin Helén Liebermann von der Freien Universität Berlin gemeinsam mit Kollegen heraus, dass wir Menschen, die unsere Mimik, Gestik oder Ausdrucksweise imitieren, als sympathischer einstufen – und wenn wir jemanden sympathisch finden, lassen wir uns natürlich auch eher auf eine Verbindung mit ihm ein.

Mit diesem Hintergrundwissen können Sie dieses Phänomen aktiv nutzen. Passen Sie als Erstes Ihre Haltung an die Körperhaltung Ihres Gegenübers an – setzen oder stellen Sie sich exakt so hin wie die andere Person. Natürlich sollten Sie nicht den Eindruck erwecken, den anderen nachäffen oder provozieren zu wollen. Bemühen Sie sich also um Natürlichkeit. Dann werden Sie erleben, dass das Spiegeln hilft, das Eis zu brechen.

Oft spiegelt derjenige auf der tieferen Hierarchiestufe den Höherrangigen. Bei manchen Geschäftstreffen nimmt das schon fast komische Züge an, wenn eine hochrangige Person den Raum betritt und sich etwa mit übergeschlagenen Beinen hinsetzt und dann alle anderen, einer nach dem anderen, ebenfalls die Beine übereinanderschlagen. Meist, ohne dass es jemandem auffällt. Wenn die Haltung stimmt, passen Sie sich als Nächstes der Sprechweise Ihres Gegenübers an. Wenn der Chef eine formelle

Sprache verwendet, tun das in der Regel auch alle anderen Mitarbeiter im Raum. Spricht der Chef aber mit einem Akzent oder verwendet viele umgangssprachliche Ausdrücke, dann werden sich alle Zuhörer kaum merklich anpassen und es wagen, sich etwas weniger förmlich zu äußern. Damit wollen sie den Ranghöheren zu einer positiven Einstellung ihnen gegenüber bringen. Achten Sie aber auch umgekehrt auf Menschen, die Sie spiegeln. Wenn Ihnen jemand auffällt, der dieselbe Haltung einnimmt wie Sie, dann verändern Sie Ihre Position unauffällig und beobachten Sie, ob die andere Person sich anpasst. Diese unbewusste Körpersprache ist ein wichtiger Bestandteil der Verbindungsaufnahme und signalisiert Ihnen, dass Ihr Gegenüber an einer Verbindung zu Ihnen interessiert ist.

Amélie
In allen möglichen Situationen – in der Geschäftsbesprechung, auf der Couch zu Hause ebenso wie im Restaurant – bemerken Thommy und ich nach einer Weile oft, dass wir in der gleichen Position dasitzen. Ich weiß nicht, wer sich an wen anpasst oder ob es sich einfach ergibt. Wir müssen dann immer lachen und setzen uns ganz bewusst anders hin – nur um festzustellen, dass wir fünf Minuten später wieder gleich dasitzen. Ging es Ihnen mit einer anderen Person auch schon einmal so?

Thommy
Probieren Sie doch einmal, Ihre Atmung der Ihres Gegenübers anzupassen. Atmen Sie im gleichen Moment ein und aus. Dies hilft Ihnen, in den gleichen Flow zu kommen, auf derselben Wellenlänge zu schwimmen. Amélie und ich machen das immer als kleines Ritual vor unseren Auftritten, um uns aufeinander einzuschwingen und die Harmonie zwischen uns zu festigen.

Angebote annehmen

Sie haben bereits den Mut aufgebracht, eine Verbindung anzubieten, oder waren aufmerksam genug, um zu merken, dass Ihnen eine Verbindung angeboten wurde. Jetzt müssen Sie nur noch positiv auf das Angebot reagieren.

Wenn jemand also eine Bemerkung über Ihre Kleidung macht, greifen Sie das Thema natürlich auf und antworten mit einer entsprechenden Replik. Wenn der andere übers Wetter spricht, dann reden Sie weiter über das Wetter, aber bemühen Sie sich um Substanz statt um Platituden. Erzählen Sie zum Beispiel von Ihren Wochenendplänen, die vom Wetter abhängig sind.

Sobald eine Verbindung zustande gekommen ist, denken Sie nicht mehr darüber nach, wie Sie alles Weitere steuern sollen. Lassen Sie jede Anstrengung beiseite, und reagieren Sie einfach nur auf die andere Person. Hören Sie aufmerksam zu, und lächeln Sie. Denken Sie an die **Journalismusmethode** (S. 105) aus Kapitel 5, wenn Sie nicht weiterwissen. Sie hilft Ihnen, sich auf die andere Person zu konzentrieren.

Bleiben Sie außerdem ehrlich. Sie müssen sich nicht in allem einig sein, Sie können sich auch über ein Thema verbinden, bei dem Sie unterschiedlicher Meinung sind. Hören Sie sich die Argumente der Gegenseite an, und versuchen Sie zu verstehen, warum Ihr Gegenüber in dieser Sache anders denkt als Sie. So werden Sie erfahren, dass man sich ähnlich sein kann, auch wenn man eine andere Sicht auf manche Dinge hat.

Sie können die Bedingungen nicht diktieren

Manchmal werden Sie Schwierigkeiten haben, eine Verbindung zu knüpfen. Sie wissen, was Sie wollen, berücksichtigen die Punkte der Checkliste, aber was Sie auch anstellen: Es kommt einfach keine Verbindung zustande. Das passiert gelegentlich sogar Paaren, die viel Übung darin haben, ihre Verbindung aufrechtzuerhalten.

Gründe dafür gibt es viele, zwei der wichtigsten: Die andere Person ist entweder nicht offen für eine Verbindung (generell, zurzeit oder eben nicht mit uns) oder sie versucht, die Bedingungen der Verbindung allein zu bestimmen. Kein Wunder, wenn Sie sich dann die Zähne ausbeißen, gerade auch in letzterem Fall: Will der andere unbedingt und um jeden Preis seine Vorstellungen durchsetzen, kann keine Verbindung zum Gegenüber entstehen; jedenfalls nicht der Art, wie wir sie uns vorstellen: auf Augenhöhe, gleichberechtigt und respektvoll. Schließlich geht es darum, ein schönes Gemeinschaftserlebnis zu erschaffen, und das entsteht nur, wenn beide zu gleichen Teilen zu dieser Verbindung beitragen. Mit einem stets dominanten Partner geht das nicht.

VERBINDUNGEN FÜR FORTGESCHRITTENE

Verbindungen sind nicht statisch, sondern lebendig und dynamisch, und das bedeutet auch, dass sie Veränderungen unterworfen sind. Wir würden uns selbst als fortgeschritten bezeichnen und behaupten, eine sehr starke Verbindung zueinander zu haben.

Wie belastbar sie ist, spürten wir im Jahr 2016 bei unseren Auftritten bei *America's Got Talent* vor vier prominenten Juroren, darunter Heidi Klum, besonders deutlich. Damals schafften wir es unter 100 000 Bewerbern auf den zweiten Platz und wurden innerhalb eines Jahres in den USA so populär, dass wir jetzt oft auf der Straße erkannt werden und wir in ganz Amerika auf Tour sind, wo unsere amerikanischen Fans stundenlange Reisen auf sich nehmen, um uns zu treffen.

Diese Zeit schweißte uns zusammen wie kaum eine andere.

Nach der ersten Show war klar, dass wir uns nun Woche für Woche bis ins Finale würden steigern müssen, um die Menschen weiterhin zu begeistern. Von nun an waren wir sechs Monate am Stück in Hollywood und arbeiteten täglich 18 Stunden an sieben Tagen pro Woche. Wöchentlich live im amerikanischen Fernsehen vor Millionen von Menschen zu stehen ist eine extreme Herausforderung. Und es bedeutet, dass man sich voll und ganz auf seinen Partner verlassen und exakt wissen muss, wie der andere tickt, besonders bei einem Zwei-Personen-Act wie dem unseren.

Bei einer dieser Shows lief etwas schief. Was genau, können wir Ihnen nicht verraten, ohne unseren Trick komplett preiszugeben. Es war auch nichts, was dem Publikum auffiel, und auch Amélie registrierte das Problem zunächst nicht. Nur Thommy bemerkte es, und ihm war klar, dass wir die Nummer nicht würden zu Ende bringen können, wenn wir es nicht lösten. Alles, was bei den Proben einwandfrei funktioniert hatte, stand nun auf der Kippe. Doch warum? Durch die vielen Zuseher im Saal veränderten sich die Einstellungen der Klimaanlage, und dies gefährdete unseren Act. Man glaubt kaum, dass das eine Show wie unsere beeinflussen kann, allerdings ist all das, was in der Magie so leicht aussieht, oft extrem komplex! Als Magier bedient man sich vieler unterschiedlicher Mittel, um für die Zuseher eine perfekte Illusion zu erschaffen. Dabei können Dinge, die zwar für unser Publikum völlig nebensächlich sind, eine entscheidende Rolle spielen. Wie in unserem Fall die Klimaanlage. Wenn wir jetzt nicht beide sofort reagierten, würden bald nicht nur das Publikum im Dolby Theatre merken, dass etwas nicht stimmte, sondern auch 18 Millionen Zuschauer zu Hause vor den Bildschirmen.

Für viele Künstler aus unserer Zunft ist eine Nummer erst dann wirklich fertig und ausgereift, wenn alles, was schiefgehen kann, mindestens einmal auch in einer Liveshow schiefgegangen ist. Dann weiß man, dass man mit jeder denkbaren Situation umgehen kann. Normalerweise geschieht das allerdings nicht vor einem Millionenpublikum.

Wir können derartige Probleme in aller Regel lösen, meistens durch Blickkontakt. Normalerweise haben wir jede Nummer schon Hunderte Male vorgeführt, sodass uns sofort auffällt, wenn der andere etwas am Ablauf verändert. Wir wissen dann, dass etwas nicht stimmt, und nutzen unsere Verbindung, um eine Lösung für das Problem zu finden. Wir kommunizieren nonverbal darüber, worin das Problem besteht, einer schlägt – ebenfalls wortlos – eine Lösung vor, und wir setzen sie dann gemeinsam um.

Wie das genau funktioniert, ist schwer für Außenstehende zu beschreiben. Wir haben durch die jahrelange Erfahrung gelernt, uns aufeinander einzulassen, uns aufeinander zu verlassen, wir besitzen eine tiefe Empathie füreinander. Außerdem können wir es selbst nicht immer ganz enträtseln. Wenn man viel Zeit mit jemandem verbringt, versteht man sich irgendwann ohne Worte. Sie kennen das sicherlich auch bei Freunden oder Partnern: Ein etwas anderer Tonfall, eine kurz angehobene Augenbraue signalisieren uns, dass irgendetwas nicht stimmt.

Wir erkennen oft schon am Blick des anderen, dass es ein Problem gibt. Dann fällt einem von uns eine Lösung ein. Einer fängt an, sie umzusetzen, und der andere begreift, was zu tun ist. Sobald das Problem gelöst ist, geht es mit dem normalen Ablauf weiter. Das Publikum bekommt im Idealfall von der kleinen Panne nichts mit.

An jenem Abend bei *America's Got Talent* bestand allerdings eine zusätzliche Schwierigkeit: Amélie sah Thommy in diesem Moment nicht. Sie konnte also nicht anhand von Thommys Gesichtsausdruck feststellen, dass es ein Problem gab. Wenn wir bei einer Nummer keinen direkten Sichtkontakt haben oder Amélie mit verbundenen Augen arbeitet, schaut Thommy meistens zusätzlich weg, um nicht den Eindruck zu erwecken, dass wir tricksen. Also konnte sich Thommy in dieser Situation ausschließlich über seine Stimmfarbe, seinen Tonfall Amélie mitteilen, und auch Amélie konnte nur so antworten. Gleichzeitig musste der Auftritt, bei dem für uns viel auf dem Spiel stand, aber weitergehen, als liefe alles ganz planmäßig. Die Erinnerung an diesen Abend hat sich in unser Gedächtnis eingebrannt. Und das Gefühl, als wir die Nummer tatsächlich erfolgreich zu Ende gebracht hatten, war unbeschreiblich.

Thommy
Am Ende unseres Auftritts bekamen wir viel Applaus, und alle Juroren und das gesamte Publikum honorierten unseren Act mit einer Standing Ovation. Den Applaus habe ich allerdings erst wahrgenommen, als wir uns die Aufzeichnung der Show angeschaut haben. Als wir auf der Bühne standen, habe ich nur Amélie und mich atmen gehört.

Amélie
Am Ende des Auftritts war ich so glücklich wie nie zuvor in meinem Leben! Unsere starke Verbindung zu spüren war unglaublich, und als wir die Bühne verließen, hatte ich das Gefühl, ich könnte fliegen. Es war unfassbar anstrengend – aber ich war dankbar und erleichtert.

Im Finale von *America's Got Talent* konnte uns jedoch nicht einmal unsere starke Verbindung helfen. Wir waren kurz davor, unseren bisher größten Act live im TV zu präsentieren: Amélie sollte vollkommen isoliert im Wassertank umringt von 1000 Litern Wasser Gedanken lesen und diese mit einem Lippenstift auf die Innenseite des Tankes schreiben – etwas, das es noch nie zuvor gegeben hatte!
    Wir waren in unserer Garderobe, als plötzlich der Produ-

Thommy und Amélie mit den Juroren der Show *America's Got Talent* (v. l. n. r.): Simon Cowell, Heidi Klum, Mel B, Howie Mandel.

zent der Show an die Tür klopfte und Thommy mit sich bat. Ein komischer Moment, da die Show schon lief und der Produzent eigentlich andere Sachen zu tun haben sollte. Er führte Thommy hinter die Bühne zum Wassertank, und Thommy sah die Katastrophe. Das Wasser im Tank war nicht kristallklar wie noch vor wenigen Stunden, sondern glich eher einer graubraunen Flüssigkeit. Unmöglich, hier nur irgendetwas zu sehen. Es stellte sich heraus, dass die Crew den Tank noch einmal speziell abdichten wollte und eine falsche Dichtungsmasse verwendet hatte – ein fataler Fehler. Vor der Show wird normalerweise das Wasser im Tank auf 30 Grad erhitzt, jedoch verflüssigte sich diese Dichtungsmasse ab 28 Grad. Es waren 18 Minuten bis zum geplanten Auftritt. Jetzt musste entschieden werden: Sollte man den Tank aus der Nummer streichen und stattdessen eventuell eine andere Nummer zeigen, oder sollten wir versuchen, das Unmögliche möglich zu machen und das Wasser zu tauschen? Thommy musste handeln und entschied sich, das Wasser tauschen zu lassen, ohne vorher Amélie zu informieren, ohne sich mit ihr abzustimmen, ohne Plan B.

Es galt, den Tank zu entleeren, ihn zu reinigen und wieder zu befüllen – und das 15 Minuten, bevor unser Auftritt beginnen sollte. Der Produzent rief alle nur möglichen Hände zu Hilfe, knapp 30 Leute waren da. Der Tank wurde ausgepumpt und parallel gereinigt. Wasser musste organisiert und geheizt werden. Alles, was zur Verfügung stand, wurde verwendet: Wasserflaschen, Wasserkocher, Becken … Im Saal tobte die Menge beim ersten auftretenden Künstler des Abends. Noch 11 Minuten. Amélie, die von alldem nichts mitbekam, wurde bereits mit ihrem Mikrophon verkabelt und gab noch ein kurzes Interview. Nun endlich war der Tank leer, gereinigt, und alle begannen das Wasser einzufüllen. Sieben Minuten bis zum Auftritt, und es fehlten noch knapp zwei Drittel Wasser. Amélie wurde zu ihrer Auftrittsposition gebracht und auch der Tank Richtung Bühne gerollt. Hinter dem Tank eine Menschenkette und Schläuche, die alles gaben, um den Tank zu befüllen. Noch zwei Minuten Werbung. Der Tank erreichte die Bühne, die letzten 100 Liter wurden eingelassen, ein riesiges Tuch über den Tank gelegt, und los ging's: Ladies and Gentleman, The Clairvoyants!

Es wurde die beste Show, die wir jemals gespielt hatten. Dies war nicht nur für uns, sondern auch für die gesamte Crew einer der spannendsten Momente bei *America's Got Talent*.

Thommy
In dieser extremen Situation wurde mir klar, dass es manchmal besser ist, nicht alles sofort dem Partner zu sagen, sondern den richtigen Moment abzuwarten. Amélie hätte in diesem Moment keinen zusätzlichen Stress gebraucht. Ich erzählte ihr alles ganz genau, als die Show vorbei war und die Anstrengung vorüber. Dies stärkte unsere Verbindung noch mehr!

Amélie

Ich bin Thommy unendlich dankbar, dass er mich in dieser Situation beschützt und beschlossen hat, dieses Problem selbst zu lösen und von mir fernzuhalten. Ich bin sehr stolz auf ihn, dass er so mutig war. Auch das Produktionsteam hat phantastische Arbeit geleistet!

Mut zur Improvisation

Allen Fortgeschrittenen, die – ähnlich wie wir – die Stärke der Verbindung zu ihrem Gegenüber auf die Probe stellen wollen, legen wir die folgenden Testmöglichkeiten ans Herz.

Bei jeder Panne müssen wir genau wie jeder andere, der etwas vor Publikum vorträgt, improvisieren. Ausgesprochene Experten darin sind sicherlich Schauspieler, denen sogar in Improvisationskursen beigebracht wird, wie mit derlei Situationen umzugehen ist. Dabei lernen sie, Angebote zu machen bzw. nach Angeboten Ausschau zu halten und sich nonverbal abzusprechen. Jeder von ihnen muss in der Lage sein, in Echtzeit und idealerweise, ohne dass das Publikum etwas bemerkt, mit Hilfe des Spielpartners Pannen und Patzer auszugleichen und gleichzeitig weiterzuspielen, als wäre nichts gewesen.

Es ist nur logisch, dass die besten Improvisationsszenen dann entstehen, wenn die Darsteller, die sich gerade auf der Bühne befinden, eine starke Verbindung zueinander haben. Wenn jeder für sich zwar kreativ oder witzig ist, aber sein eigenes Ding macht, wird es nicht funktionieren, es kommt kein Zusammenspiel zustande, die Vorstellung fließt nicht, sondern gerät ins Stocken. Oder aber das Publikum wird darauf aufmerksam, dass gerade etwas in Schieflage gerät.

Die erste Lektion in jedem Improvisationskurs lautet: Nimm das Angebot an, das man dir macht. Stellen wir uns vor, dass

Ihr Gegenüber auf der Bühne improvisiert und zu Ihnen sagt: «Ich liebe es, Arzt zu sein.» Dieser Satz ist sein Angebot, damit es weitergehen kann, und Sie müssen akzeptieren, dass es in der Szene jetzt erst einmal um Ärzte gehen wird. Nun sind Sie selbst am Zug. Fangen Sie den Ball auf, jonglieren Sie mit dem Stichwort «Arzt», und sagen Sie dazu, was Ihnen in den Sinn kommt. Sie werden sehen, es ist gar nicht so schwer, wenn man die ersten Hemmungen überwunden hat.

Bei unseren Auftritten improvisieren wir ständig. Wir binden einen Zuschauer mit ein, suchen also immer nach Leuten im Publikum, die ihre Bereitschaft zur Mitarbeit signalisieren. Bei einer Show machte ein Zuschauer vor lauter Begeisterung, mitwirken zu dürfen, einen Handstand auf der Bühne. Er bekam den lautesten Applaus des Abends, auch von uns.

Die zweite Lektion lautet: Übertreiben Sie es nicht. Viele Anfänger überspannen den Bogen bei ihren ersten Improvisationsversuchen, sodass es lächerlich oder grotesk wird. So funktioniert Improvisation nicht. Bei der Improvisation kommt es auf die Verbindung zwischen den Darstellern an, also auf den Austausch – aber wie soll der andere mithalten und den Ball zurückspielen, wenn Sie sich vergaloppieren? Die Verbindung wird abbrechen. Halten Sie sich also lieber an die Realität.

Dritte Lektion: Bewegen Sie sich. Stehen Sie nicht einfach starr da, aber hampeln Sie auch nicht herum. Laden Sie den anderen auch durch Ihre Körpersprache ein, sich auf Sie einzuschwingen. Das gilt für die Improvisation genauso wie für das «richtige» Leben. Um beim Arzt-Beispiel zu bleiben: Unterstreichen Sie Ihre Erwiderung, Patient zu sein, zeigen Sie mit Gesten und Körpersprache, wo es Ihnen «weh tut». Geben Sie Ihrem Gegenüber nicht nur verbal, sondern auch per Motorik Gelegenheit mitzuspielen. Je mehr Sie sich bewegen, umso leichter wird es ihm fallen, die Verbindung zu Ihnen aufrechtzuerhalten.

Das Ein-Wort-Spiel

Dieses einfache Improvisationsspiel kann man zu zweit fast überall und jederzeit spielen, auch per Videochat oder am Telefon. Bei den ersten Versuchen sollten Sie allerdings Ihrem Partner von Angesicht zu Angesicht gegenüberstehen.

Bei diesem Spiel brauchen Sie keinerlei Requisiten, Sie erfinden beide gemeinsam eine Geschichte und spielen sie auch gleichzeitig. Das Besondere daran: In jeder Runde sagt jeder nur ein einziges Wort. Im Unterschied zum freien Assoziieren soll hier allerdings eine zusammenhängende Geschichte entstehen.

Unsere Geschichten fangen meist sehr ähnlich an: «Es» – «waren» – «einmal» – «zwei» ... Das nächste Wort ist dann entscheidend: «Holzfäller» – und schon greifen beide Mitspieler zu einer unsichtbaren Axt oder nach dem Ende einer großen Zweimannsäge, wie man sie früher beim Holzfällen verwendet hat. Die Säge ist eine gute Idee, weil beide Akteure beim Sägen physisch miteinander verbunden sind und sich synchron bewegen müssen.

Merken Sie etwas? Beide Mitspieler müssen immer wieder bereit sein, eine spontane Entscheidung in Bezug auf das nächste Wort zu treffen – aber sie müssen auch bereit sein, ihre eigenen Vorstellungen darüber, wie die Geschichte weitergeht, aufzugeben und sich der Entscheidung des Partners anzupassen, wenn der ein ganz anderes Wort wählt als das, das man selbst schon im Kopf hatte.

Diese Bereitschaft, sich der Entscheidung eines anderen anzupassen, bildet den Kern von Partnerimprovisationen, nur so kann eine sinnvolle Geschichte entstehen.

Die Ein-Wort-Geschichte ist ein anspruchsvoller Test, wie gut die Verbindung zwischen zwei Menschen funktioniert. Die Geschwindigkeit, mit der Sie Ihre Geschichte weiterspinnen können, ist ein geeigneter Gradmesser für Ihre Verbindung sowie für Ihre eigene Kreativität. Außerdem muss man einander aufmerksam zuhören, offen und ehrlich dabei sein. Es hilft, wenn Sie die Geschichte gleichzeitig auch körperlich spielen können (sofern Sie nicht gerade im Auto sitzen oder sich in der Öffentlichkeit bewegen).

Das Synchronisationsspiel

Dieses Improvisationsspiel eignet sich ausgezeichnet als Partyspiel, weil mehr als zwei Personen mitspielen können.
Wählen Sie einen Film, den Sie sich gemeinsam ansehen wollen. Am meisten Spaß macht es, wenn ihn alle gut kennen und grob wissen, was in den einzelnen Szenen gesprochen wird. Jeder Mitspieler sucht sich eine Figur aus, die er «synchronisieren» will. Dann wird der Ton heruntergedreht, und die Mitspieler improvisieren Dialoge, die zur Handlung auf dem Bildschirm passen. Sobald eine Person auf dem Bildschirm den Mund aufmacht, muss der betreffende Mitspieler etwas sagen. Das muss nicht unbedingt dem entsprechen, was die Figur tatsächlich sagt – es ist sogar witziger, wenn alle wissen, wie eigentlich der Text lauten müsste, und der Mitspieler stattdessen etwas ganz anderes von sich gibt. Hört die Filmfigur auf zu reden, muss auch der Mitspieler sofort verstummen, selbst wenn es mitten im Satz ist. Manchmal setzt dann der nächste Spieler den Satz einfach fort. Andere Spieler können die Soundeffekte übernehmen oder die Spots in den Werbepausen synchronisieren.
Sie werden schnell sehen: Dieses Spiel ist «Teamplay» vom Feinsten!

Amélie

Freunde von uns, die österreichische Kabarettgruppe *maschek*, haben sogar einen Beruf daraus gemacht und verdienen ihren Lebensunterhalt mit solchen Improvisationen. Sie synchronisieren die Tonspur von Nachrichten, Reportagen und TV-Sendungen. Bei ihren Liveshows erlebt das Publikum hautnah, wie stark ihre Verbindung zueinander ist, und amüsiert sich königlich.

Testen Sie Ihre magischen Kräfte

Sie und Ihr Partner oder Ihre Partnerin glauben, eine so starke Verbindung zu haben, dass man sie magisch nennen könnte? Dann testen Sie das doch einmal aus! Wir schlagen dazu eine ähnliche Methode vor, wie sie J. B. Rhine in den 1930er Jahren angewendet hat – mit dem kleinen Unterschied, dass Sie beide nicht betrügen dürfen. Bei diesem Test fungiert immer ein Partner als Sender, der andere als Empfänger. Machen Sie 100 Durchläufe, und tauschen Sie dann die Rollen. Falls Ihnen das zu viel erscheint, können Sie auch nur 50 Durchgänge machen und das Ergebnis mit zwei multiplizieren, um auf den Prozentsatz zu kommen. Je höher jedoch die Anzahl der Durchgänge ist, desto genauer das Ergebnis.

Der Sender sucht aus einem Kartenspiel ein Ass, eine Zwei, eine Drei, eine Vier und eine Fünf heraus. Der Empfänger sitzt dem Sender gegenüber, sodass er die Karten nicht sehen kann. Der Sender darf ihm keine Zeichen geben – zumindest nicht absichtlich –, und er notiert die Ergebnisse auf einem Zettel.

Die fünf ausgewählten Karten werden nun vom Empfänger gemischt. Dann zieht der Sender eine Karte und «sendet» ihren Wert in Gedanken an den Empfänger. Der rät, welche Karte es sein könnte, und teilt es dem Sender mit. Sie können sich aussuchen, ob Sie das Ergebnis jeder einzelnen Runde dem Empfänger verraten oder nicht. Wenn Sie dem Partner nach jeder Runde sagen, ob er falsch- oder richtiglag, kann sich die Trefferquote leicht verbessern. So oder so notiert der Sender daraufhin, ob der Empfänger richtig geraten hat oder nicht, und mischt die Karte wieder unter die anderen vier. Dann wird der Vorgang wiederholt, insgesamt 100-mal. Ein Durchlauf dauert so etwa 15 Minuten.

Nach 100 Durchgängen können Sie an der Zahl der Treffer den Prozentsatz der richtig geratenen Karten ablesen: 20 Treffer bedeuten 20 Prozent Treffergenauigkeit. Das ist der allgemeine, durchschnittliche Wert, das heißt, dass Sie durch reinen Zufall bei 100 Versuchen 20-mal richtigliegen können. Wenn Ihr Wert unter 20 Prozent lag, hatten Sie vielleicht einfach Pech. Versuchen Sie es noch einmal, nun aber etwas langsamer. Wenn Ihr Wert über 20 Prozent liegt, sind Sie ziemlich gut oder hatten einfach Glück. Bei über 25 Prozent waren Sie sehr gut oder hatten sehr viel Glück. Liegt Ihr Wert über 30 Prozent, so ist die Wahrscheinlichkeit für so viel Glück beim Raten nur einem von 100 Menschen vergönnt. Wir beide lagen beim allerersten Mal bei 27 Prozent, ein anderes Mal wiederum unter 20 Prozent. Die psychologischen Vorgänge bei diesem Test zeigen sich bei Variationen im Versuchsaufbau besonders deutlich. Wenn Ihr Wert über 25 lag, machen Sie den Test erneut, aber diesmal, ohne sich in die Augen sehen zu können. Setzen Sie sich Rücken an Rücken.

Falls Ihr Wert unter 20 lag, setzen Sie sich einander so gegenüber, dass Sie sich direkt ansehen können. Der Sender bietet höchste Konzentration auf, um den Wert zu übermitteln, indem er sich im Geiste den Kartenwert vorsagt: «Fünf, fünf, fünf ...» Der Empfänger beobachtet das Gesicht des Senders genau und sucht nach unwillkürlichen Anzeichen für den zu erratenden Kartenwert. Wenn der Sender zum Beispiel nach oben schaut, könnte das auf einen hohen Kartenwert hinweisen usw. Führen Sie den Test ansonsten genauso durch wie zuvor. Haben sich die Ergebnisse verbessert?

Wir haben auf diese Weise 63 Treffer bei 100 Versuchen geschafft. Offenbar erlaubt es uns unsere Verbindung, miteinander ohne Worte zu kommunizieren, auch wenn keiner von uns wusste, wie das funktionierte. Der Kluge Hans wäre stolz auf uns gewesen.

Und wir sind auch stolz auf Sie! Sie haben mittlerweile das perfekte Fundament, um die Magie der Verbindung zu erfahren! Die Checkliste wird Ihnen in vielen Situationen helfen. Wie wichtig eine gute Verbindung sein kann, lernen wir nicht nur bei unseren Auftritten, sondern auch tagtäglich, sobald wir mit Leuten in Verbindung treten.

KAPITEL 9

Die dunkle Seite:
Worauf Sie achten sollten

Verbindungen können ein machtvolles Werkzeug sein, und dieser Macht sollte man mit dem gehörigen Respekt begegnen. Es ist wichtig, behutsam und achtsam vorzugehen, damit Sie nicht eventuell sich selbst oder anderen damit schaden. Sie könnten selbst versehentlich übergriffig werden, oder jemand anders könnte die Macht der Verbindungen gegen Sie einsetzen.

Probleme könnte es von Ihrer Seite aus geben, wenn Sie die Verbindung zu übereilt aufbauen oder die Signale Ihres Gegenübers falsch deuten. In manchen Fällen werden Sie auch eine Verbindung zu einer Person herstellen, die Ihnen nicht guttut oder die Sie sich anders vorgestellt hatten, oder eine Verbindung, die Sie auf einen falschen Weg bringt. Das kann auch unabsichtlich passieren, während beide Partner eigentlich eine gesunde Verbindung anstreben.

Es gibt leider auch Menschen, die eine Verbindung zu Ihnen suchen, um sich selbst Vorteile zu verschaffen oder Informationen zu erhalten – denken Sie nur an Betrüger und Heiratsschwindler. Vor allem aber gibt es immer wieder Menschen, die Ihnen zwar nicht gezielt schaden wollen, die Verbindung aber lediglich aus reinem Eigennutz aufnehmen.

Achten Sie also auf die Gefühle, die die Person in Ihnen auslöst, und auf die Art Ihrer Verbindung: Begegnen Sie sich auf

Augenhöhe, mit Respekt und Empathie, Verständnis und Wohl-
wollen? Fühlen Sie sich mit all Ihren Facetten angenommen
und sicher, sodass Sie Vertrauen schenken können? Richten Sie
Ihr Augenmerk darauf, wie Sie sich in dieser Verbindung fühlen.

WENN ANFÄNGER SICH ÜBERSCHÄTZEN: DER DUNNING-KRUGER-EFFEKT

Zusätzlich droht noch eine Gefahr, die immer besteht, wenn
man etwas Neues lernt: die Selbstüberschätzung. Sehen Sie sich
die auf S. 242 abgebildete Kurve an. Sie stellt den Verlauf des
Lernprozesses eines Anfängers dar, von den ersten Lernschritten
bis hin zur Meisterschaft. Entwickelt wurde sie im Jahr 1999 von
zwei US-amerikanischen Forschern – David Dunning und Justin
Kruger –, die kognitive Verzerrungen untersuchten (siehe Kapitel 5). Wir erinnern uns: Diese Fehlleistungen unseres Gehirns
sorgen dafür, dass wir häufig Dinge falsch einschätzen.

Jede Lernentwicklung folgt dem Verlauf der abgebildeten
Kurve, ganz egal, ob man mit einer neuen Sportart anfängt, mit
Gesangsunterricht oder mit dem Lösen von Kreuzworträtseln:
Zunächst macht man rasante Fortschritte, bis der Lernerfolg
plötzlich «abstürzt» und man das Gefühl hat, wieder fast bei
null neu anfangen zu müssen. Wenn man jetzt dabeibleibt, wird
sich der Lernerfolg mit flacherem Verlauf als zuvor, aber dafür
kontinuierlich nach oben entwickeln. Es verwundert nicht, dass
der Lernfortschritt sehr stark davon geprägt ist, wie man mit
dem Auf und Ab im Lernverlauf umgeht. Sehen wir uns einmal
genauer an, was es damit auf sich hat.

Höhenflug, Absturz und Neubeginn

Die Geschichte dieser wissenschaftlichen Entdeckung beginnt mit einem bewaffneten Banküberfall. Richtig gelesen: Im Jahr 1995 raubte der US-Amerikaner McArthur Wheeler an einem Tag gleich zwei Banken aus. Dabei trug er keinerlei Tarnung oder Verkleidung, sein Gesicht war auf den Aufnahmen der Überwachungskameras deutlich zu erkennen. Die Bilder wurden in den Fernsehnachrichten gesendet, und Wheeler wurde noch am selben Tag identifiziert und verhaftet.

Das wirklich Interessante an dieser Geschichte ist aber, dass Wheeler wirklich überrascht wirkte, als man ihn verhaftete. Zu den Polizisten, die ihm die Handschellen anlegten, sagte er: «Aber ich hatte mich doch mit dem Saft eingerieben!» Es dauerte eine Weile, bis man begriff, was er damit meinte. Wheeler hatte irgendwo gelesen, dass Zitronensaft als unsichtbare Tinte verwendet werden kann. Was übrigens stimmt: Wenn man mit dem Saft auf Papier schreibt, wird die Schrift unsichtbar, sobald der Saft getrocknet ist. Wenn man das Papier dann erhitzt, etwa mit einem Bügeleisen, wird die Schrift wieder sichtbar. Falls Sie einmal eine geheime Nachricht schreiben wollen, können wir Zitronensaft sehr empfehlen.

Wheeler dachte offenbar, dass Zitronensaft nicht nur Schrift auf Papier, sondern auch ihn selbst unsichtbar machen würde, wenn er sich damit einrieb. Falsch gedacht! Wirklich bemerkenswert daran ist allerdings nicht, dass Wheeler so dumm war, das zu glauben, sondern vielmehr, dass er genug wusste, um es zu glauben, aber nicht genug, um es richtig einordnen zu können. Den Fehler konnte er nur begehen, weil er sich nicht weiter darüber informiert hatte, ob Zitronensaft auch als «Tarnkappe» für Menschen geeignet ist. Ein besseres Beispiel für gefährliches Halbwissen könnte man nicht einmal erfinden.

Von dieser Geschichte erfuhr David Dunning, damals Professor an der Cornell-Universität, der mit seinem Kollegen Justin Kruger kognitive Verzerrungen untersuchte. Die beiden verfolgten die Hypothese, dass jemand, der wenig über ein Thema weiß, mit höherer Wahrscheinlichkeit Fehler begeht als jemand, der keine Ahnung hat. Nachdem sie von Wheelers Geschichte gehört hatten, führten die beiden Wissenschaftler umgehend eine Studie durch, um dieses kontraintuitive Ereignis zu verstehen. Sie war so ergiebig, dass sich eine ganze Studienreihe anschloss.

In wenigen Sätzen zusammengefasst, stellen sich Dunnings und Krugers Forschungsergebnisse wie folgt dar: Wenn man nur wenig über etwas weiß, dann ist man sich – weil alles neu und aufregend ist – seines Wissens deutlich bewusst (obwohl es sehr überschaubar ist). Man hat als Anfänger das Gefühl, man wüsste viel, und überschätzt so das eigene Können. Man ahnt nicht, wie viel man noch zu lernen hat, weil man ja erst ganz am Anfang steht. Wenn dann etwas schiefläuft, begreift man,

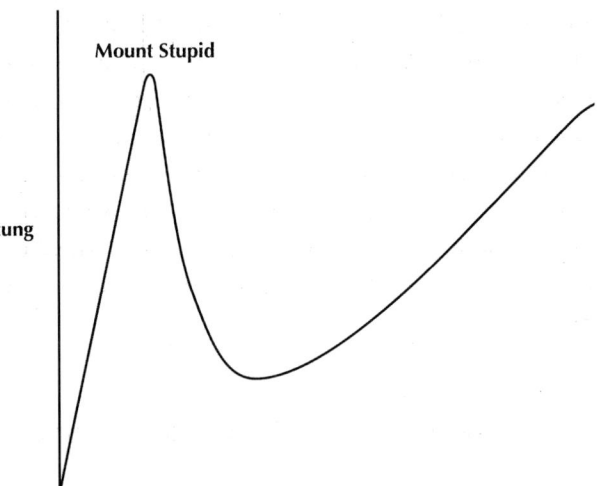

Die Lernkurve nach Dunning und Kruger.

wie falsch man mit seiner hohen Selbsteinschätzung lag und wie viel man tatsächlich noch lernen muss. Man erkennt den Umfang des eigenen Unwissens, und die Selbsteinschätzung stürzt in den Keller. Bleibt man dann weiter am Thema dran, lernt weiter und übt, erholt sich die Selbsteinschätzung langsam wieder – und vor allem passt sie jetzt eher zu den tatsächlichen Fähigkeiten.

«Mount Stupid» meint übrigens «Gipfel der Dummheit», was die Lage der Dinge an diesem Punkt in der Kurve sehr treffend beschreibt: Der Lernende weiß noch so gut wie nichts, platzt aber vor Selbstvertrauen und überhöhter Selbsteinschätzung. Oder wie Charles Bukowski schrieb: «Das Problem der Welt ist, dass intelligente Menschen voller Zweifel und dumme voller Selbstvertrauen sind.»

Interessant ist auch der Verlauf, den die Kurve nach der ersten Spitze nimmt: Nach dem «Mount Stupid» fällt sie steil ab und steigt dann langsam wieder an. Der Tiefpunkt vor diesem zweiten Anstieg wird etwas dramatisch, aber durchaus passend als «Tal der Verzweiflung» bezeichnet. Nach der schlagartigen Erkenntnis, dass man lange nicht so gut ist, wie man geglaubt hat, geben viele auf, weil der Anstieg danach so mühselig ist. Vor allem die Plateauphase, in der man nach der schmerzhaften Selbsterkenntnis gefühlt gar keine Fortschritte mehr macht, bevor es wieder aufwärtsgeht, lässt viele verzagen. Doch dieser Rückschlag ist völlig normal. Lassen Sie sich davon nicht entmutigen.

Augenmaß und Durchhaltevermögen

Nachdem Dunning und Kruger diesen Effekt nachgewiesen hatten, suchten sie mit weiteren Experimenten nach den Ursachen. Dadurch, dass Anfänger noch viel zu wenig über das

Thema wissen, können sie ihr eigenes Leistungsniveau nicht korrekt einschätzen. Tatsächlich ist der beschriebene kurzfristige Rückschritt ein entscheidender Schritt vorwärts. Um wirklich etwas zu lernen, muss man erkennen, wie viel es zu lernen gibt. Oder anders formuliert: Erst wenn man weiß, dass man in etwas schlecht ist, kann man wirklich gut darin werden. Diese Erkenntnis stellt sich ein, während man sich vom Anfänger zum Könner wandelt.

Das Tal der Verzweiflung ist also der Punkt, ab dem man wirklich Fortschritte macht, auch wenn es sich zunächst subjektiv ganz anders anfühlt. Verstärkt wird dieser Effekt noch durch den Bestätigungsfehler, den wir in Kapitel 5 beschrieben haben. Diese kognitive Verzerrung führt dazu, dass wir uns besser an Momente erinnern, in denen wir richtiglagen, als an jene, in denen wir uns geirrt haben.

Der Dunning-Kruger-Effekt erklärt auch, warum Multitasking völlig zu Unrecht als äußerst effektiv gilt. Beim Multitasking steht man meist auf dem Gipfel des Mount Stupid, weil man zu wenig über Produktivität weiß, um beurteilen zu können, was wirklich wichtig ist: nämlich dranzubleiben, also ununterbrochen konzentriert über einen längeren Zeitraum hinweg an einer Sache zu arbeiten und nicht nur eine kurze Zeit lang gleichzeitig zweigleisig.

Ein Bekannter von uns konnte dazu ein Beispiel beisteuern. Er ist ein talentierter Tischfußballspieler, der einmal zwei Anfänger trainierte. Einer von ihnen war ein hervorragender Schütze. Trotzdem hatte der andere mehr Profipotenzial, denn laut unserem Bekannten übte der Superschütze nur eine einzige Fertigkeit – den Torschuss. Das ist ein klassischer Anfängerfehler, eine kognitive Verzerrung, weil der Torschuss nun mal die offensichtlichste und eindrucksvollste Aktion beim Tischfußball ist. Der andere Anfänger konzentrierte sich hingegen auf das Passspiel, eine kompliziertere und weniger augenfällige Fähigkeit, an die

die meisten Hobbyspieler keinen Gedanken verschwenden. Sie ist schwerer zu meistern und zu messen, aber beim Profi-Tischfußball wichtiger als das Torschießen. Nur wissen das Anfänger eben nicht – und landen so auf dem Mount Stupid.

Das lässt sich im Übrigen auch auf das Knüpfen von Verbindungen übertragen. Wenn Sie aus Unkenntnis und Unerfahrenheit Ihre Fähigkeiten überschätzen, kann das negative Folgen haben. Umgekehrt werden Sie umso weniger Zeit mit unwichtigen Details verschwenden, je mehr Hintergrundwissen Sie abrufen können.

Dunning und Kruger empfehlen eine einfache Methode, wie man den nach ihnen benannten Effekt überwinden kann: üben, üben, üben. Je besser man Bescheid über sein Thema weiß, desto weniger ist man von dem Effekt betroffen. Ja, allein schon das Wissen, dass dieser Effekt existiert, kann seine Auswirkungen abmildern. Natürlich sollten Sie sich über erste Erfolge freuen. Aber denken Sie auch an die Lernkurve. Wenn Sie wissen, wo Sie auf dieser Kurve stehen, können Sie sich innerlich auf den Absturz und den schwierigen Aufstieg danach vorbereiten.

Übertragen wir nun den Dunning-Kruger-Effekt auf Verbindungen: Ein Verbindungsangebot wird gemacht und angenommen – und das reicht schon, damit ganz zuverlässig eine Verbindung entsteht. Das glauben zumindest viele Anfänger, die sich zum ersten Mal ernsthaft mit Verbindungen beschäftigen. Diese irrige Annahme kann sowohl zu peinlichen als auch schmerzhaften Situationen führen.

MAN KANN NICHT JEDE KATZE
IN DIE ARME SCHLIESSEN

Vor einiger Zeit kursierte im Internet ein Video, das eine junge Frau für eine Dating-Website aufgenommen hatte. Darin erzählt sie unter Tränen, wie sehr sie Katzen liebt und dass sie am liebsten jede einzelne auf der Welt umarmen würde. Doch leider habe sie einsehen müssen, dass das nicht geht …

Das Beispiel dieser jungen Frau zeigt, wie jemand, der auf der Suche nach Zuneigung ist, sich übermäßig auf etwas fixieren kann, das diese tiefe Sehnsucht erfüllt. In diesem Fall sind es Katzen. Sie finden dieses Video auf *youtube.com*, wenn Sie nach *Can't hug every Cat* suchen. Dem Betrachter wird relativ schnell klar, dass sie sich vermutlich nicht wirklich viele winzige Verbindungen zu allen Katzen dieser Welt wünscht, sondern nur eine starke Verbindung zu einer einzigen Katze oder ein paar wenigen Katzen.

Auf unseren Reisen haben uns viele Menschen erzählt, sie fühlten sich isoliert, von der Welt abgeschnitten. Vielleicht findet unser Publikum unsere Kunst deswegen so interessant: Wir demonstrieren auf der Bühne unsere starke Verbindung zueinander. In einer Welt, in der es immer schwieriger wird, zu anderen Menschen eine reale Verbindung aufzubauen oder zu halten, wirkt das wohl besonders eindrucksvoll und einzigartig.

Aber man kann nicht mit allen Menschen verbunden sein, das ist einfach unmöglich. Zu den Gründen haben Sie in diesem Buch schon einiges erfahren.

Wenn es unsere Zeit zulässt, unterhalten wir uns nach unseren Shows häufig noch mit Fans. Wir machen das gerne und haben auch deswegen dieses Buch geschrieben: um damit noch mehr Menschen erreichen zu können.

Wir bemühen uns, zu jedem Fan eine echte Verbindung aufzubauen, und sei sie auch noch so kurz. Wenn man jedoch eine solche Verbindung nach kurzer Zeit sehr abrupt beendet, sendet man damit sehr verwirrende Signale aus. Hat der andere die Verbindung falsch interpretiert? Haben Sie Ihre Meinung plötzlich geändert? Kam eine Verbindung zustande, und Sie haben dann festgestellt, dass Sie die andere Person doch nicht mögen? Diese verwirrenden Signale können dazu führen, dass sich der andere verraten fühlt, so als hätten Sie ihn einfach fallengelassen. Dabei kann auch eine kurze Verbindung eine schöne Erfahrung sein, solange beide dieselbe Art und Dauer der Verbindung anstreben und man versteht, warum sie nur so kurz dauert.

MACHT UND MISSBRAUCH

Jede Verbindung bedeutet auch Verantwortung. Wenn man mit einem Menschen verbunden ist, tauscht man Gedanken und Gefühle aus. Das kann zu einer wunderschönen Erfahrung werden, hat aber auch seine negativen Seiten, wenn schmerzhafte Gefühle und negative Gedanken über diese drahtlose Verbindung geteilt werden.

Besondere Vorsicht ist geboten, wenn man eine starke emotionale Verbindung zu jemandem hat. Man kann diesen Kontakt nutzen, um Liebe zu vermitteln und Probleme zu lösen, man kann die andere Person aber auch tief verletzen.

Thommy
Amélie und ich haben uns selbst auch schon dabei ertappt, dass wir bei einer Auseinandersetzung unsere Verbindung dazu benutzt haben, um die verletzlichen Knöpfe des anderen zu drücken. Aber immerhin haben wir es bemerkt und konnten uns beherrschen, den anderen wirklich zu verletzen. Man kann also gegensteuern, indem man stets aufmerksam und reflektiert bleibt.

Leider gibt es immer wieder Menschen, die sich auf Ihre Kosten profilieren oder die Sie ausnutzen wollen. Oft sind das gerade die Menschen, die sich scheinbar am meisten um einen Kontakt bemühen. Lassen Sie sich von ihrer Existenz nicht entmutigen, aber seien Sie vorbereitet. Wenn Sie sich unsicher fühlen, denken Sie an die **Superman-Pose** (S. 158).

Auch wir haben schon professionelle Schwindler, Betrüger und andere zwielichtige Gestalten kennengelernt. Menschen, die man als Freunde oder Kollegen sieht, die sich dann aber doch als Schwindler herausstellen, verletzen einen auch oft persönlich. Viele von ihnen täuschen enge Verbindungen vor, um sich zu bereichern und den jeweiligen Verbindungspartner über den Tisch zu ziehen. Ihre Tricks funktionieren, weil wir alle uns nach Verbindungen sehnen, die in der modernen Welt immer schwieriger zu finden sind. Diese Sehnsucht nutzen Betrüger aus, indem sie ihren Opfern Zuneigung vorgaukeln. Und je größer die Sehnsucht ist, umso leichter wird man zum Opfer.

Trickbetrug

Manche Betrüger spähen ihre Opfer lange im Voraus aus und treffen umfangreiche Vorbereitungen für einen «maßgeschneiderten» Betrug. Andere wiederum versuchen ihr Glück einfach bei jedem, der zufällig in ihre Falle tappt.

Ein typischer Trickbetrug könnte folgendermaßen ablaufen: Im Ladenlokal eines Unternehmens, das Geldtransfers vornimmt, wartet ein junges Paar, Herr und Frau Berg, darauf, dass ihr Geld ankommt. Derlei Unternehmen findet man weltweit, sie werden oft von Touristen genutzt. Ein weiterer Kunde, Herr Huber, kommt herein und fragt, ob seine Geldanweisung bereits eingetroffen sei. Das Geld ist noch nicht da, und so setzt er sich zu den Bergs in den Wartebereich.

Die beiden Männer kommen ins Gespräch und finden heraus, dass sie beide Bayern-München-Fans sind. Sie erzählen sich, warum sie auf Geld warten – beide Parteien hatten Pech auf ihrer Reise und sind dringend auf die Zahlung angewiesen. Die Bergs wurden ausgeraubt und haben nicht einmal mehr genug Geld, um sich etwas zu essen zu kaufen. Sie warten schon den ganzen Tag. Herr Huber wiederum braucht Geld für eine Fahrkarte, um nach Hause zu einer Beerdigung zu fahren.

Herrn Berg rührt Herrn Hubers Geschichte, und er verspricht, ihm das Geld für die Fahrkarte zu leihen, falls das Geld der Bergs zuerst ankommt. Herr Huber will ablehnen, aber Herr Berg besteht darauf, verweist auf die Solidarität unter Bayern-München-Fans und fügt hinzu, dass Herr Huber sicher auch dasselbe für ihn tun würde. Nach einer Weile kommt tatsächlich eine Geldüberweisung an, allerdings ist es Herrn Hubers Geld. Er ist dankbar für das Angebot der Bergs und bietet nun im Gegenzug dem Ehepaar etwas Geld an. Die Bergs nehmen es an, lassen sich aber die Adresse von Herrn Huber geben, um ihm das Geld baldmöglichst zurückzahlen zu können.

Das ist ein klassischer Fall, denn die Bergs wurden gar nicht ausgeraubt, und sie warten ebenso wenig auf eine Geldanweisung. Sie haben nur auf jemanden gewartet, der tatsächlich Geld abholt, um einen Teil davon für sich abzuschöpfen. Herr Berg ist natürlich auch kein Bayern-München-Fan, und Herr Huber wird sein Geld nie wiedersehen. Entscheidend war hier, dass die Bergs sich Herrn Huber anvertrauten und von ihrem Unglück erzählten und Herr Berg als Erster Herrn Huber Geld anbot. Dadurch entstanden eine Verbindung und die unausgesprochene Übereinkunft, dass derjenige, der als Erster sein Geld bekommt, dem anderen aushilft. Die Fußballfanlüge diente Herrn Berg nur dazu, eine Brücke zu schlagen und sich Vertrauen zu erschleichen. Das Opfer hatte den Eindruck, es bestünde eine echte Verbindung zwischen ihm und den Betrügern.

Im Kern jedes Trickbetrugs steht also der fälschliche Eindruck des Opfers, eine neue Freundschaft geschlossen zu haben. Daher ist es ratsam, jeder neuen Verbindung erst zu vertrauen, wenn man sie eine Zeitlang erforscht hat. Mit zunehmender Erfahrung werden Sie ein Gefühl dafür entwickeln, welche Verbindungen echt sind und welche nicht.

Werbung, Politik und Medien

Über die modernen Medien werden uns tagtäglich Verbindungen angeboten. Diese Verbindungen können keinen persönlichen Kontakt ersetzen und stillen auch die Sehnsucht nach Verbundenheit nicht, doch sie können eine eigenartige Eigendynamik entwickeln, die uns in die Falle lockt. Denn dahinter steht oft ein handfestes Eigeninteresse des jeweiligen «Senders», der etwas ganz Bestimmtes von uns haben will: unser Geld, unsere Stimme, unsere Likes.

- An erster Stelle ist hier die **Werbung** zu nennen. Jeder Slogan, jede Anzeige, jeder Werbespot sind im Prinzip ein Trickbetrug, da sie alle uns eine falsche Verbindung vorgaukeln, die nicht auf Augenhöhe zustande kommt. Werbung erweckt den Anschein, dass das werbende Unternehmen auf der Seite des Konsumenten steht und nur sein Bestes will. In Wahrheit hat das Unternehmen das erklärte Ziel, die Zeit, die Aufmerksamkeit und das Geld des Kunden zu bekommen. Werbung wird dazu ersonnen, den Kunden glauben zu machen, dass das Unternehmen seine Bedürfnisse versteht und sie erfüllen kann.
- Noch mehr Geld als Werbeleute geben nur die **Politiker** aus, um Nähe herzustellen: Sie sind besonders daran interessiert herauszufinden, was die Wähler denken und fühlen, damit sie ihnen mit passgenauen Wahlversprechen ihre Stimme

abschmeicheln und ihre eigene Macht mehren können. Oft sind besonders die Politiker erfolgreich, die die tragfähigste Verbindung zu ihrer Basis haben, indem sie sich entsprechend deutlich positionieren, Ängste und Wut bei ihren Wählern schüren und Stimmung gegen andersdenkende Politiker oder bestimmte Bevölkerungsgruppen machen.

- Wir persönlich informieren uns über das Tagesgeschehen durch alle verschiedenen Arten von Medien. Besonders in den Fake-News-Medien achten wir darauf, mit welchen Methoden hier Verbindungen mit dem Betrachter simuliert werden, um diese für sich zu gewinnen. Und offenbar funktionieren sie. Wenn Sie darauf achten, werden sie auch für Sie offensichtlich werden.

Ganz allgemein lässt sich festhalten: Menschen, die Verbindungen gegen Sie verwenden wollen, setzen die gleichen Methoden ein, mit denen auch Sie Verbindungen herstellen. Sie schützen sich also am besten, indem Sie sich mit diesen Methoden vertraut machen – so erkennen Sie schnell, wenn jemand sie mit unlauteren Motiven bei Ihnen anwendet.

Falls jemand also ein falsches Spiel mit Ihnen treibt oder Sie manipulieren will, tun Sie einfach genau das Gegenteil von dem, was diese Menschen wollen: Lassen Sie sich zu nichts drängen. Nehmen Sie sich Zeit. Schlafen Sie darüber. Hören Sie auf Ihr Bauchgefühl und bitten ggf. Freunde um Rat.

VERBINDUNGEN, DIE IHNEN NICHT GUTTUN

Mit zwischenmenschlichen Verbindungen ist es wie mit allem anderen im Leben auch: Nicht jede Verbindung, die Sie eingehen, wird positiv sein, und die eine oder andere werden Sie beenden müssen, wenn sie Ihnen mehr schadet als guttut, Sie einengt oder anderweitig Ihr Wachstum hemmt. Sicher ist Ihnen das bisher auch schon einige Male passiert. Vielleicht werden Sie – nachdem Sie dieses Buch gelesen haben – solche Verbindungen in Zukunft nun aber schneller erkennen und sich davon befreien können.

Das gilt insbesondere für Verbindungen mit Menschen, die ein selbstzerstörerisches Verhalten an den Tag legen oder sich in einer Abwärtsspirale befinden: Menschen mit einer Suchthematik (Alkoholismus, Drogenabhängigkeit oder Spielsucht) oder einer psychischen Störung oder manipulative oder kriminelle Zeitgenossen. Hier besteht die Gefahr, dass diese Menschen Sie mit hinunterziehen – entweder, indem Sie selbst co-abhängig werden und beginnen, das Suchtverhalten Ihres Partners zu decken und zu verschleiern, um nach außen hin den Schein zu wahren. Damit fördern Sie im Grunde die Sucht, auch wenn Sie sie lieber bekämpfen und den Menschen, mit dem Sie verbunden sind, vor ihr retten würden. Doch wenn er sich nicht retten lassen will, sind Ihnen die Hände gebunden, Sie müssen also mitziehen. Oder aber – und das ist die zweite Variante – Ihr Partner wird aus Verzweiflung, Hilflosigkeit oder Berechnung seine Verbindung zu Ihnen missbrauchen, um Sie dahingehend zu beeinflussen, dass Sie bei ihm bleiben.

In beiden Fällen verdrängen oder leugnen Sie die negativen Auswirkungen auf Ihr eigenes Leben oder arrangieren sich notgedrungen damit. Sie reden sich ein, die Verbindungserfahrung an sich sei positiv und die «kleinen» Verluste wert. Doch damit betrügen Sie sich nur selbst. In dieser Verbindung sind Augenhöhe und gegenseitiger Respekt schon lange verlorengegangen – eine Fallhöhe hat sich eingestellt, bei der ein Partner den anderen dominiert.

Leider können Sie kaum etwas tun, wenn Ihr Verbindungspartner nicht bereit oder nicht in der Lage ist, sich oder sein Verhalten zu ändern. Konfrontieren Sie eine solche Person mit ihrem schädlichen Verhalten, wird sie wahrscheinlich erst einmal mit Abwehr reagieren. Das kann so weit gehen, dass Ihr Verbindungspartner sich schließlich ganz vor Ihren Argumenten und damit immer mehr auch vor Ihnen verschließt. Manchmal hilft dann tatsächlich nur noch ein Abbruch der Verbindung, wenn der andere nicht einsehen will oder kann, dass sein Verhalten ihm und auch Ihnen schadet oder dass er gar krank ist.

Will dieser Mensch sein schädliches Verhalten allerdings selbst aufgeben, bietet sich eine neue Chance für Sie beide: Sie können Ihre alte Verbindung als Basis nutzen, um sich zu unterstützen, sich gegenseitig Kraft zu geben und wieder Nähe zueinander aufzubauen. Womöglich schweißt Sie die Krise noch mehr zusammen, und Ihre Verbindung geht sogar gestärkt daraus hervor.

Ist dies nicht der Fall, oder es stellt sich bereits in der Anfangsphase einer Beziehung heraus, dass die andere Person Suchtverhalten oder anderweitig schädliche Angewohnheiten zeigt, sollte man sich dringend Unterstützung holen und die Verbindung ggf. auflösen. Leider wünschen sich viele Menschen so sehr eine lebenslange Verbindung, dass sie darüber den Blick für die Realitäten verlieren und nicht sehen, wie wenig tragfähig die Verbindung tatsächlich ist.

Eine Trennung, aus welchen Gründen auch immer, ist immer schmerzhaft. Auch wenn es objektiv gesehen natürlich besser ist, es so früh wie möglich zu merken, wenn man nicht zusammenpasst, wird es trotzdem weh tun. Dann hilft es nur, die aktuelle Beziehung zu beenden und später einen neuen Anlauf mit jemand anderem zu wagen.

Thommy
Als Amélie und ich uns nach zwei Jahren intensiver Zusammenarbeit ineinander verliebten, hatte ich zunächst Angst, auch unsere berufliche Verbindung zu verlieren,

wenn sich womöglich herausstellte, dass wir als Paar nicht zusammenpassten. Das ist zum Glück nicht passiert, aber ich verstehe es, wenn jemand deshalb besorgt ist.

KEIN SPAZIERGANG:
SICH VERBINDEN FÜRS LEBEN

Ein Mann, der seit 30 Jahren glücklich verheiratet ist, hat uns Folgendes mit auf den Weg gegeben: Entscheidend ist, dass man einen Menschen findet, der vom Leben dasselbe will wie man selbst, weil man dann auf dieselben Ziele hinarbeitet. Wenn Sie davon träumen, in der Stadt zu wohnen und ins Museum zu gehen, Ihr Partner aber aufs Land ziehen und in der Natur leben will, dann wird es für Sie beide wohl schwer werden, miteinander glücklich zu sein.

Dazu müssen Sie allerdings zuerst herausfinden, was für ein Leben Sie selbst eigentlich wollen, und dann darauf hinarbeiten. Nur der Masse nachzulaufen und das Leben zu leben, von dem einem vorgegaukelt wird, es sei das wünschenswerte, bringt einen nicht weiter.

Natürlich: Die Vorstellung, ganz allein in eine andere Richtung als alle anderen zu marschieren, kann einem durchaus Angst machen. Machen Sie sich dann eines klar: Nur, wenn Sie den Mut aufbringen, zu Ihren Wünschen zu stehen, können Sie irgendwann das Leben führen, das wirklich *Ihr* Leben ist und nicht das eines anderen.

Sehen Sie sich auf dem Weg um, und Sie werden andere Menschen entdecken, die in die gleiche Richtung wie Sie unterwegs sind, weil sie dasselbe Leben wollen wie Sie. Wenn Sie davon träumen, mit Ihrem Partner in Kunstausstellungen zu gehen, dann gehen Sie in Kunstausstellungen. Wenn Sie gern Sport machen, dann machen Sie Sport. Sie werden dabei Menschen treffen, die Ihre Interessen teilen und zu denen Sie Verbindungen aufbauen können. Genauso haben auch wir uns kennengelernt. Wir sind unserer Leidenschaft gefolgt und uns unterwegs begegnet.

Kalkulieren Sie aber auch ein, dass nicht immer alles glatt-laufen wird – so funktioniert das Leben mit seinen Höhen und Tiefen nun mal nicht. Berücksichtigen Sie, in welchem Stadium Ihrer Entwicklung Sie sich jetzt gerade befinden. Vertrauen Sie auf Ihr Bauchgefühl, und lassen Sie sich nicht unterkriegen! Und nutzen Sie Ihre wachsenden Fähigkeiten und Fertigkeiten, um Ihre Verbindungen und Beziehungen gesund und lebendig zu erhalten.

KAPITEL 10

Zu guter Letzt:
Verbinden Sie sich mit dem Leben

Auch Bücher schaffen Verbindungen. Diese müssen zwar den Zeitunterschied zwischen Autor und Leser überbrücken, sind aber oft besonders tief. Mit einem Buch verbringt man sehr viel mehr Zeit als mit den meisten Menschen, wenn man gerade eine erste Verbindung zu ihnen herstellt. Bücher haben außerdem den Vorteil, dass man immer wieder zu ihnen zurückkehren kann – was nützlich ist, wenn sie viele Informationen enthalten, die man sich beim ersten Durchlesen nicht merken kann. Sie können das Buch immer wieder zur Hand nehmen und bestimmte Stellen nachlesen, wenn sie zum Beispiel für eine konkrete Verbindung in Ihrem eigenen Leben relevant werden.

NEHMEN SIE SICH ZEIT, UND
SEIEN SIE ACHTSAM

Heute ist vieles einfacher als früher. Der Zugriff auf Informationen ist nahezu unbegrenzt. Man kann in kürzester Zeit ein Flugticket kaufen oder herausfinden, wie man die perfekte Lasagne zubereitet. Alles geht schnell und leicht.

Trotzdem haben viele Menschen das Gefühl, das Leben sei schwieriger geworden. Ängste breiten sich aus wie eine Seuche.

Die moderne Welt ist geprägt von Zeitdruck. Mit Smartphones kann man innerhalb von Sekunden Nachrichten in alle Welt verschicken und tausend Dinge erledigen. Dabei ist das Problem nicht die Geschwindigkeit, sondern die ständige Verfügbarkeit. All diese Geräte und Apps lassen uns Dinge nicht nur schneller erledigen, sondern sie ermöglichen es uns auch, alles sofort zu machen, ohne Wartezeiten. Man muss immer damit rechnen, dass eine Nachricht ankommt, auf die man sofort reagieren muss. Oder zumindest hat man das Gefühl, man müsse sofort reagieren. Man spart damit Zeit, steht aber ständig in Bereitschaft und unter Druck.

Für Verbindungen muss und darf man sich Zeit nehmen. Sie sind das beste Gegenmittel gegen fast alle kognitiven Verzerrungen, die unsere Urteilskraft und unsere psychologische Selbstverteidigung beeinträchtigen. Alte Instinkte, die über Jahrtausende unser Überleben gesichert haben, heute aber eher Hemmschuh als Lebensversicherung sind, verhindern womöglich, dass wir Verbindungen herstellen, die für unseren Erfolg und unsere psychische Gesundheit wichtig sind. Wenn Sie sich Zeit lassen, können Sie diese Instinkte überwinden, Sie können hinter die Fassade einer neuen Bekanntschaft blicken und entdecken, wie ähnlich Sie Ihrem Verbindungspartner sind. So wird aus einer potenziellen Bedrohung eine Gelegenheit, das magische Gefühl der Verbundenheit mit einem anderen Menschen zu erfahren. Sie müssen dazu nur ein paar Sekunden zusätzliche Zeit investieren.

Und nicht zu vergessen: Seien Sie immer und überall achtsam. Lassen Sie sich Zeit. Achten Sie auf Ihre Mitmenschen, auf das, was diese Menschen tun, wer sie wirklich sind. Achten Sie auch auf sich selbst, auf Ihre Gedanken, Ihre Gefühle und Ihre Ziele. Achten Sie auf die Welt, die Sie umgibt. Lassen Sie sich nichts vorgaukeln. Dann sind Sie bereit für eine echte Verbindung.

DER WERT DER VERBINDUNG FÜR UNS

Wir versuchen, mit so vielen Menschen wie möglich in Verbindung zu kommen, auch wenn wir natürlich wissen, dass nicht jede Verbindung positiv ist. Aber wir sehen auch, wie viel wir durch Verbindungen gewonnen haben.

Unseren beruflichen Erfolg verdanken wir der menschlichen Fähigkeit, uns mit anderen Menschen zu verbinden, Brücken zwischen unser beider Gedanken zu schlagen und uns selbst in anderen Menschen und die anderen in uns zu erkennen. Privat sind Verbindungen sogar noch wichtiger für uns. Das Glück und die Zufriedenheit, die wir erleben, verdanken wir dem Umstand, dass wir eine Verbindung zueinander aufbauen konnten.

Eine besondere Stärke unserer Verbindung besteht darin, dass wir erkennen, wenn der andere Freiraum braucht. Den gestehen wir ihm gern zu. Da wir nicht nur privat, sondern auch beruflich so viel Zeit miteinander verbringen, ist das besonders wichtig. Wenn wir uns dann ein paar Stunden später wiedersehen, sind wir überglücklich, wieder zusammen zu sein. Möglicherweise liegt das auch daran, dass wir nach der kurzen Trennung endlich wieder über etwas reden können, das der andere nicht ohnehin schon weiß.

UNSERE LEBENSPHILOSOPHIE

Wir glauben, dass man im Leben immer hinter die Fassade schauen und die Menschen so sehen sollte, wie sie wirklich sind. Die Welt wird ein besserer Ort, wenn wir nach Gemeinsamkeiten suchen, anstatt uns auf die Unterschiede zu konzentrieren. Wir glauben, dass man das am besten erreicht, indem man auf sich selbst achtet und auch der Welt, den Menschen, Tieren, der Natur, die uns umgeben, die Beachtung schenkt, die sie verdient haben. Keinesfalls sollten wir auf jene hereinfallen, die uns zu Angst oder Wut verleiten wollen. Stattdessen sollten wir uns über jede Gelegenheit freuen, uns mit einem anderen Lebewesen zu verbinden.

Wenn Sie positive Verbindungen zu den Menschen in Ihrem Leben aufbauen, werden Sie und die anderen Menschen glücklicher werden. Sie werden Vorurteile abbauen und verständnisvoller werden. Sie werden Ihre Gedanken positiver gestalten.

Auch wenn es ein wenig nach Größenwahn aussieht: Wir träumen davon, dass unser kleines Buch die Welt verändern könnte. Keine Frage, es wird nicht alle Probleme der Welt lösen. Aber wir sind davon überzeugt, dass die Welt ihre Probleme umso besser wird lösen können, je mehr Menschen zueinander eine Verbindung haben. Wir glauben, dass die Methoden, die wir in diesem Buch vorstellen, ihren Anteil daran haben könnten. Aber das wäre nicht unser Verdienst. Es wäre Ihnen zu verdanken, unseren Leserinnen und Lesern, weil Sie mit dem, was

Amélie van Tass, Thommy Ten und Mr. Koni Hundini in Las Vegas.

wir Ihnen vermittelt haben, die Welt verbessert haben. Falls dieses Buch Ihre Perspektive erweitert und Ihnen vielleicht sogar geholfen hat, neue Verbindungen herzustellen oder bestehende zu vertiefen, würden wir uns freuen, wenn Sie uns nach einer Show einmal davon erzählen.

Viel Spaß mit der Magie der Verbindung!

Thommy & Amélie

LITERATUR UND QUELLEN

KAPITEL 1

- Das erste Mal lasen wir von den Fox Sisters in einem Buch namens *A Magician Among The Spirits*. Es wurde *1924* publiziert und geschrieben von *Harry Houdini*, der nicht nur einer der größten Entfesselungskünstler aller Zeiten, sondern auch unermüdlicher Aufdecker falscher Spiritualisten war.
- *Walter von Lucadou* publizierte viele seiner Schriften auf seiner Webseite *www.parapsychologische-beratungsstelle.de*.
- *J.B. Rhine* schrieb neun Bücher über seine Forschung zum Thema ESP. Einen kritischeren Zugang liefert *Fads and Fallacies in the Name of Science*, geschrieben *1957* von *Martin Gardner*.
- *James Randis* Artikel über das *Projekt Alpha*, «*The Project Alpha Experiment: Part 1. The First Two Years*, erschien im *Sceptical Inquirer Magazine*, 7, 2006−05−03. Eine andere Perspektive darauf liefern *Marcello Truzzis Reflections on Project Alpha: Scientific experiment of conjurer's Illusion?*, veröffentlicht im *August 1987*, herausgegeben von *Zetetic Scholar* (*12/13*): S. 73−98.
- Der Kluge Hans war so berühmt, dass seine Geschichte sogar

in der *New York Times* in einem Artikel namens *BERLIN'S WONDERFULE HORSE: He Can Do Almost Everything But Talk-How He Was Taught, 1904–09–04* veröffentlicht wurde. Man kann *Clever Hans (The Horse of Mr. Von Osten)* von Oskar Pfungst online auf *Gutenberg.org* nachlesen.

KAPITEL 3

- *Die Gabe der Empathen: Wie du dein Mitgefühl steuerst und dich und andere stärkst* von *Anne Heintze* und *Ananda H. Hummer* erschien *2018*.
- *Welt.de* befasste sich *2017* im Artikel *Das sind die Schattenseiten von Empathie und Mitgefühl* auch mit dem Thema Empathie.

KAPITEL 4

- Der McGurk-Effekt erschien zum ersten Mal in gedruckter Form im Artikel *Hearing lips and seeing voices* im *Nature Magazine*, geschrieben von *McGurk* und *MacDonald*. Allerdings lernt man durch das Lesen nicht so viel. Gehen Sie auf *youtube.com*, und suchen Sie nach *Try the McGurk Effect! – Horizon: Is seeing believing?* und nach *McGurk Effect (with explanation)*.
- Eine tolle Erklärung des blauen oder weißen Kleides finden Sie auf *youtube*, wenn Sie die Suche *What colour is this dress? (solved with science)* eingeben. Auf dieselbe Weise finden Sie auch das *Yanni/Laurel Experiment*.
- Um mehr über die tatsächlichen, biologischen Unterschiede zwischen Mann und Frau zu lernen, lesen Sie *Why Gender Matters, Second Edition: What Parents and Teachers Need To*

Know About The Emerging Science Of Sex Differences, geschrieben von *Leon Sax* im Jahr 2005.

- Die Verbindung zwischen Flow-Zustand und visuellen Videospielen wird in dem Buch *Superbetter* von *Jane McGonical* erforscht. Es ist 2016 erschienen.

- *Martin Grunwald* spricht in seinem Interview *Der Tastsinn ist ein Lebensprinzip* in *Spektrum, 2014*, über die Wichtigkeit des Tastsinnes.

KAPITEL 5

- Eine großartige Quelle zur Wichtigkeit des statischen versus des dynamischen Selbstbildes ist das Buch *Selbstbild: Wie unser Denken Erfolge oder Niederlagen bewirkt* von *Carol Dweck*. Es wurde im Jahr 2006 veröffentlicht.

- Eine 2016 veröffentlichte Studie zeigt die Wechselwirkung zwischen dem wachsenden Denken und akademischem Erfolg: *Mindsets in a national Scale: Exploring the relationship between Growth mindset, academic achievement and family income in Chile*, von *Carol Dweck, Dave Paunesku* und *Susana Claro*.

- Für mehr Informationen über die Bedeutung des *Plateau-Effekts*, lesen Sie das 2016 veröffentlichte Buch *Grit: The Power of Passion and Perseverance* von *Angela Duckworth*.

- Das Thema Glück wurde bereits von Wissenschaftlern unterschiedlicher Fachrichtungen betrachtet. Wir empfehlen Ihnen das Buch *The Luck Factor,* veröffentlicht 2003 von *Richard Wiseman*. Es beinhaltet vier verhaltensbezogene Techniken, die durch wissenschaftliche Erkenntnisse unterfüttert werden.

- Für Informationen zu *Howard Gardner's Theorie* zu multiplen Intelligenzen lesen Sie *Frames of Mind: The Theory of*

Multiple Intelligences, veröffentlicht 1983, geschrieben von Howard Gardner persönlich.

- Viele Bücher zum Thema kognitive Verzerrungen sind sehr technisch. Gut zu lesen ist hingegen *The Art Of Thinking Clearly*, veröffentlicht 2011, geschrieben von *Rolf Dobelli*. In diesem Buch geht es nicht speziell um Verbindungen, sondern es ermöglicht einen praktischen Zugang zum Thema.

- Wenn Ihnen das Spiegel-Experiment gefällt, wäre das 2004 veröffentlichte Buch *Mind Hacks: Tips & Tools For Using Your Brains* von *Tom Stafford* und *Matt Webb* eventuell etwas für Sie.

- Viele Studien haben bestätigt, dass Menschen alleine durch das Visualisieren einer bestimmten Tätigkeit Fortschritte darin erzielen können (gleichwohl nicht so große, als würden sie tatsächlich üben). Der australische Psychologe *Alan Richardson* hat zum Beispiel die Fähigkeit getestet, freie Würfe im Basketball zu machen. In seiner Studie haben sich die Leute, die geübt haben, um 24 % verbessert. Spieler, die nur durch Visualisieren trainiert haben, haben sich um 23 % verbessert. 2004 haben *Ranganathan VK, Siemionow V, Liz JZ, Sahgal V* und *Jue GH From Mental Power To Muscle Power-Gaining Strength By Using The Mind* veröffentlicht. In dieser Studie wird demonstriert, dass mentales Training deshalb funktioniert, weil dadurch die Stärke der entsprechenden Gehirnsignale intensiviert wird.

KAPITEL 6

- Wenn Sie an *Freuds* Theorien interessiert sind, können Sie online sein 1900 veröffentlichtes Buch *Traumdeutung* finden. Viele seiner Gedanken gelten heutzutage als überholt, aber sie liefern einen guten Einblick in die menschliche Psyche.

- Eine aktuelle Erklärung, warum wir Träume haben und woher sie kommen, gibt es in dem 2017 veröffentlichten Buch *Why We Sleep: Unlocking The Power Of Sleep And Dreams*, geschrieben von *Matthew Walker*.
- Die Frage, ob die Genetik oder die Erziehung unser Verhalten bestimmt, wurde über Jahrzehnte in verschiedensten wissenschaftlichen Disziplinen sehr kontrovers erörtert. Inzwischen werden die beiden Faktoren nicht mehr als reine Gegensätze gesehen, so zeigt zum Beispiel *Robert Plomin* in seinem 2018 veröffentlichten Buch *Blueprint: How DNA Makes Us How We Are*, dass sich beides gegenseitig beeinflusst.
- *B. F. Skinners* Thesen zu *Reiz und Reaktion* werden heute noch gelehrt, obwohl manche seiner Theorien inzwischen durchaus skeptisch betrachtet werden. Wer sich näher mit seinen Thesen beschäftigen will, kann sich zum Beispiel sein Buch The *Behavior Of Organisms*, welches 1983 veröffentlicht wurde, besorgen.
- Studien zu Belohnung vs. Bestrafung sind sehr kompliziert. Beide Verhaltensweisen können zum gewünschten Ergebnis führen; wir haben leider keine brauchbaren Langzeitstudien gefunden. Eine neuere Analyse dazu mit dem Namen *Reward, punishment, and cooperation: A meta-analysis* wurde veröffentlicht im *Psychological Bulletin 2011, 137, 594–615*, und wurde von *Balliet, Mulder, & Van Lange* verfasst. Sie zeigt, dass Effekte von Belohnung und Bestrafung sehr vom Alter der Person abhängen. Wir persönlich plädieren eher für das Belohnungsprinzip, da es eher hilft, sich mit Menschen zu verbinden.
- Das *Hermann-Gitter* wurde nach dem deutschen Physiologen *Ludimar Hermann*, der es 1870 entdeckt hat, benannt.
- Es gibt zahlreiche Studien, die belegen, dass unsere Erwartungshaltung unsere Wahrnehmung bestimmt. Eine aktuellere nennt sich *Long-Lasting Effects of Subliminal Affective*

Priming from Facial Expressions und wurde 2009 von *Timothy D. Sweeny, Marcia Grabowecky, Satoru Suzuki* und *Ken A. Paller* veröffentlicht.

- *Dr. Chopra* schrieb den Artikel *Can positive thinking make you well?*, veröffentlicht auf *cnn.com* am 5. Dezember 2011.

- Wissenschaftler haben untersucht, ob das Gehirn besser positive Anweisungen befolgen kann als negative. Die Studie der *Psychologen Mante S. Nieuwland* und *Gina R. Kuperberg* hat dabei ergeben, dass es dem Gehirn mehr Arbeitsleistung abverlangt, wenn das Wort «nicht» in einem Satz vorkommt. Wir brauchen dann länger, ihn richtig zu interpretieren. Die Studie *When the Truth Is Not Too Hard to Handle: An Event-Related Potential Study on the Pragmatics of Negation* ist erschienen in *Psychological Science*, 2008.

- In dem Buch *Superbetter* von *Jane McGonical* haben wir von der Power Pose gelesen. *Power Posing: Brief Nonverbal Displays Affect Neuroendocrine Levels and Risk Tolerance*, von *Carney, Cuddy* und *Yap*, erschienen im *Psychological Science 21, no. 10 (2010)*, ist auch noch ein Tipp.

- Es ist beeindruckend, dass man seine Emotionen durch die Änderung des Gesichtsausdrucks verändern kann. Zum ersten Mal hörten wir davon in einem Blog von *Christine Carter*. Der Eintrag nennt sich *Fake It Till You Make It*, 2/17/2009.

- Die Studie, die die Wichtigkeit belegt, Menschen nach ihrer Perspektive zu fragen, findet sich *Perspective mistaking: Understanding the mind of another requires getting perspective not taking perspective*, veröffentlicht 2011 im *Journal of Personality and Social Psychology*.

- Das faszinierende Computerprogramm, das die Zukunft einer Beziehung vorhersagen kann, wurde beschrieben in *Predicting couple therapy outcomes based on speech acoustic features* von *Nasir, Baucom, Georgiou* und *Narayanan*, veröffentlicht von *PLOS* im *September 2017*.

- Es gibt weltweit viele Berichte, Interviews und Ratschläge, was den ersten Eindruck angeht. Vieles basiert auf der Lebenserfahrung von Menschen und nicht auf wissenschaftlichen Untersuchungen. Eine kürzlich durchgeführte Studie von amerikanischen und englischen Psychologen zeigt, dass es leichter ist, einen negativen ersten Eindruck als einen positiven ersten Eindruck zu ändern. *Beliefs about bad people are volatile* von *Siegel, Mathys, Rutledge* und *Crockett, Nature 2018*.
- Die Studie zur Übereinstimmung wurde zum ersten Mal von *Solomon Asch 1951* durchgeführt. Sein Artikel, *Effects of group pressure on the modification and distortion of judgments*, wurde im *Groups, Leadership and Men* veröffentlicht. Herausgegeben wurde er von *H. Guetzkow*.

KAPITEL 7

- Die neueste Theorie, dass das Gehirn über verschiedene Subsysteme verfügt, wird in *Schnelles Denken, langsames Denken* von *Daniel Kahneman* im Jahr *2011* erläutert.
- Das Rad der Emotionen von *Robert Plutchik* erschien zum ersten Mal *1980* in seinem Buch *Emotion: Theory, research, and experience: Vol. 1.*
- Darwins Liste wurde *1872* in *The Expression of Emotions in Man and Animals* veröffentlicht. Aristoteles' Liste erschien in *Rhetoric* und wurde irgendwann zwischen zwischen *367—322 vor Christus* verfasst.
- Lövheims Würfel der Emotionen wurde zum ersten Mal veröffentlicht in *A new three-dimensional model for emotions and monoamine neurotransmitters* im *Journal Medical Hypotheses, Februar 2012*.
- Studien zeigen, wie positive soziale Interaktion die Freiset-

zung von Dopaminen bewirken kann. U. a. nachzulesen bei *The Rewarding Nature of Social Interactions*, verfasst von *Krach, Paulus, Bodden* und *Kircher*, veröffentlicht in *Frontiers in Behavioral Neuroscience* im *Januar 2010*.

- Von der Theorie, dass Humor auf Veränderung der Perspektive basiert, lasen wir zum ersten Mal in dem *1971* veröffentlichten Buch *Isaac Asimov's Treasury of Humor* von dem Autor *Isaac Asimov*.

- *It's Better Than it Looks: Reasons for Optimism in an Age of Fear* von *Gregg Easterbrook* wurde im *Januar 2018* veröffentlicht.

KAPITEL 8

- Die Theorie, die besagt, dass wir Wörter durch das Einteilen in mentale Kategorien lernen, stammt von *Douglas Hofstadter* und *Emmanuel Sander,* publiziert in *Surfaces and Essences: Analogy as the Fuel and Fire of Thinking* (*2013*).

- Der Artikel zum lebensrettenden Nutzen von Checklisten, die von Ärzten angewendet werden, heißt *Three Years Out, Safety Checklist Continues To Keep Hospital Infections In Check*, herausgegeben von *John Hopkins* im Jahr *2010*.

- Es gibt viele Studien, die belegen, dass Multitasking in Verbindung mit Produktivität einen negativen Effekt erzeugt. Man wird zum Beispiel fündig in *Multitasking: Switching Costs*, veröffentlicht von der *American Psychological Association* online, *2006*, und sie gibt es auch zum Nachsehen auf *www.apa.org/research/action/multitask*.

- Wenn Ihnen die Idee von Improvisationsspielen gefällt, gibt es eine Vielzahl von Angeboten auf *improvencyclopedia.org/games*.

- Die tragische komödiantische Geschichte vom Möchtegern-Bankräuber *McArthur Wheeler* wurde erstmals erzählt von *Dunning* und *Kruger* in *Unskilled and Unaware of It: How Difficulties in Recognizing One's Own Incompetence Lead to Inflated Self-Assessments*, veröffentlicht im *Journal of Personality and Social Psychology* im Jahr *1999*.
- Die beste Ressource über Trickbetrüger ist *The Big Con: The Story of the Confidence Man* von *David Maurer*, geschrieben im Jahr *1940*. Abgesehen vom Alter des Buches werden darin viele Tricks beschrieben, die noch heute angewendet werden.

ABBILDUNGSNACHWEIS